声　明

　　本译著的英文原著是波兰的罗兹大学税收文献与研究中心组织撰写的《Polish Tax System　Business Opportunities and Challenges》。这本英文原著于 2017 年在华沙由 Wolters Kluwer 出版社出版（ISBN 978-83-8107-551-0,ISSN 1897-4392）。罗兹大学税收文献与研究中心对此英文原著拥有著作权。

　　本书的译者谭郁森翻译了原著《Polish Tax System　Business Opportunities and Challenges》，在中华人民共和国出版译著已经得到了罗兹大学税收文献与研究中心的正式授权，并已经按时足额支付了特权使用费。谭郁森拥有此译著的著作权。

　　若在未能得到本书译者许可的情况下擅自印刷或影印本译著，原著著作权拥有者（罗兹大学税收文献与研究中心）和译著的著作权拥有者（谭郁森）将会共同追究其法律责任。

POLISH TAX SYSTEM
Business Opportunities and Challenges

上海立信会计金融学院
财税重点学科资助项目

波兰税制
商业机会和挑战

主编○乌兹米尔·尼科尔 (Włodzimierz Nykiel)
　　　米豪·维克 (Michał Wilk)
作者○瑟莫维·库古斯基 (Ziemowit Kukulski)
　　　亚当·马里安斯基 (Adam Mariański)
　　　乌兹米尔·尼科尔 (Włodzimierz Nykiel)
　　　安娜·尼科尔·马特奥 (Anna Nykiel – Mateo)
　　　毛戈雅塔·显克 (Małgorzata Sęk)
　　　米豪·维克 (Michał Wilk)
翻译○谭郁森 (Tan Yusen)

立信会计出版社
LIXIN ACCOUNTING PUBLISHING HOUSE

图书在版编目(CIP)数据

波兰税制：商业机会和挑战／(波)乌兹米尔·尼科尔,(波)米豪·维克主编;谭郁森译.—上海：立信会计出版社,2019.11
ISBN 978-7-5429-6315-4

Ⅰ.①波… Ⅱ.①乌…②米…③谭… Ⅲ.①税收制度—研究—波兰 Ⅳ.①F815.133.2

中国版本图书馆 CIP 数据核字(2019)第 240384 号

策划编辑　方士华
责任编辑　方士华
封面设计　南房间

波兰税制：商业机会和挑战

出版发行	立信会计出版社		
地　　址	上海市中山西路 2230 号	邮政编码	200235
电　　话	(021)64411389	传　真	(021)64411325
网　　址	www.lixinaph.com	电子邮箱	lixinaph2019@126.com
网上书店	http://lixin.jd.com		http://lxkjcbs.tmall.com
经　　销	各地新华书店		
印　　刷	江苏凤凰数码印务有限公司		
开　　本	710 毫米×1000 毫米	1/16	
印　　张	13.5	插　页	1
字　　数	248 千字		
版　　次	2019 年 11 月第 1 版		
印　　次	2019 年 11 月第 1 次		
书　　号	ISBN 978-7-5429-6315-4/F		
定　　价	42.00 元		

如有印订差错,请与本社联系调换

译 者 序

波兰自 2004 年加入欧盟,目前是中东欧经济实力最强的国家。波兰是中国在中东欧的最大贸易伙伴。2017 年,中国对波兰的进出口贸易顺差高达 145.20 亿美元[1]。波兰与中国就"一带一路"签订了备忘录,是"16＋1"合作机制的参与国[2]。在"一带一路"的背景下,中国投资者希望在波兰寻找商业机会并应对在波兰经商的各种挑战,包括但不限于波兰税制的复杂性所带来的税务遵从成本以及税务风险。这是译者选择翻译和出版这本波兰税制著作的主要原因。

波兰地处中欧,地理位置优越。自 2013 年 4 月"成都—罗兹"的中欧班列开通之后,波兰的罗兹市已经成为亚欧大陆的重要物流中心,列车横穿欧亚大陆仅需要 3 周时间[3],从罗兹将货物转运到欧洲各国首都最多只需要 3 天[4]。另外一条中欧班列线路是"苏州—华沙"线路。中国至罗兹和华沙这两个波兰中部物流中心的货运量已经超过中国—欧盟铁路总运量的 25%[5]。

罗兹市距离波兰首都华沙约有一个半小时的火车车程。罗兹市现在已经成为"一带一路"上重要的物流中心,它同时也是波兰的老工业中心,类似中国北洋政府时期的天津市。在历史上,罗兹市是一个多元文化汇聚的富有魅力的城市,波兰人、犹太人、德国人在此投资办厂,逐渐将其发展成中东欧的纺织工业中心。1975

---

[1] 国家统计局:中国 2017 年从波兰进口总额 335 351 万美元,见 http://data.stats.gov.cn/easyquery.htm? cn=C01;中国 2017 年向波兰出口总额 1 787 305 万美元,见 http://data.stats.gov.cn/easyquery.htm? cn=C01,2019 年 7 月 11 日浏览。
[2] 姚乐:《"一带一路"背景下的中国——波兰经贸关系发展》,《海外投资与出口信贷》2018 年第 6 期,第 40 页。
[3] [波兰]雅各布·贾克伯斯基:《连接中欧的新桥梁》,《中国投资》2018 年 11 月第 21 期,第 45 页。
[4] 姚乐:《"一带一路,背景下的中国——波兰经贸关系发展》,《海外投资与出口信贷》2018 年第 6 期,第 41 页。
[5] [波兰]雅各布·贾克伯斯基:《连接中欧的新桥梁》,《中国投资》2018 年 11 月第 21 期,第 46 页。

年上映的波兰电影《福地》(The Promised Land)是依据获得诺贝尔文学奖(1924年)的波兰作家弗拉迪斯拉夫·莱蒙特(1868—1925年)长篇小说《福地》改编而成。电影《福地》以当时波兰最大的工业城市、财富追求者心中的"福地"——罗兹为背景,再现了当时波兰、犹太和德国资本家在罗兹市经营实业的情景。现在罗兹市这个老工业中心已经转型为波兰的时尚创意中心和电影基地。

作为肖邦、哥白尼和居里夫人的祖国,波兰已经产生了很多位诺贝尔奖获得者。波兰高等教育具有悠久的历史和良好的声誉。罗兹大学位于波兰罗兹市,是一所国际化程度很高的综合性大学。罗兹大学税收文献和研究中心(The Centre of Tax Documentation and Studies of University of Lodz)设立于1997年12月1日。它的主要活动包括:收藏国内税法、欧盟税法和国际税法的文献(包括书籍、期刊、法律、法律判例等);拥有并主办税法学术期刊——《税法季刊》;开展并资助国内税法、欧盟税法和国际税法的科研活动;组织国内和国际税法学术会议;组织学生论坛、学生竞赛、博士生工作室,以及组织评选税法领域的最佳博士论文;以传统方式或网上学习的方式举办研究生税法学习班;组织客座演讲或者海外演讲。

这本书的英文原著名为"Polish Tax System Business Opportunities and Challenges",是罗兹大学税收文献和研究中心的主要成员合著的作品。该书的第二主编米豪·维克博士(Dr. Michał Wilk)与译者谭郁森协商并草拟了特许协议,最终由罗兹大学税收文献和研究中心主任(也是罗兹大学前校长和法学院税法系主任)乌兹米尔·尼科尔教授(Prof. Dr. Włodzimierz Nykiel)和译者在正式的特许协议上签字生效。

译者任教的单位——上海立信会计金融学院与波兰罗兹大学签有全面合作的框架协议,两校之间的师生互访和学术交流活动颇为频繁。译者承蒙乌兹米尔·尼科尔教授(Prof. Dr. Włodzimierz Nykiel)的邀请,于2017年11月至2018年11月在波兰罗兹大学税收文献和研究中心进行访学研究,合作导师是中心副主任瑟莫维·库古斯基教授(Prof. Dr. Ziemowit Kukulski)。这本译著大部分的译稿是译者谭郁森在罗兹大学税收文献和研究中心访学期间完成的。译者谭郁森回国之后不久即完成了译稿的初稿,其中有若干难以理解和翻译的词句,也在瑟莫维·库古斯基教授(Prof. Dr. Ziemowit Kukulski)和毛戈雅塔·显克博士(Dr. Małgorzata Sęk)的讲解答疑之下得以顺利完成翻译。英文原著的绝大部分脚注

译者序

(英文或波兰文,也有少量拉丁文)都是对文中所引用法规出处的标注。为了方便读者查找原始文献,本译著保留了英文原著的脚注,这一做法也得到了罗兹大学税收文献和研究中心副主任瑟莫维·库古斯基教授(Prof. Dr. Ziemowit Kukulski)的认可。在此对罗兹大学税收文献和研究中心的所有成员表示衷心的感谢!

这本译著的出版得到了上海立信会计金融学院财税与公共管理学院财税重点学科的资助,也是"上海市属高校税收学应用本科试点专业建设"的成果之一。

这本译著的出版得到了上海立信会计金融学院财税与公共管理学院的大力支持。院长杨光焰教授和副院长罗秦教授从翻译合同的磋商、译著出版经费的筹措到与出版社的联系,均亲自打理,在此表示诚挚的谢意!

最后,衷心感谢立信会计出版社和方士华副编审对本译著的编辑和出版所做的工作!

谭郁森
2019 年 11 月于上海

目　录

乌兹米尔·尼科尔教授、博导(Prof. Dr. Włodzimierz Nykiel)

米豪·维克博士(Dr. Michał Wilk)

引言 ………………………………………………………………………… 1

安娜·尼科尔·马特奥博士(Dr. Anna Nykiel — Mateo)

第一章　波兰——法律与经济 ……………………………………… 3
   1. 导言 ……………………………………………………………… 3
   2. 当代历史：从"二战"到加入欧盟 …………………………… 4
   3. 波兰今天的法律：增长和挑战 ………………………………… 5
   4. 波兰法律制度 …………………………………………………… 7
   5. 结语 ……………………………………………………………… 12

乌兹米尔·尼科尔教授、博导(Prof. Dr. Włodzimierz Nykiel)

第二章　波兰税制——基本特征 …………………………………… 14
   1. 1989 年之前的税法 …………………………………………… 14
   2. 转型的主要阶段 ………………………………………………… 15
   3. 波兰税法的根本改变 …………………………………………… 16
   4. 税种与金融危机 ………………………………………………… 23
   5. 新的解决路径与"税基侵蚀和利润转移"(BEPS) …………… 23

米豪·维克博士(Dr. Michał Wilk)

第三章　欧盟背景下的波兰税法 …………………………………… 26
   1. 导论 ……………………………………………………………… 26

2. 欧盟税法在波兰宪法秩序下的法律来源级次 ………………… 27
3. 欧洲法院在波兰税法和谐进程中扮演的角色 ………………… 31
4. 波兰税局和行政法院对欧盟法的运用实践 …………………… 34

瑟莫维·库古斯基教授、博导(Prof. Dr. Ziemowit Kukulski)
毛戈雅塔·显克博士(Dr. Małgorzata Sęk)
米豪·维克博士(Dr. Michał Wilk)

第四章 一般税法 …………………………………………………… 36

1. 税收义务的产生(Prof. Dr. Ziemowit Kukulski) ……………… 36
2. 裁定和其他形式的指引(Dr. Małgorzata Sęk) ……………… 38
   2.1 总论 ……………………………………………………… 38
   2.2 税务预约裁定和税务解释 ……………………………… 38
   2.3 保护意见 ………………………………………………… 42
   2.4 预约定价协议 …………………………………………… 43
   2.5 其他形式的指引 ………………………………………… 46
   2.6 最高行政法院扩大合议庭的决定 ……………………… 47
3. 在波兰税收义务的终止(Prof. Dr. Ziemowit Kukulski) …… 47
   3.1 总论 ……………………………………………………… 47
   3.2 税款的支付 ……………………………………………… 48
   3.3 欠税减免 ………………………………………………… 49
   3.4 波兰税收义务的期限限制 ……………………………… 49
4. 多缴税款(Dr. Małgorzata Sęk) ……………………………… 50
5. 第三方责任(共同责任和单独责任)(Dr. Małgorzata Sęk) … 53
6. 税务继承(Dr. Michał Wilk) …………………………………… 57
7. 作为纳税人权利的程序性保证的税务诉讼一般规则
   (Prof. Dr. Ziemowit Kukulski) ………………………………… 57
8. 律师的权力(Dr. Michał Wilk) ………………………………… 59
9. 时限(Dr. Małgorzata Sęk) …………………………………… 59
10. 证据和证据性程序(Prof. Dr. Ziemowit Kukulski) ………… 61
11. 上诉程序(Dr. Małgorzata Sęk) …………………………… 63
12. 对解决的最后判决的核实(Prof. Dr. Ziemowit Kukulski) … 65

13. 税务审计(Dr. Michał Wilk) ······ 65

毛戈雅塔·显克博士(Dr. Małgorzata Sęk) ······ 67

第五章　货物和劳务税(增值税) ······ 67
1. 引言 ······ 67
2. 主管税务机关 ······ 68
3. 应税交易 ······ 69
4. 货物的供应 ······ 70
5. 服务的提供 ······ 71
6. 欧盟内部销售商品或者欧盟内部采购商品 ······ 72
7. 货物的出口和进口 ······ 76
8. 有偿销售与对无偿销售的课税 ······ 77
9. 被排除在外的交易 ······ 78
10. 有选择的免税交易 ······ 80
11. 法律的滥用 ······ 81
12. 纳税人 ······ 82
13. 负责缴纳税款至税局的人 ······ 84
14. 税务代表 ······ 86
15. 代扣代缴代理人 ······ 87
16. 小企业免税 ······ 88
17. 应税交易的地点 ······ 90
　　17.1 货物销售地 ······ 90
　　17.2 欧盟内部采购地点 ······ 91
　　17.3 进口地 ······ 92
　　17.4 远程销售 ······ 92
　　17.5 服务提供地 ······ 93
18. 纳税时间 ······ 95
19. 应税金额 ······ 97
20. 坏账减免 ······ 100
21. 税率 ······ 102
22. 增值税进项税额的抵扣 ······ 103

23. 增值税缴款、增值税退税、纳税申报表和概述 …………………… 110
24. 增值税跨境退税 ………………………………………………… 112
25. 联合缴纳和各自缴纳增值税的义务 …………………………… 113
  25.1 "敏感商品"的购买者 ……………………………………… 113
  25.2 代理申报"积极"纳税人的增值税登记表 ………………… 114
26. 登记 ……………………………………………………………… 114
27. 文档化 …………………………………………………………… 116
28. 增值税记录 ……………………………………………………… 118

毛戈雅塔·显克博士（Dr. Małgorzata Sęk）

第六章　特种消费税 …………………………………………… 120
1. 总论 ……………………………………………………………… 120
2. 应税商品和活动 ………………………………………………… 120
3. 纳税人 …………………………………………………………… 123
4. 纳税发生时间 …………………………………………………… 124
5. 税基和税率 ……………………………………………………… 125
6. 纳税期间和税款缴纳 …………………………………………… 125

亚当·马里安斯基教授、博导（Prof. Dr. Adam Mariański）

第七章　所得税 …………………………………………………… 127
1. 个人所得税 ……………………………………………………… 127
  1.1 征税主体范围 ……………………………………………… 127
  1.2 征税对象的范围 …………………………………………… 130
  1.3 从收入来源获得的所得 …………………………………… 133
  1.4 可在税前扣除的费用 ……………………………………… 134
  1.5 税基 ………………………………………………………… 135
  1.6 税率 ………………………………………………………… 137
  1.7 税收的征管 ………………………………………………… 138
  1.8 单一税率所得税和对所登记的收入课征一次性总额税 …… 139
  1.9 固定数额税（"税卡"） ……………………………………… 140
  1.10 社会保障 …………………………………………………… 140

2. 企业所得税 ··· 140
　2.1 《公司所得税法》实施条例的课征对象 ··············· 140
　2.2 《公司所得税法》实施条例的课税主体 ··············· 143
　2.3 在《公司所得税法》条款下的收入概念 ··············· 144
　2.4 所得的确定 ·· 148
　2.5 实施欧盟指令的所得税豁免 ································ 151
　2.6 受控外国公司规则 ··· 152
　2.7 税基确定和恰当税率的应用 ································ 154

瑟莫维・库古斯基教授、博导(Prof. Dr. Ziemowit Kukulski)
毛戈雅塔・显克博士(Dr. Małgorzata Sęk)
米豪・维克博士(Dr. Michał Wilk)

第八章　其他税种 ··· 156
　1. 不动产税(Dr. Malgorzata Sęk) ······························ 156
　2. 民法交易税(资本税)(Dr. Michał Wilk) ··············· 159
　　2.1 总论 ·· 159
　　2.2 课税范围 ·· 161
　　2.3 税基、税率、纳税义务和税款的征收 ··············· 162
　　2.4 免税 ·· 162
　3. 其他与企业相关的税种
　　(Prof. Dr. Ziemowit Kukulski, Malgorzata Sęk) ······ 163
　　3.1 总论 ·· 163
　　3.2 继承和赠与税 ·· 163
　　3.3 农业税 ··· 164
　　3.4 林业税 ··· 165

瑟莫维・库古斯基教授、博导(Prof. Dr. Ziemowit Kukulski) ············· 167

第九章　波兰税收条约实践中的避免双重征税协定 ·································· 167
　1. 波兰税收条约实践中的避免双重征税协定 ··············· 167
　2. 波兰税收条约实践的不同时期 ······························· 170
　3. 《OECD范本》和《联合国范本》对波兰税收条约实践的影响 ········ 174

4. 波兰签订的税收条约中的常设机构概念 ……………………… 175
5. 波兰签订的税收条约在法律和经济意义上对营业活动所得的课税 … 177
6. 波兰所缔结税收条约中的消极投资所得课税 …………………… 181
7. 波兰签署的税收条约中对资本利得和不动产所得的课税 ……… 183
8. 波兰签署的税收条约中有关雇佣所得课税和个人其他所得课税 … 185
9. 波兰税收条约实践中有关退休金课税的规定 …………………… 186
10. 波兰已缔结的税收条约中的其他收入和资本所得 …………… 186
11. 在波兰税收实践中消除双重课税的方法 ……………………… 187
12. 在税收事务上的双边合作,阻止逃税,波兰签订的税收条约中使用的《OECD 范本》和《联合国范本》的第 25、第 26 和第 27 条款 ……… 188
13. 并非以 OECD 范本和联合国范本为依据的特别条款 ………… 189

作者简介 ………………………………………………………………… 196
译者简介 ………………………………………………………………… 202

乌兹米尔·尼科尔教授、博导(Prof. Dr. Włodzimierz Nykiel)
米豪·维克博士(Dr. Michał Wilk)

引 言

  2004年加入欧盟对波兰产生广泛的影响。欧盟为波兰带来的积极影响是难以估量的。它带动了波兰的经济发展，增强了波兰国防力量，缓解了波兰社会经济的诸多不公平、不均等现象，并且促进了波兰法律制度的转变。1991年12月16日签署的《欧洲协议》为波兰带来了新的契机，促进波兰已有组织架构的变革和新体制的建立。经过坚持不懈的努力，波兰经历了艰难复杂的政治经济转型，在波兰宪法所规范的秩序内，波兰从一个计划经济国家转型为现代自由市场经济国家，并取得了令人瞩目的成就。需要强调的是，尽管最近发生了企图削弱普遍认可的法律原则的若干事件，但是，这绝不能掩盖波兰加入欧盟之后所取得的巨大成就。

  写作这本书的目的，在于分析波兰税制所蕴含的商业机会及其所带来的挑战。毋庸置疑的是，投资者在做投资决策时，在计算投资项目的盈利性和可行性时，税收是必须考虑的因素之一。外国投资者也同样关注税收。值得留意的是，在分析现有税制时，不应只局限于阅读税收法律条文。其他因素也应予以考虑——税局对税法的应用、保护纳税人权益的实际水平以及对待纳税人的普遍态度。

  我们的意图是，凸显波兰税制要素（这本书的写作计划不允许我们事无巨细地探讨所有细枝末节），那些既为企业带来商业机会，同时又使企业面临挑战的税制要素。

  第一章简述了近年来对波兰税制的形成和演变产生影响的经济、法律和政治背景，该章作者是安娜·尼科尔·马特奥博士(Dr. Anna Nykiel-Mateo)。第二章探讨波兰税制的主要特征，该章作者是乌兹米尔·尼科尔教授(Prof. Dr. Włodzimierz Nykiel)。第三章讨论在欧盟宪法框架下的波兰法律，并分析波兰法律在与欧盟法律和欧盟原则趋同融合过程中所面临的问题，该章作者是米豪·维克博士(Dr. Michał Wilk)。第四章分析和评价波兰的一般税收法律法规，该章由瑟莫维·库古斯基教授(Prof. Dr. Ziemowit Kukulski)、毛戈雅塔·显克博士(Dr. Małgorzata Sęk)和米豪·维克博士(Dr. Michał Wilk)合著。第五章和第六章均围绕着广义消费税展开讨论，其中第五章是关于增值税，第六章是关于特种消费税，第五章和第六章的作者均是毛戈雅塔·显克博士(Dr. Małgorzata Sęk)。第七章分析个人所得税、公司所得税(译者注：含社会保障缴款)的相关法律法规，该章作者是亚当·马里安斯基教授(Prof. Dr. Adam Mariański)。第八章概述其他与企业相关的小税种，该章是由瑟莫维·库古斯基教授(Prof. Dr. Ziemowit Kukulski)、毛戈雅塔·显克博士(Dr. Małgorzata Sęk)和米豪·维克博士(Dr. Michał Wilk)合著。最后一章是第九章，该章详细讨论波兰避免双重征税的税收协定网络并指出其发展趋势，该章作者是瑟莫维·库古斯基教授(Prof. Dr. Ziemowit Kukulski)。

这本书面向的读者群体是：企业经营管理者、税务顾问、学者以及制定税收政策的政府官员。

编委会

安娜•尼科尔•马特奥博士(Dr. Anna Nykiel — Mateo①)

第一章

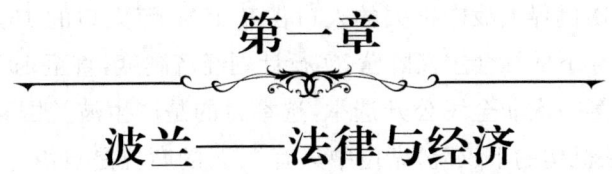

波兰——法律与经济

1. 导　言

波兰是中欧最大的经济体,拥有 3 800 万人口②,国民生产总值 4 277.37 亿欧元(2015 年)③。德国、英国和捷克是波兰的主要出口贸易伙伴。它的主要进口贸易伙伴是德国、俄罗斯和中国④。

波兰领土面积有 312 379 平方公里,在欧洲排名第九。它西邻德国,南邻捷克和斯洛伐克,东邻乌克兰和白俄罗斯,北邻立陶宛和俄罗斯在加里宁格勒的飞地。它在波罗的海有漫长的海岸线。

波兰位于欧洲的心脏位置,这对其发展经济有诸多好处,但是它在历史上并不总是那么幸运:由诺曼•戴维(Norman Davie)所写的英文版著作《上帝的游乐园》⑤是一本最为全面地讲述波兰历史的作品,该书反映了波兰动荡不安的历史。

---

① 安娜•尼科尔•马特奥博士(Dr. Anna Nykiel-Mateo)在欧盟委员会工作,是欧盟税收和海关联盟的总监。这篇文章表达的观点仅代表她自己,不应被认为是其雇主的意见。
② Which in 2015 constituted 7.5% of the total EU population. See http://europa.eu/about-eu/countries/member-countries/poland/index_en.htm, accessed on 19.1.2016.
③ *Ibid*; see also http://www.worldbank.org/en/country/poland/overview, accessed on 16.2.2016.
④ http://europa.eu/about-eu/countries/member-countries/poland/index_en.htm, accessed on 19.1.2016.
⑤ N. Davis, *God's Playground*, OUP Oxford 2005.

2. 当代历史：从"二战"到加入欧盟

波兰在第二次世界大战中损失的人口占其 1939 年人口的 16%①。战后波兰一直属于苏联主导下的社会主义阵营，实行计划经济制度，直至 1989 年东欧剧变，同年波兰组织了第一次非全民公开选举，选举目的是产生波兰国家议会。在下议院（作为国家立法机构的下议院）席位中只有 35% 的席位是自由竞选产生的，而其余的下议院席位是保留给共产党及其盟友。反对党赢得几乎所有的自由竞选产生的席位。一个新政府组成了，它的副首相拉塞·保瑟洛维兹(Leszek Balcerowicz)主持了一项激进而全面的改革②。这项改革的指导思想是宏观经济稳定、放松管制、私有化和强化社会保障网络。阿斯伦(Aslund)指出这项改革的创新之处在于改革时点的恰到好处以及同步实施所有指导思想的想法③。2001 年，保瑟洛维兹(Balcerowicz)成为波兰国家银行（简称 BNP）的主席并实行了非常严格的货币政策。通货膨胀率从 2000 年的 8.6% 降至 2002 年的 0.7%④。

2004 年 5 月 1 日波兰加入欧盟，经济增长因此提速。欧盟将其广阔的市场向波兰敞开，并为波兰提供可观的欧盟基金，欧盟基金的援助又进一步促进了外资涌入波兰。在 2007—2013 年的财政预算中，欧盟拨给波兰的欧盟基金中最大的一项支出被用于基础设施建设，诸如道路、铁路、机场、废水处理厂、医院大楼。这些投资在缓解经济危机带来的负面影响方面发挥了重要作用⑤。今天，波兰仍然是欧盟援助的最大受益者。在 2014—2020 年，欧盟已经提供和将要提供给波兰的援助基金预计达到 825 亿欧元⑥。

随着欧盟在 2008 年陷入全球性的衰退，波兰经济仍持续增长。波兰在 2008—2011 年的年度经济增长率分别为 4.8%、1.7%、3.8% 和 4.4%。在同样的年份里

---

① http://projectinposterum.org/docs/poland_WWII_casualties.htm, accessed on 18.2.2016.
② A. Åslund, *Poland: Combining Growth and Stability*, CESifo Forum 2013, Vol. 14, No. 1, p. 4.
③ *Ibid*, p. 4.
④ *Ibid*, p. 6.
⑤ KPMG, *EU Funds in Central and Eastern Europe. Progress Report 2007—2013*, 2014, p. 42.
⑥ See the website of the Polish Ministry of Economic Development, European Funds Portal: https://www.funduszeeuropejskie.gov.pl/en/site/learn-more-about-european-funds/discover-how-the-funds-work/european-funds-in-poland, accessed on 22.2.2016.

欧盟经历了0.8%、−4%、1.8%和1.6%的经济增长率①。正如阿斯伦(Aslund)所指出的,波兰经济增长率(2009—2012年)是欧盟经济增长率排名第二的经济体(瑞典)的2倍。他将波兰经济增长的原因解释为波兰良好的宏观经济状况、浮动汇率、工资成本管制和财政刺激政策②。

由唐纳德·图斯克(Donald Tusk)领导的政党连续两任当选并组成多党联合政府,执政期间从2007年至2015年。该政府实行的深化改革措施是改革养老金制度和放松对职业的管制③。

但是,经济增长带来的好处并没有在老年人和年轻人之间公平分配。政府的腐败和自满开始被民众批评④。新上台的保守派法律和正义(PiS)党政府在2015年10月的大选中获胜并随后组成政府,该政府推行了危险的政策以控制宪法法庭和媒体⑤。为了回应波兰对宪法法庭采取的新法律和针对公共服务广播治理的新法律,欧洲委员会在2016年1月启动了一项初步评估,该评估是基于"法律框架原则"⑥,目的是证明是否存在清晰的证据证明波兰政府推行的新法律已经对法律原则产生系统性的威胁⑦。

3. 波兰今天的法律:增长和挑战

根据世界银行的统计数据,波兰经济持续强劲增长。"2015年上半年经济增长3.4%,与2014年持平,比2013年高出1.7个百分点。国内需求增长3%并继

---

① C. Adams Sheets, *The East European Miracle: How Did Poland Avoid the Global Recession*, International Business Times, 29.9.2012, http://www.ibtimes.com/east-european-miracle-how-did-poland-avoid-global-recession-795799, accessed on 22.2.2016.

② A. Åslund, *Poland: Combining Growth ...* , p. 7.

③ *Ibid*, p. 8.

④ See Financial Times, Poland's democratic progress is under threat, 4 January 4, 2016, https://next.ft.com/content/aec39a2c-b2dc-11e5-b147-e5e5bba42e51, accessed on 5.1.2016.

⑤ *Ibid*.

⑥ Communication from the Commission to the European Parliament and the Council, *A new EU Framework to strengthen the Rule of Law*, Brussels, 19.3.2014, COM(2014) 158 final/2.

⑦ See European Commission — Fact Sheet — College Orientation Debate on recent developments in Poland and the Rule of Law Framework: Questions & Answers, Brussels, 13 January 2016, MEMO/16/62, http://europa.eu/rapid/press-release_MEMO-16-62_en.htm, accessed on 15.1.2016. See also M. de la Baume, *EU launches "rule of law" probe of Poland*, Politico, 13.1.2016, http://www.politico.eu/article/poland-probe-rule-of-law-eu-commission-timmermans, accessed on 15.1.2016; *EU launches probe into new Polish laws*, BBC 13/1/2016, http://www.bbc.com/news/world-europe-35303912, accessed on 14.1.2016.

续成为经济增长的动力。就业市场状况改善,家庭部门申请的贷款增长显著,消费者价格持续下降,居民实际可支配收入持续增长,这些因素均促进了私人消费的增加。企业盈利状况良好。投资者对经济增长具有信心,低利率创下纪录,加上欧盟之前的财务展望(预测)的最终发布,这些均是支撑波兰投资增长的因素"①。世界银行的回顾认为,波兰国家银行的货币政策委员会维持了宽松的货币政策立场。通货膨胀率自 2014 年 7 月开始转为负数,原因在于波兰从欧元区贸易伙伴的进口金额增长较慢,全球食品和能源价格下降。银行部门资本充足,流动性良好,信贷增长稳定②。

欧洲理事会国别报告中的波兰 2016 分报告③预测波兰 2016 年和 2017 年的实际 GDP 增长率达到较高的 3.5% 增长率,比欧盟的平均增长率高出许多。该国别报告显示,波兰的平均生活水平和就业状况与欧盟平均水平的差距已经显著缩小,尽管仍然存在各种问题。该报告指出,尽管整体经济状况良好,国内仍存在各种风险。尤其是该报告强调,在上一次选举结束之后现任政府所采取的一些政策决定可能会影响企业信心及其投资。例如,针对金融机构资产课征的新税种会影响投资,即银行可能会为了应对新税种而相应调整其贷款率以抵销新税种对银行盈利的负面影响。

在该报告中,欧盟委员会进一步强调强劲稳定的增长应允许波兰改善公共财政的可持续性④。但是,最近的预算决定将最有可能造成结构性的财政赤字扩大,除非采取矫正措施。欧盟委员会指出,一般政府预算赤字预计在 2017 年超过 GDP 的 3%。一项主要的挑战是打击偷税漏税,特别是增值税的逃税。波兰存在巨大的税收缺口⑤,增值税在 2013 年的税收缺口比率高达 26.7%⑥。其原因可部分地解释为波兰税收征管的低效率,加上广泛使用的增值税低税率档次造成了巨大的税收收入损失并降低了增值税制度的效率。

波兰经济面临诸多问题,世界银行也指出,一个问题是需要确保经济增长并让那些处于收入分配金字塔底部的群体受益,应同时兼顾劳动力市场的灵活性与劳工保护⑦。

---

① http://www.worldbank.org/en/country/poland/overview, accessed on 16.2.2016.
② *Ibid*.
③ Commission staff working document, Brussels, 26.2.2016, SWD(2016)89 final, p.1.
④ *Ibid*, p.1.
⑤ 即税收法律规定的应收税款和实际征收到的税款之间的差异。
⑥ See Commission staff ..., p.14.
⑦ http://www.worldbank.org/en/country/poland/overview#1, accessed on 16.2.2016.

另一个问题是人口老龄化，这是一个源于生育率下降和总体人口寿命延长而产生的现象。艾根特（Egert）和肯森霍斯基（Kierzenkowski）指出，工作年龄人口（15～64 岁）占总人口的比例在 2013 年超过 70%，预计将在 2060 年下降至 55%[1]。面对这个形势，特别重要的一项应对措施应该是实行研发和创新的扶持政策，研发和创新有助于提高劳动生产率和劳动力利用率[2]。最后一个重要的问题是实现以低排放作为目标的经济转型。该转型应通过提高能源效率和使用可再生能源来强化能源安全，保障民众健康，并增强波兰的战略优势和竞争优势[3]。

另外还有一个挑战是关于波兰加入欧元区。在加入欧盟条约的基础上，波兰有义务最终以欧元取代本国的货币兹罗提，但它并没有一个接受欧元的目标期限[4]。考虑到在金融危机期间波兰因为置身于欧元区之外而毫发无损，无论是波兰公众还是波兰政府均无采纳欧元的紧迫感[5]。在波兰财政部的官网[6]上我们看到当前波兰经济与欧元区经济的相似程度，特别是其经济发展水平（如用人均 GDP 来衡量），波兰经济加入欧元区可能会引发经济扭曲。这就是为何采用欧元并没有成为波兰经济政策优先考虑的议题，波兰的经济政策更侧重于增强本国经济的潜力和竞争力。

4. 波兰法律制度

现在让我们看一下波兰的法律制度。

波兰最高法是 1997 年 4 月 2 日的《波兰共和国宪法》（以下简称《宪法》）[7]。其他法律来源包括已批准的国际条约、波兰议会接受的条例（ustawa）、由相关部门通

---

[1] B. Égert, R. Kierzenkowski, *Challenges to Sustain Poland's Growth Model*, CESifo Forum 2013, Vol. 14, No. 1, p. 12.

[2] See *Ibid*, pp. 12-13.

[3] The World Bank, *Transition to a Low-Emissions Economy in Poland*, February 2011, p. 126.

[4] http://ec.europa.eu/economy_finance/euro/countries/poland_en.htm, accessed on 29.2.2016.

[5] See A. Åslund, *Poland: Combining Growth ...*, p. 9; P. Ruddick, H. Ellyatt, *Euro not so attractive for us anymore: Polish finmin*, CNBC 12.9.2015, http://www.cnbc.com/2015/09/12/euro-not-so-attractive-for-us-anymore-polish-finmin.html, accessed on 15.2.2016.

[6] http://www.mf.gov.pl/ministerstwo-finansow/dzialalnosc/unia-europejska/polska-w-ugw, accessed on 29.2.2016.

[7] Its English version can be found on the Sejm's website: http://www.sejm.gov.pl/prawo/konst/angielski/kon1.htm, accessed on 28.1.2017.

过的执行法案——法规(rozporzadzenie)[1]，以及地方政府法案——由地方政府在全国性条例限定的范围内批准，并且仅在地方政府的管辖范围内具有约束力[2]。

自从波兰加入欧盟，波兰很明显地受到欧盟条约[3]、欧盟二级立法(secondary law)[4]以及位于卢森堡的欧洲法院(Justice Court)判例的约束[5]。

根据波兰《宪法》第10条，波兰政府制度是建立在立法、行政和司法三权分立和权力相互制衡的基础之上。下议院和参议院拥有立法权力，总统和部长组成的内阁拥有行政权力，法院和法庭拥有司法权力。下议院和参议院的成员在4年一次的大选中选举产生[6]，总统是在5年一次的直接选举中产生[7]。

总统是国家元首，应确保遵守宪法，保卫国家主权和安全，保证领土不受侵犯和领土完整[8]。他在外交事务中代表国家，批准国际条约[9]和波兰武装部队的命令[10]。总统颁布法规和行政命令[11]，可以在立法程序中发挥以下作用：他可以将一项新的法案退回给下议院重新考虑，随后经过至少有一半的下议院法定数量的代表参加投票并获得不少于3/5的多数票通过[12]。

部长内阁执行波兰的国内事务和对外政策[13]。它确保法例的实施，出台法规，协调和主管国家行政机关的工作，起草预算并负责执行预算，保证国内外安全，负责行使外交领域的主要职权，缔结需要批准的国际条约，接受并宣布其他国际条约，行使国防领域的主要职权[14]。

---

[1] I. e. the President, the Prime Minister, the Council of Ministers, ministers and the National Broadcasting Council.

[2] Article 87 of the Constitution. See also http://eur-lex.europa.eu/n-lex/info/info_pl/index_en.htm, accessed on 15. 2. 2016.

[3] Consolidated versions of the Treaty on European Union and the Treaty on the Functioning of the European Union, OJ C 326, 26/10/2012, p. 1.

[4] See e. g. Sources and Scope of European Union Law, European Parliament, Fact Sheets on the European Union — 2016, http://www.europarl.europa.eu/ftu/pdf/en/FTU_1.2.1.pdf, accessed on 28. 1. 2017.

[5] See http://curia.europa.eu/jcms/jcms/Jo2_6999/, accessed on 28. 1. 2017.

[6] Article 98 of the Constitution.

[7] Article 127 of the Constitution.

[8] Article 126(2) of the Constitution.

[9] Article 133(1) of the Constitution.

[10] Article 134(1) of the Constitution.

[11] Article142(1) of the Constitution.

[12] Article 122(5) of the Constitution.

[13] Article 146(1) of the Constitution.

[14] Article 146(4) of the Constitution.

《宪法》还提出司法制度的原则,它建立司法机构的二元体制,司法机构由法院和特别法庭组成,法院和特别法庭是相互分立的权力,且独立于其他权力机关①。

司法职能由最高法院、普通法院、行政法院(包括最高行政法院)和军事法院行使②。提交到波兰法院的案件实行两审终审制。关于特别法院,《宪法》规定了宪法特别法院③和国家法院④。

普通法院分成地方法院、地区法院和诉讼法院。地方法院是一审法院,其管辖权覆盖几个市。地区法院作为一审和二审法院负责处理更重大的案件和诉讼,其管辖权覆盖几个地方法院。诉讼法院是二审法院,其管辖权覆盖至少两个地方法院⑤。

法官由波兰共和国总统根据国家司法委员会的意向任命⑥,任期没有限制,国家司法委员会保护法院和法官的独立性⑦。

在波兰司法体制下,无独立的商事法院,商事案件由普通法院的商事庭审判⑧。

正如欧洲重建和发展银行所述,欧盟成员已经努力帮助波兰提升其司法体制的效率。但是,问题依然存在,主要问题是法院审理案件的进度太慢以及判决的可执行程度不够高。腐败和缺乏公正性也一直是令人关注的问题⑨。欧洲重建和发展银行强调,波兰已经采取许多措施来解决这些令人焦虑的问题,而且波兰在建立运作有效的司法制度方面已经取得显著进步。职业法官的数量显著增加。波兰采取了一些措施来精简法院数量和改善法院的运作。波兰政府已作出许多有目共睹的努力来解决腐败问题,包括引进更严格的机制来监督法院制度的运作,并对法官的工作加强评估⑩。

---

① Article 173 of the Constitution.
② Article 175(1) of the Constitution.
③ Article 188 of the Constitution.
④ Article 198 of the Constitution.
⑤ See e. g. the website of the Warsaw District Court: http://www.warszawa.so.gov.pl/the-judicial-system-in-poland.html, accessed on 6.4.2016.
⑥ Article 179 of the Constitution.
⑦ Article 186(1) of the Constitution.
⑧ See e. g. the website of the Warsaw District Court: http://www.warszawa.so.gov.pl/the-judicial-system-in-poland.html, accessed on 6.4.2016.
⑨ European Bank for Reconstruction and Development, *Commercial laws of Poland. An assessment by the EBRD*, February 2014, p. 2.
⑩ *Ibid.*

类似于许多其他欧洲国家,波兰的法律制度是基于罗马法(国内法)①。它的商法在历史上受到德国法律的启发,反映在波兰《民法典》②和《商法典》③中。这两部法典在计划经济时期大体上没有变更,直到1989年才发生变更,尽管它们在中央计划经济中的实际重要性比较有限。今天的波兰合同法在总体上类似于德国和法国的合同法④。即使波兰物权制度的原则接近于德国物权制度,计划经济时代的影响仍然被保留在波兰物权法律法规的某些要素上,其中之一便是永续承包权⑤,它产生于长期(通常是99年)的租赁安排,其所有权由国库或公社持有⑥。

欧洲重建和发展银行对其成员国的业务实行了一系列的法律过渡评估,重点聚焦于投资活动相关领域。这些领域包括基础设施和能源(特许权与政府和社会资本合作,能源法规和能源效率,公共采购和电信),以及对私营部门的扶持(涵盖公司治理、破产倒闭、法务能力和担保交易)⑦。

在能源方面,欧洲重建和发展银行指出波兰在电力和燃气市场上的运作令人满意⑧。规制独立性、透明度和关税结构被认为是波兰电力框架的主要优势,而公共部门义务和市场框架被认为是它的主要弱点。规制独立性、透明度和网络进入是波兰燃气框架的主要优势,而私人部门参与和市场框架在报告中被认为是波兰电力框架的主要弱点⑨。

波兰有关于能源效率改善的公允记录⑩。它已经采取重要的措施来发展经济

---

① For synthetic presentation of the Polish legal system, see e. g. *Business Guide Poland*, Danske Bank/Mazanti-Andersen, Korso Jensen & Partnere/Pricewaterhouse Coopers, May 2009, p. 6 ff.

② Civil Code of 23 April 1964 [Ustawa z dnia 23 kwietnia 1964 r. — Kodeks cywilny], Journal of Laws [Dz. U.]1964, No. 16, item 93; codified version integrating later amendments: Dz. U. 2016, item 380.

③ Regulation of the President of the Republic of Poland of 27 June 1934, Commercial Code, Journal of Laws [Dz. U.] 1934, No. 57, item 502 — ceased to apply on 1 January 2001; Commercial Companies Code of 15 September 2000 [Ustawa z dnia 15 września 2000 r. Kodeks spółek handlowych], Journal of Laws [Dz. U.] 2000, No. 94, item 1037; codified version Dz. U. 2013, item 1030.

④ See *Business Guide Poland*, Danske Bank ..., p. 18.

⑤ In Polish: *użytkowanie wieczyste*.

⑥ See *Business Guide Poland*, Danske Bank ..., p. 21.

⑦ European Bank for Reconstruction and Development, *Commercial laws of Poland* ..., p. 4.

⑧ See Poland's energy law: Energy Law of 10 April 1997, Journal of Laws [Dz. U.] 1997, No. 54, item 348; codified version: Dz. U. 2012, item 1059, as amended.

⑨ European Bank for Reconstruction and Development, *Commercial laws of Poland* ..., pp. 6-8.

⑩ A. Nelsen, *Poland positions itself as energy efficiency champion*, EurActiv 6. 2. 2013, http://www.euractiv.com/section/energy/news/poland-positions-itself-as-energy-efficiency-champion/.

政策和能源效率的规制框架①,并且在这方面已经取得良好进展。但是仍有必要进一步确保引进有效的激励政策来提高所有行业的能源效率和降低这个国家对煤炭的依赖。根据欧洲重建和发展银行的建议,波兰目前应在总体上集中力量将《欧盟第三次能源自由化一揽子计划》②转化成国内法并促进私人投资,落实必要的实施方案,并保障合理的能源能力③。

有关公共采购,在 2014 年 2 月,欧洲重建和发展银行评估认为波兰公共采购法④提升了公共采购的透明度、廉洁和公平竞争,但波兰实行的用于提升公共采购效率的政策工具和网上采购程序仍然不够全面⑤。2015 年 10 月,波兰的公共采购法获得批准,并且波兰引进了一个单一、自由的收费平台用于中央政府电子采购。该法律还包括许多侧重于进一步提升公共采购透明度的措施⑥。

欧洲重建和发展银行发现波兰电信的框架⑦大体上符合国际标准,只是在法律框架、收费、税收和无线服务的市场条件方面存在一些不足之处。欧洲重建和发展银行强调需要一个透明、更加可预测的、遵从欧盟规制的制度,并将其视为电信部门提升对私营部门吸引力以及确保投资安全的手段⑧。

在扶持私营部门的主题下,欧洲重建和发展银行考虑了融资准入、资本市场、公司治理和破产倒闭。它强调波兰资本市场的框架⑨非常发达,指出波兰在引进和增强公司治理框架方面取得显著进步,承认波兰改良了破产法的重要内容⑩。

---

① See:Act of 15 April 2011 on energy effectiveness [Ustawa z dnia 15 kwietnia 2011 r. o efektywności energetycznej], Journal of Laws [Dz. U.] 2011, No. 94, item. 551; codified version:Dz. U. 2015, item 2167.

② See: https://ec. europa. eu/energy/en/topics/markets-and-consumers/market-legislation.

③ European Bank for Reconstruction and Development, *Commercial laws of Poland* ..., pp. 8-10.

④ Public Procurement Law of 29 January 2004 [Ustawa z dnia 29 stycznia 2004 r. Prawo zamówień publicznych], Journal of Laws [Dz. U.] 2004, No. 19, item. 177; codified version:Dz. U. 2015, item 2164.

⑤ European Bank for Reconstruction and Development, *Commercial laws of Poland* ..., p. 11.

⑥ Commission staff working document, *Country Report Poland 2016*, Brussels, 26. 2. 2016, SWD (2016)89 final, p. 31.

⑦ Telecommunication Law of 16 July 2004 [Ustawa z dnia 16 lipca 2004 r. Prawo telekomunikacyjne], Journal of Laws [Dz. U.] 2004, No. 171, item 1800, codified version:Dz. U. 2014, item 243, as amended.

⑧ European Bank for Reconstruction and Development, *Commercial laws of Poland* ..., p. 14.

⑨ Act of 29 July 2005 on capital market supervision [Ustawa z dnia 29 lipca 2005 r. o nadzorze nad rynkiem kapitałowym], Journal of Laws [Dz. U.] 2005, No. 183, item 1537; codified version:Dz. U. 2014, item 1537, as amended.

⑩ Insolvency Law of 28 February 2003 [Ustawa z dnia 28 lutego 2003 r. Prawo upadłościowe i naprawcze], Journal of Laws [Dz. U.] 2003, No. 60, item 535, codified version:Dz. U. 2015, item 233, as amended.

它强调仍需要在融资准入,尤其是在抵押注册制度等方面作出重要的改进①。

5. 结　语

一直以来波兰都被称赞为欧盟融合的成功范本。阿斯伦(Asluand)强调没有一个其他的前计划经济国家取得像波兰这样的成功,可能爱沙尼亚除外。而且,在这之前波兰从未享受过这样长达 20 年的和平、自由和福利②。波兰法律框架经历了重要的演变,目的是为了适应欧盟条约③的要求并为开展经济活动和投资创造条件。波兰 2015 年的经济增长速度是这 4 年以来最快的,几乎等于欧盟平均增长速度的 2 倍④。

尽管增长预期良好,在 2016 年 1 月标准普尔评级机构还是调低了波兰的信用评级,指出保守派的法律和正义(PiS)党组成的波兰新政府削弱了主要制度的独立性⑤。2016 年 5 月,穆迪改变了对波兰政府的 A2/P-1 发行人的预测并将政府债券的评级从稳定和有保障的评级调整为负数。评级机构决定改变对波兰政府债券评级的预测并将其从稳定级别调低至负数级别的做法,预示了因为当前支出显著增加和意图降低退休年龄而可能引发的财政风险,而降低退休年龄将会随着时间的推移而增加退休金成本,并因为政策和法律的不可预测程度提高而损害投资环境。以外币标价的按揭贷款是否可兑换也变得含糊不清,政府与国家宪法法院之间的僵局在拖延⑥。2017 年夏季之前,有关波兰 GDP 的总体预测仍是相当乐观的。到了 2017 年 5 月,穆迪将波兰 A2 发行人的评级从稳定调整为负数⑦。

---

① European Bank for Reconstruction and Development, *Commercial laws of Poland* ..., pp. 15-21.

② A. Åslund, *Poland: Combining Growth* ..., p. 3.

③ Consolidated versions of the Treaty on European Union and the Treaty on the Functioning of the European Union, OJ C 326, 26/10/2012, p. 1.

④ A. Krajewski, M. Goettig, Poland's economy grows at fastest pace in four years in 2015, Reuters 26. 1. 2016 http://www. reuters. com/article/poland-economy-gdp-idUSL8N15A2CK, accessed on 27. 1. 2016.

⑤ *Ibid*.

⑥ https://www. moodys. com/research/Moodys-changes-outlook-on-Polands-A2 - rating-to-negative-from-PR_348709, accessed on 16. 5. 2016; Standard & Poor's credit rating for Poland stands at BBB+ with negative outlook. Moody's credit rating for Poland is set at A2 with negative outlook. Fitch's credit rating for Poland was last set at A — with stable outlook. See the situation as on 29. 5. 2016: http://www. tradingeconomics. com/poland/rating, accessed on 29. 5. 2016.

⑦ See https://www. moodys. com/research/Moodys-changes-outlook-on-Polands-A2-issuer-rating-to-stable-PR_366374as accessed on 2. 7. 2017.

在2016年5月,欧盟委员会的委员团讨论了有关波兰法律原则的现状——依据第一副总统缇缅尔曼斯(Timmermans)的口头演讲,审查了一份《法律原则意见书》的草稿,组织并最终完成对该状况的评估①。该意见书在2016年6月1日被采纳。它解释了欧盟委员会的顾虑,目的在于帮助集中力量开展与波兰当局的持续对话以寻求解决方案②。在2016年7月27日,欧盟委员会针对波兰的情况采用《法律原则建议书》的形式提出了欧盟委员会所顾虑的问题,并建议如何解决这些问题③。在2016年12月21日,波兰决定出具一份《补充法律原则建议书》,将2016年7月出具《法律原则建议书》之后波兰发生的最新情况考虑在内④。

尽管总体经济状况尚好,波兰最近的发展仍然让人忧虑。作为苏联和东欧阵营解体之后的波兰经济转型改革之父,保瑟洛维兹(Balcerowicz)指出,当一个国家的法律原则水平下降,投资风险增加时,经济也会相应变得疲软。一个国家的法律原则水平还反映了对外政策的效率⑤。必须关注波兰的这个状况将会如何演变,波兰当局应该作出重大的改进,才能避免对波兰过去20年所取得成就的逐步削弱,波兰当局还应该感恩过去为经济转型所付出的辛劳和努力。

---

① European Commission, Press release IP/16/1828 of 18. 5. 2016, http://europa. eu/rapid/press-release_IP-16-1828_en. htm, accessed on 19. 5. 2016.
② European Commission, Press release IP/16/2015 of 1. 6. 2016, http://europa. eu/rapid/press-release_IP-16-2015_en. htm, accessed on 2. 6. 2016.
③ European Commission, Press release IP/16/2643 of 27. 7. 2016, http://europa. eu/rapid/press-release_IP-16-2643_en. htm, accessed on 28. 1. 2017.
④ European Commission, Press release IP/16/44/76 of 21. 12. 2016, http://europa. eu/rapid/press-release_IP-16-4476_en. htm, accessed on 28. 1. 2017.
⑤ L. Balcerowicz, *Trzeba się bić z PIS o Polskę*, Warszawa 2016, p. 11.

乌兹米尔·尼科尔教授、博导(Prof. Dr. Włodzimierz Nykiel)

第二章

波兰税制——基本特征

1. 1989 年之前的税法

波兰在 1945—1989 年的税收制度显著区别于市场经济国家的税收制度。相关的差异主要如下：
（1）与经济和政治制度相关的基本原则；
（2）法律来源；
（3）主要税种的结构和职能；
（4）税收程序；
（5）在很大程度上：税局的征管任务和担任的角色；
（6）纳税人的态度和行为[①]。

波兰税制和市场经济国家的税制存在显著差别的原因在于波兰的税制与其经济政治体制是紧密相关的，而在 1945—1989 年的波兰是属于社会主义国家的阵营。

波兰当时被迫采取的经济制度类似于其他解体之前的社会主义国家，是根据苏联模式建立起来的，由国有部门占主导地位，国家垄断外贸并实行计划经济。

波兰税制在这一真正的社会主义时期的最显著特征是分别依据不同的所有制

[①] W. Nykiel, *Wpływ prawa wspólnotowego na polskie prawo podatkowe*, [in:] *Wpływ prawa wspólnotowego (Unii Europejskiej) na prawo wewnętrzne, przykład Francji i Polski*, M. Buy and H. Lewandowski (eds), Difin, Warsaw 2003, p. 337.

部门实行不同的税种。在这一税制下,税种被分成两大类:
(1) 对国有经济课征的税种(国有和集体企业);
(2) 对私营经济和对人口课征的税种。

波兰当时的预算结构与市场经济国家有很大的差别。国有部门构成预算收入的主体,最重要的财政收入均来源于对国有法人和集体组织课征的税种所产生的税收收入。对私营经济课征的税收在财政收入中所占地位并不重要,因为其税收收入很有限,这可归因于私营所有制的性质以及私营经济的有限规模[1]。

这一时期设置的税种并不是依据法律,其结果是产生了所谓的"双重法律",缺乏对纳税人一视同仁的法律待遇,并且政府有意通过使用税收手段来打击私营经济部门[2]。

2. 转型的主要阶段

自从 1989 年以来,波兰经历了深刻的系统性政治和经济演变,已成为一个独立、民主的市场经济国家。因此需要对波兰的法律体系,包括税法体系进行全面的回顾。

从一开始波兰就很清楚其目标是加入欧盟,并以此目标来决定其转型方向。波兰税制的转型亦是如此。从这一角度而言,可以将波兰的税制发展分为三个阶段:第一阶段从 1994 年 1 月 31 日开始;第二阶段为 1994 年 2 月 1 日至 2004 年 4 月 30 日;第三阶段从波兰 2004 年 5 月 1 日加入欧盟开始。

截至 1994 年 1 月 31 日,欧盟共同体法对波兰税制的影响已经体现在波兰实行的税收政策方面。从 1994 年 2 月 1 日开始,波兰加入欧盟的协议开始生效,波兰开始履行其国内法律与欧盟法兼容的义务。根据波兰在 1991 年 12 月 16 日与欧盟签订的加入欧盟的协议第 68 条,波兰必须尽最大努力确保其法律与欧盟法相兼容。法律的相似性是波兰与欧盟实现经济一体化的关键条件。波兰加入欧盟的协议第 69 条包括间接税制度,这也属于法律相似性的范畴。

---

[1] M. Weralski, *Ogólna charakterystyka dochodów budżetowych*, [in:] *System instytucji prawno-finansowych*, v. III *Instytucje budżetowe*, M. Weralski (ed.), Wrocław, Warsaw, Kraków, Gdańsk, Łódź 1985, p. 11.

[2] M. Weralski (ed.), *System instytucji prawno-finansowych PRL. Dochody i wydatki budżetu*, v. III, part II, Wrocław 1985; A. Gomułowicz and J. Małecki, *Podatki i prawo podatkowe*, Lexis Nexis, Warsaw 2011, pp. 333-336.

根据加入欧盟的协议第68条的要求,波兰法律草案应从法律与欧盟法是否兼容的角度进行评估①。目前已经专门制定了一个方案来实现波兰法与欧盟法的兼容,但是可以预料的是,完全实现波兰法与欧盟法的兼容不是一蹴而就的,不可能从波兰加入欧盟的那一天起就彻底实现法律兼容。从波兰加入欧盟之日起,其法律的兼容将是一个持续渐进的过程,与其他欧盟成员国的情形类似②。

波兰加入欧盟的谈判从1998年3月31日开始正式启动,在2002年12月12～13日召开的哥本哈根高峰论坛上签署协议,同意波兰在2004年5月1日加入欧盟(与其他9个国家一起)③。《入盟条约》于2003年4月16日在雅典签订。

3. 波兰税法的根本改变

波兰税制的改革从1989年开始,依据税收平等原则,实施适用于所有类型所有制的公司所得税④。该法在很大程度上是复制了市场经济国家⑤(含欧盟成员国)已有的现成解决方案。在改革过程中,《企业所得税法》(目前仍有效)在1992年2月15日获得批准生效⑥。该法律实际上被修改了很多次,接受了来自学术界和实务界的批评和建议。此外,必须强调,这些修改显著地改善了税种的设计并使其更加接近那些拥有先进税制国家的现代税收模式。此外,不应忽视的是,对《企业所得税法》的修订也是令其更加接近欧盟标准的必要途径(比如,纳税人地位、依据OECD的指南以及对资本弱化的处理)。

---

① See the government resolutions: Uchwała Nr 16 Rady Ministrów z dnia 29 marca 1994 r. w sprawie dodatkowych wymogów postępowania z rządowymi projektami normatywnych aktów prawnych ze względu na konieczność spełniania kryteriów zgodności z prawem Unii Europejskiej (Mon. Pol. No. 23, item 188); Art. 14 and the following, Uchwała Nr 13 Rady Min. z dnia 25 lutego 1997 r. Regulamin pracy Rady Ministrów (Mon. Pol. No. 15, item 144).

② See Narodowa Strategia Integracji, Komitet Integracji Europejskiej, styczeń 1997, Monitor Integracji Europejskiej, special edition, January 1997, p. 46 ff.

③ A. Nowak-Far, *Droga Polski do Unii Europejskiej*, [in:] *Prawo Unii Europejskiej, Zagadnienia systemowe*, Prawo i Praktyka Gospodarcza, Warsaw 2003, p. 481 ff.

④ Act of 31 January 1989 on corporate income tax [Ustawa z dnia 31 stycznia 1989 r. o podatku dochodowym od osób prawnych], Journal of Laws [Dz. U.] 1989, No. 3, item 12, as amended; hereinafter: Corporate Income Tax Act or CITA.

⑤ R. Mastalski, *Prawo podatkowe*, 8th edition, C. H. Beck, Warsaw 2014, p. 387.

⑥ Journal of Laws [Dz. U.] 1993, No. 106, item 482, as amended.

税制改革的下一阶段始于1991年7月26日获得批准的《个人所得税法》①。《个人所得税法》实行税收平等原则,以及税收统一原则,取代了之前的5个税种(所得税、薪资税、工资税、均等税②和在某种程度上的农业税)。《个人所得税法》在1992年1月1日实施生效,受到该法影响的是成为个人所得税纳税人的几百万人口。其税收征管也面临着新的任务。作为新税种设计和征收所适用税收原则的结果,波兰纳税人的状况与其他市场经济国家的纳税人类似。必须留意的是,《个人所得税法》也被修订了若干次。随着各个税收要素概念的改变,对《个人所得税法》进行多次修订和完善是必要的。

在引进波兰所得税的同时,必须强调,从1989年至2016年波兰已经与其他国家签订了80个税收条约(避免双重征税协定,下文简称"税收条约")以避免所得税和财产税的双重征税。这些税收条约的依据是经合组织范本(OECD范本),但是,有几个解决方案也受到联合国范本的影响③。波兰税收协定的签订首先与本国的动态经济发展相关联,包括与其他国家发展经济合作的情况。它也反映了波兰税制的演进程度及其发展方向。

在真正的社会主义时期,波兰有两个流转税种:对国有法人课征的流转税和对私营经济实体课征的流转税。它们一直在波兰生效实施,直至1993年才失效。在1993年波兰引进了货物和劳务税(简称货劳税),取代了之前的两个流转税种。这是一个巨大的立法项目。货劳税的立法工作持续了几年,最后在1993年1月8日通过了《货劳税法》和《特种消费税法》④。这个货劳税是一种增值税。它是在每一个流转环节课征的流转税,纳税人有权抵扣包含在其货物和服务采购价格中的进项税额。

《货劳税法》的课税范围很广,税制复杂(该法律于1993年7月5日生效,之后有许多配套的实施法案),再加上新税种的设计和一些立法上的瑕疵使得在实施货劳税的过程中产生了一些来自征管方面和纳税人方面的问题。此外,必须强调,自从波兰加入欧盟以来的10年之内,波兰税局和纳税人在执行该税法的实施细则过程当中获得了许多经验。《货劳税法》实施的同时也伴随着《特种消费税法》的实施。

---

① Ustawa z dnia 26 lipca 1991 r. o podatku dochodowym od osób fizycznych, Journal of Laws [Dz. U.] 1991, No. 80, item 350; hereinafter: Personal Income Tax Act or PITA.
② Equalization tax.
③ Z. Kukulski, *Konwencja Modelowa OECD i Konwencja Modelowa ONZ w polskiej praktyce traktatowej*, Wolters Kluwer, Warsaw 2015, p. 367 ff.
④ Journal of Laws [Dz. U.] 1993, No. 11, item 50, as amended.

关于货劳税的工作在很大程度上受到欧盟规则的启发,但是,必须承认货劳税的设计与欧盟标准并不兼容。考虑到波兰在 2004 年 5 月 1 日加入欧盟,有必要调整波兰对商品和服务的课税使其适应欧盟的法律,特别是适应 1977 年 5 月 17 日关于成员国流转税税收协调的第 6 个欧盟委员会指令——"增值税的共同制度:课税的统一依据(77/388/EEC)"①。这个必要性决定了对《货劳税法》这部新法进行立法修订的目标。

《货劳税法》的提案于 2003 年 8 月被提交给下议院(波兰国会的下议院),一些特定事项接受公众的公开讨论,包括特定的条款及其经济和社会影响,以及与波兰宪法和欧盟法律是否兼容。立法工作于 2004 年 3 月完成。

波兰依据欧盟法而实行的 2004 年 3 月 11 日的《货劳税法》和《特种消费税法》比 1993 年 1 月 8 日的《货劳税法》和《特种消费税法》更宏大、更详尽。

有关特种消费税的规则目前被纳入 2008 年 12 月 6 日的《特种消费税法》,从 2009 年 3 月 1 日开始实施②。这部法取代了 2004 年 1 月 23 日的《特种消费税法》,之前的《特种消费税法》出台是为了使波兰的《特种消费税法》适应欧盟税收法律的相关要求。许多税收问题在实施条例中得到解决。例如,列举应课征特种消费税的商品名目、经营税收仓库的条件、特种消费税的免税、特征消费税应税商品的注册、特种消费税的退税、允许预算赤字的最高限额规则,以及可能发生损耗的特种消费税应税商品所适用的准则。

博彩税,其收入归属于国家预算,通过 1992 年 7 月 29 日的《博彩税法》被引进,其课税范围是概率游戏和相互打赌的游戏③。目前生效的博彩税法是 2009 年 11 月 19 日的《博彩税法》④。《矿产资源税法》于 2012 年 3 月 2 日获得立法通过,矿产资源税收入也归属于国家预算收入。在 2016 年波兰又开征一个新税种,其税收收入归属于国家预算。这个新税种是金融机构税,课税对象是某些金融机构的资产⑤。

---

① OJ L 145, 13.6.1977, p.1.
② Ustawa z dnia 6 grudnia 2008 r. o podatku akcyzowym, Journal of Laws [Dz. U.] 2009, No. 3, item 11.
③ Ustawa z dnia 29 lipca 1992 r. o grach losowych i zakładach wzajemnych, Journal of Laws [Dz. U.] 2004, No. 4, item 27, as amended.
④ Ustawa z dnia 19 listopada 2009 r. o grach hazardowych, Journal of Laws [Dz. U.] 2009, No. 201, item 1540, as amended.
⑤ Act of 15 January 2016 on certain financial institutions levied on their assets [Ustawa z dnia 15 stycznia 2016 r. o podatku od niektórych instytucji finansowych], Journal of Laws [Dz. U.] 2016, item 68.

对财政预算收入的分析显示,上述的两个直接税(个人所得税和公司所得税)以及两个间接税(货劳税和特种消费税)构成我们税收制度的核心,在最近的若干年份为波兰带来超过 4/5 的国家财政预算收入。综上所述,值得关注的是,来自个人所得税和公司所得税的税收收入也需要纳入地方政府单位的预算。国家税种和地方税种的划分如表 1 所示。

表 1　　　　　　　　　国家税种和地方税种的划分

国家税种	地方税种
公司所得税①	不动产税
个人所得税②	农业税
货劳税	林业税
特种消费税	交通工具税
博彩税	继承税和赠与税
矿产资源开采税	民法交易税
金融机构税	
对大面积店铺的课税③	
船舶吨税	

2017 年的国家预算收入结构详见表 2 和图 1(包括来源于特定税种的税收收入),数据来源于 2017 年《预算法》④。

表 2　　　　　　　　　2017 年国家预算收入的结构

2017 年国家预算收入 （合计）	325 428 002 000 兹罗提	100%
税收收入	301 155 210 000 兹罗提	92.5%
非税收入	22 476 313 000 兹罗提	6.9%
其他⑤	1 796 479 000 兹罗提	0.6%

2017 年国家预算收入中特定税种收入所占份额如表 3 和图 2 所示。

---

① ② State tax, in which local self-government entities have shares.
③ 并未实施。
④ Budgetary Act for 2017 of 16 December 2016 Journal of Laws [Dz. U.] 2017, item 108.
⑤ Non-repayable funds from the EU and from other sources.

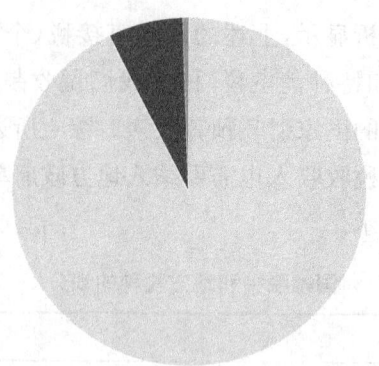

税收收入 ■非税收入 ■其他收入

图1　2017年国家预算收入的结构

表3　　　　2017年国家预算收入中特定税种收入所占份额

2017年国家预算收入合计	301 155 210 000 兹罗提（以下货币单位均为兹罗提）	100%
货劳税	143 483 000 000	47.6%
消费税	69 000 000 000	22.9%
博彩税	1 709 000 000	0.6%
公司所得税	29 817 000 000	9.9%
个人所得税	51 000 000 000	16.9%
矿产资源开采税	1 000 000 000	0.3%
金融机构税	3 937 000 000	1.3%
其他税收收入	1 209 210 000	0.4%

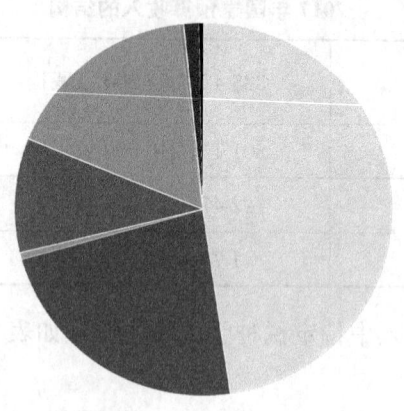

■货劳税　　■消费税　　■博彩税　　■公司所得税
■个人所得税　■矿产资源开采税　■金融机构税　■其他税收收入

图2　2017年国家预算收入中特定税种收入所占份额

2017 年国家税收收入中各种税种收入所占份额如表 4 和图 3 所示。

表 4　　　　　　　2017 年国家税收收入中各个税种收入所占份额

税收收入合计	兹罗提 301 155 210 000（以下货币单位均为兹罗提）	100%
货劳税	143 483 000 000	47.6%
特种消费税	69 000 000 000	22.9%
博彩税	1 709 000 000	0.6%
公司所得税	29 817 000 000	9.9%
个人所得税	51 000 000 000	16.9%
矿产资源开采税	1 000 000 000	0.3%
金融机构税	3 937 000 000	1.3%
其他税收收入	1 209 210 000	0.4%

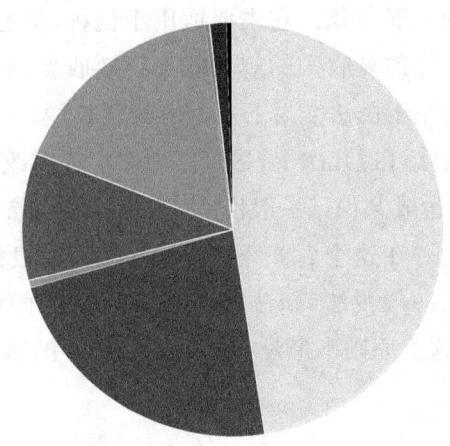

■ 货劳税　　■ 特种消费税　　■ 博彩税　　■ 公司所得税
■ 个人所得税　■ 矿产资源开采税　■ 金融机构税　■ 其他税收收入

图 3　2017 年国家税收收入中各个税种收入所占份额

来源于若干税种的税收收入纳入县（或公社）政府的预算，包括以下税种：

（1）不动产税①；

（2）农业税②；

---

① Act of 12 January 1991 on local taxes and duties [Ustawa z dnia 12 stycznia 1991 r. o podatkach i opłatach lokalnych] Journal of Laws [Dz. U.] 1991, No. 9, item 31, as amended; hereinafter: LTDA.

② Act of 15 November 1984 on agricultural tax [Ustawa z dnia 15 listopada 1984 r. o podatku rolnym], Journal of Laws [Dz. U.] 1993, No. 94, item 431, as amended; hereinafter: ATA.

(3) 林业税①；

(4) 交通工具税②；

(5) 继承税和赠与税③；

(6) 民法交易税④。

与其他国家类似，不动产税是最重要的地方税种。在前几年启动了重新设计该税种的工作。提议的修订意见涉及税基的改动，新税基是土地和建筑物的价值（当前的税基是土地和建筑物的面积）。在农业县（或公社），农业税扮演着重要的角色。上述的前4个税种构成县级政府的税收收入，由公社税局征收，上述后2个税种由国家税务局（或税务所）征收。

引进对财政最重要的4个税种（公司所得税、个人所得税、货劳税和特种消费税）之后，《一般税法》(General Tax Act)在1997年8月29日获得通过⑤。它包括实体税法和程序税法的一般条款。它主要适用于税种，但也可以应用于进入国家预算收入或地方政府单位预算收入的规费和非财政收费，它的征收是由税局来执行。《一般税法》不能应用于民法交易下发生的款项收付。

《一般税法》已经被修订过几次了，尽管努力作了许多改进，但是今天仍然存在许多瑕疵⑥。税务专家达成共识，《一般税法》不能再继续修订了，但它应该被一部新的《一般税法》所取代。在这个背景下，于2014年《一般税法》法典委员会成立了，该委员会负责起草《一般税法》新法案。2015年，《一般税法》法典委员会拟定了《一般税法》的原则，这些原则不但没有局限于一般性的事项，而且还相当详尽。

---

① Act of 28 September 1991 on forestry tax [Ustawa z dnia 28 września 1991 r. o lasach], Journal of Laws [Dz. U.] 1991, No. 101, item 444, as amended; hereinafter: FTA.

② Act of 12 January 1991 on local taxes and duties, Journal of Laws [Dz. U.] 1991, No. 9, item 31, as amended.

③ Act of 28 July 1983 on inheritance and gift tax [Ustawa z dnia 28 lipca 1983 r. o podatku od spadków i darowizn], Journal of Laws [Dz. U.] 1997, No. 16, item 89, as amended; hereinafter: IGTA.

④ Act of 9 September 2000 on tax on civil law transactions [Ustawa z dnia 9 września 2000 r. o podatku od czynności cywilnoprawnych], Journal of Laws [Dz. U.] 2000, No. 86, item 959, as amended; hereinafter: TCLTA.

⑤ Ustawa z dnia 29 sierpnia 1997 r. — Ordynacja podatkowa, Journal of Laws [Dz. U.] 1997, No. 137, item 926, as amended.

⑥ B. Brzeziński, W. Nykiel, *Stan prawa podatkowego w Polsce. Raport 2010*, Kwartalnik Prawa Podatkowego, 2011, No. 1, p. 73.

4. 税种与金融危机

影响现行税制构建的一个重要因素是 20 世纪之初的一场金融危机①。欧盟为了应对这场危机所采取的政策工具存在较大的差异性。但是,这些政策工具至少可以归类为两种方法。第一种方法是引进促进就业的规则,该规则促成了个人所得税税负的减轻。第二种方法被欧盟大多数成员国采纳,即增加间接税的税负,尤其是提高货劳税和特种消费税的税率。

波兰提高了货劳税的基础税率。波兰还引进了依据公债水平允许自动提高货劳税税率水平的机制。此外,波兰开征了针对烟草、原油、汽油和生物制品的特种消费税。而且,波兰还开征了矿产资源开采税。在个人所得税方面,一些税收扣除和税收抵免(例如,与互联网使用相关的)被废除,个人使用著作权时获许使用 50% 可扣除虚拟成本的可能性也受到了限制②。而且必须关注的是,退休年龄被提高了,公共财政法也引进了一个意图限制预算开支的稳定支出原则。

5. 新的解决路径与"税基侵蚀和利润转移"(BEPS)

近些年来,逃税和避税给许多国家的政府预算收入造成的税收流失越发严重。因此,迫切需要重新回顾税收制度,其目的是强化对这些逃税和避税行为的集中打击并填补税制漏洞。

需要强调的是,必须发展遏制避税的技术(引进和加强现在的一般反避税条款和特别避税条款),不同国家之间的合作必须加强和扩大,信息交换技术也需要加强。

不同的成员国首次达成共识,认为迫切需要加强该领域的工作。2013 年 7 月 19 日,G20 批准通过的《税基侵蚀和利润转移行动计划》③(简称"BEPS 行动计划")涵盖了许多行动:保护税制、遏制偷税漏税、增强国家税制的连贯性和透明

---

① W. Nykiel, M. Wilk, *Tendencje rozwojowe prawa podatkowego*, [in:] *Zagadnienia ogólne prawa podatkowego*, W. Nykiel, M. Wilk (eds), Łódź 2014, pp. 206-207.

② E. uchaj, *Zasada sprawiedliwości społecznej na przykładzie szwedzkiej i polskiej polityki podatkowej w dobie kryzysu*, Kwartalnik Prawa Podatkowego, 2012, No. 3, pp. 14-16.

③ OECD (2013), *Action Plan on Base Erosion and Profit Shifting*, OECD Publishing, http://dx.doi.org/10.1787/9789264202719-en.

度,以及将收入来源与纳税发生地联系起来。该计划制定的 15 个建议构成了 BEPS 行动计划,并且正在许多国家实施。

波兰也采取了几个行动。资本弱化的规则已经被修订(从 2015 年 1 月 1 日开始)。CFC 规则(受控外国公司规则)被引进(从 2015 年开始),该规则的目的在于限制波兰居民通过使用在其他税收管辖地设立的公司来实现避税的行为。转移定价规则已经实现现代化(从 2016 年 1 月 1 日开始,比如,根据 BEPS 行动计划引进了 3 个层次的转移定价文档:地方文档、总文档和国别报告)。修订后的母子公司指令已经实施,并且引进了所谓的"小反避税条款"(从 2016 年 1 月 1 日开始)。反混合条款已被引进。在 2016 年反避税条款还被写入《一般税法》(GAAR,即"一般反避税条款")。波兰签订的避免双重征税条款也依据同样的目的进行了修订。其中的一个例子便是在这些税收条约中引进了主要目的测试。此外,用抵免方法取代免税方法可用来应对双重不征税的情形,即由于制度性的差异,比如收入性质的认定,或将该收入归属于不同的纳税义务人(转移条款)造成既定的收入在任何一方的缔约国中都没有被课税的情形。应留意的是,波兰最近签订了许多交换税务情报的协议。而且,现行税收条约中关于交换税务情报的条款也得到了强化。最后,值得关注的是,波兰与美国签订的关于交换美国居民税收情报的协议(FATCA)已经实施了。

增值税税务欺诈对欧盟成员国造成很大的损失。打击这种类型的税务欺诈无论对欧盟还是对欧盟成员国来说都是很重要的挑战[1]。欧盟的增值税缺口,即增值税应收税款与实际收到的税款之间的差额高达 1 700 亿欧元。这就是为何在 2016 年 4 月 7 日通过的《增值税行动计划》预见了许多迫切需要采取的行动[2]。

波兰最近已经采纳了几个行动计划,其目的在于打击货劳税的欺诈。这些行动包括:

(1) 扩大逆向收税(reverse charge)的应用范围;

(2) 针对几种容易发生税务欺诈的商品的收货人实施连带责任(呈现半成品或粉末形态的未加工黄金、原材料或半成品形态的白银和铂金);

---

[1] VAT forms part of the EU's own resources. See: http://ec.europa.eu/budget/mff/resources/index_en.cfm.

[2] Communication from the Commission to the European Parliament, the Council and the European Economic and Social Committee on an action plan on VAT, *Towards a single EU VAT area — Time to decide*, Brussels, 7.4.2016, COM(2016) 148 final, http://ec.europa.eu/taxation_customs/resources/documents/taxation/vat/action_plan/com_2016_148_en.pdf.

（3）引进一项义务，即由商品和服务的接受方负责递交供应方纳税人汇总资料(资料涵盖所涉交易发生相关纳税义务的所属会计期间)；

（4）将某些类型商品按季缴税的做法排除在外。

目前的所谓收据彩票，从2015年开始实行，旨在更有效地打击税务欺诈。需要强调的是，关于发票集中登记的工作正在进行中。

米豪·维克博士(Dr. Michał Wilk)

第三章
欧盟背景下的波兰税法

1. 导 论

波兰在2004年加入欧盟引发了波兰税法的巨大变化。波兰启动税制改革的时间远远早于加入欧盟的时间,并且波兰税制的改革仍然在进行中。波兰已经改变其立法,并且在很大程度上也变革了它应用法律的形式,目的在于使其法律秩序适应欧盟的现行共同体法律体系(acquis communautaire)。它涵盖了欧盟指令的实施规定,依据欧洲法院的法律观点(包括以"波兰案例"形式通过的裁定)修改其法律,并修订了与欧盟基本法不相兼容的法律。尽管如此,仍然需要关注的是,现在的一些税法领域(既有直接税又有间接税)仍然存在着国内税收法律法规与欧盟法律(欧盟基本法和第二层次的法律)不相兼容的疑难问题。

加入欧盟使波兰法律环境转型成为三个层次的法律制度。确定一个纳税人的法律状况需要分析国内税法(税收条例)、国际税法(特别是有关所得税方面)以及欧盟法律(既包括基本法——主要是在直接税方面,也包括第二层次的法律——特别是增值税和特种消费税)①。这三个层次的法律法规相互干扰,造成了严重的相互不兼容的问题。这个问题又引发了一个法令是否比另一个法令的法律级次更优先的问题,这个问题必须通过波兰的国际义务(税收条约、有关欧盟运营的条约)和波兰宪法来解决。

---

① E. Łętowska, *Multicentryczność współczesnego systemu prawa i jej konsekwencje*, Państwo i Prawo 2005, No. 4, p. 3.

2. 欧盟税法在波兰宪法秩序下的法律来源级次

波兰应用欧盟法令的法律基础是由 2003 年的《入盟条约》所设定的①。依据《入盟条约》第 2 条（它规定了所有新欧盟成员国加入欧盟的详细规则），"从加入之日起，初始条约的条款及其机构和欧洲央行在新成员国加入之前就已经接受的法案应对新成员国具有约束力，并且须按照这些条约和本法案所规定的条件在这些新成员国应用这些条约和法案"。因此，签订《入盟条约》等同于接受所有欧盟法律和欧盟的现行共同体法律体系（acquis communautaire）。于是产生了欧盟法令在波兰宪法规定的法律来源级次中所处地位的问题。

根据波兰《宪法》第 87 条第 1 段，"波兰共和国普遍具有约束力的法律来源是：宪法、法律、经批准的国际条约，以及法规②"，在一定的条件下，法律来源还涵盖了地方当局实施的地方法律。将波兰法律来源的类型纳入考虑范围时，需要注意的是，依据《入盟条约》，欧盟法令是在波兰普遍具有约束力的法律，引用波兰宪法的措辞，该《入盟条约》是"经批准的国际条约"。需要解释的是，波兰宪法对两类国际条约进行了区分：依据以前的法定许可而批准的条约和其他条约。并且，波兰在一些事项上可以将国家机构的职能授权给一个国际组织或机构代为行使（通过签订一个国际条约的方式）③。当时预计波兰将会加入欧盟，因此设计了这一条款并在 1997 年引进波兰《宪法》④。在此情形下，为了批准这类国际条约，还需要经过一个特别的批准程序。根据宪法第 90 条第 2 段，给予此类同意的法例必须经过波兰下议院参会人员 2/3 的大多数票数通过且参会人员至少占下议院成员法定席位的一半，并且经过波兰参议院参会人员 2/3 的大多数票数通过且参会人员至少占参议院成员法定席位的一半。也有另外一种可能性，即通过全国全民公决的方式给予同意以批准这样一个条约，这一方式在 2003 年《入盟条约》批准时实际运用过一次。

由于《入盟条约》是依据《宪法》第 90 条第 2 段签署的，并经过全国全民同意而

---

① OJ L 236, 23.9.2003/12; hereinafter: Accession Treaty.
② See the translation of the Constitution available at: http://www.sejm.gov.pl/prawo/konst/angielski/kon1.htm, accessed on 5.9.2016.
③ Under Art. 90(1) of the Constitution.
④ A. Wyrozumska, *Instytucje i prawo Unii Europejskiej*, LexisNexis 2011, p. 324.

生效,该条约毋庸置疑地作为一个经过批准的国际协定在波兰具有普遍的约束力①。依据《宪法》第91条第1段,在《法律》期刊刊登了该国际条约之后,该国际条约成为国内法律秩序的一部分,应直接实施(除非它的运用依赖于某个法令的实施)。并且需要注意的是,如果国际条约与国内法令无法协调兼容,批准过的国际条约(得到法令授予的同意)优先于国内法令②。在波兰应用国际条约的法律框架是由宪法第91条第3段补充的,根据该条款,如果波兰批准的一个条约按照条约规定建立了一个国际组织,则该国际组织建立的法律应予直接运用并在发生法律冲突时享有优先权。

《宪法》设置的上述规则,促使波兰能够满足它在签署这一条约之时承担的国际义务。它也适用于《入盟条约》,通过《入盟条约》,波兰有义务调整其法律制度使其接受欧盟的现行共同体法律(acquis communautaire)。在运用欧盟法律准则和国内法律法规时产生的冲突及其解决方案是受到欧盟基本原则约束的,这些基本原则产生于欧洲法院的判决:包括欧盟法的直接效果原则以及欧盟法在法律级次上优先于成员国国内法的原则。

最重要的是,必须提及欧洲法院在案例 C-26/62 van Gend v Loos③ 和案例 C-64 Flaminio Costa④ 中的判决,在这两个案例的判决中,欧洲法院清晰地阐述了欧盟法律构成一个独立的法律秩序,成员国有义务保证法律秩序的有效性。更重要的是,在案例 C-106/77 Simmenthal⑤ 的判决中,欧洲法院强调,在国内法规与欧盟法律准则发生冲突之处,国内法院必须将优先权给予欧盟法律条款并抑制国内法的应用。

欧盟法律居于首位的法律级次问题在 2006 年 12 月 19 日受到波兰宪法法院的审视⑥,当时该法院不得不回答奥尔什丁(Olsztyn)的省级行政法院所提出的预先问题。奥尔什丁(Olsztyn)省级法院面临的问题是波兰《特种消费税法》⑦第80

---

① Art. 87(1) of the Constitution.
② Art. 91(2) of the Constitution.
③ ECJ Judgment of 5 February 1963, EU:C:1963:1.
④ ECJ Judgment of 15 July 1964, EU:C:1964:66.
⑤ ECJ Judgment of 9 March 1978, EU:C:1978:49.
⑥ TK Decision P 37/05 on the excise duty and the competence of the Constitutional Court and the CJEU.
⑦ Act of 6 December 2008 on excise tax [Ustawa z dnia 6 grudnia 2008 r. o podatku akcyzowym], Journal of Laws [Dz. U.] 2009, No. 3, item 11, as amended; hereinafter: Excise Tax Act or ETA.

条与《成立欧洲共同体条约》①的第 90 条是否兼容的问题,后者不容许对来源其他成员国的产品课征超出对本国类似产品课征水平的任何税种(不管是直接税还是间接税)。有趣的是,奥尔什丁(Olsztyn)省级法院将该案例提交给宪法法院并询问波兰《特种消费税法》第 80 条(依据该条款,波兰居民在欧盟内部购买二手车并且车辆登记地点不在波兰境内,则该波兰居民应该缴纳特种消费税)是否与《成立欧洲共同体条约》的第 90 条相互兼容,以及是否符合《宪法》第 91 条的规定(依据该条款。如前所述,在以立法的形式取得同意和批准通过的国际条约在法律级次上优先于国内法律,假如该法律无法与该国际条约达成和解)。

当宪法法院发现它本身并没有资格决定波兰国内法是否与欧盟法相兼容时,宪法法院没有继续对该案例的审理。宪法法院特别强调了奥尔什丁(Olsztyn)省级法院提出的问题实际上涉及对欧盟法律的解释,不应该由宪法法院来解决,而应该由欧洲法院来解决。该法院也阐述了国内法和欧盟法的潜在冲突应该由受理该案件的法院解决。也就是说,根据宪法法院的意见,法律的应用问题并非法律的有效性问题。法律在应用过程中的判决应该遵从宪法和法律②,并且在国内法律与已批准的国际条约发生冲突的情况下有义务拒绝应用国内法律③。有鉴于此,如果奥尔什丁(Olsztyn)省级法院对给定的欧盟法律准则的内容并无疑义,则应拒绝应用《特种消费税法》第 80 条,并且应直接应用欧盟法律(替代性地,它应该依据欧盟法律来解释波兰法律)或者在解释法律条文时若遇到疑难问题应向欧洲法院征询一个预约裁定。宪法法院还注意到宣称的《特种消费税法》第 80 条与《成立欧洲共同体条约》第 90 条的不兼容并未同时造成波兰宪法第 91 条第 2 段与欧盟法律的不兼容,相反,它"认识到波兰宪法第 91 条第 2 段的假设是授权给受理案件的法院允许其拒绝应用国内法律"。根据宪法法院的意见,拒绝应用与欧盟法律不相兼容的国内法律准则应该被视为对忠诚合作原则的表述④,也应被视为波兰对国际条约原则的尊重⑤。

在同一时间,华沙的省级行政法院移送了一个类似的案例给欧洲法院,随后欧洲法院在对案例 C-313/05 Brzezinski⑥ 的判决书中强调,《成立欧洲共同体条约》

---

① Treaty on the Functioning of the European Union of 13 December 2007,OJ C 326,26.10.2012.
② Art. 178(1) of the Constitution.
③ Art. 91(2) of the Constitution.
④ Art. 10 TEC, currently Art. 4 para. 3 TEU.
⑤ Art. 9 of the Constitution.
⑥ ECJ Judgment of 18 January 2007.

第 90 条禁止课征任何诸如《特种消费税法》第 80 条引进的特种消费税之类的新税种。

尽管波兰宪法似乎以一种完整的方式规定了已获批准国际条约的应用问题，它没有解决欧盟法律（或者更宽泛意义上的国际条约）与宪法本身的潜在冲突问题。并且，它不得不强调，依据《宪法》第 8 条，《宪法》必须是波兰的最高法。

波兰宪法法院在 2005 年 5 月 11 日的判决中对宪法和欧盟法律的关系问题进行了审视①，所涉事项是《入盟条约》和《成立欧洲共同体条约》第 234 条与波兰宪法的兼容性问题。首先，法院必须决定，波兰加入欧盟是否在宪法中有足够的合法性（法律基础）以及欧盟的法律秩序是否正确地建立在宪法的基础上。

一方面，宪法法院注意到了《宪法》第 8 条第 1 段与第 9 条的相似之处，根据这两个条款，波兰遵守国际条约，这也意味着宪法的立法者认识到除了国内法律以外，还有某些准则是在国内的立法制度之外创造出来的。有鉴于此，不得不假设波兰法律秩序的多因素特征是被有意接纳的。法院还表示，欧盟法律不能被视为一个完全置身于国内法律秩序之外的法律制度。事实上，有关基本法，它作为一个已获批准的国际条约，构成了国内法律制度的一个部分。有关二级立法（secondary law），它是由波兰以外的立法中心所创造的，但这些立法中心仍然是由成员国代表组成的。这些法律子系统（legal subsystem）的存在形成了波兰的法律秩序制度，参考宪法法院的观点，这些制度应该基于"相互友好的解释和合作式的共同应用"原则而共同存在。

另一方面，法院援引了上述宪法第 8 条第 1 段，强调了《宪法》是最高法，优先于所有波兰签订的国际条约，《宪法》还涵盖了将政府机关的职能授权给国际组织代为行使的国际条约。根据宪法法院的观点，《宪法》的第 8 条第 1 段赋予《宪法》在有效性和应用上的首要地位。

《宪法》和《欧盟法》之间的潜在冲突非常罕见，这来源于两种法律秩序所表达的价值观的重合之处。不过，如果发生冲突，根据宪法法院在 2005 年 5 月 11 日的判决中所表达的立场，宪法法院既不可能将最高权力赋予欧盟准则从而使其优先于宪法准则，也不能用欧盟的准则来代替宪法的准则。在这种情况下，立法者应该采取替代的方法，或者修改《宪法》，或者力求修改相应的欧盟法律，或者采用替代方式——脱离欧盟。

---

① TK Judgment K 18/04 on the constitutionality of the Accession Treaty.

宪法法院还强调欧盟法规必须在成员国授权的职权范围内予以表决通过,若是超出欧盟机构的职权范围,则相应的欧盟法规并不受欧盟法律优先于国内法律的首要原则的保护。

上述宪法法院关于欧盟法律在波兰宪法秩序中的角色和地位的观点在 2005 年 4 月 27 日的宪法法院判决[①]中清晰可见,该判决涉及的是《刑法典》第 607t 条第 1 段所提及的实施 2002 年 6 月 13 日《欧盟理事会框架决定》中的有关欧洲缉捕令和成员国之间的自首程序的合宪性[②]。必须关注的是,根据《宪法》第 55 条第 1 段的原文,引渡波兰公民是一律禁止的。《刑法典》第 607t 所提及的实行欧洲缉捕令明显违背了上述规则,因此也被宪法法院宣布不符合宪法。宪法法院同时还承认,将《刑法典》第 607t 条第 1 段从法律制度中清除出去将意味着波兰违反它对欧盟所承担的义务。宪法法院保留该条款并使其在随后的 18 个月内依然有效。宪法法院还注意到容许该违宪条款依然有效应被视为宪法作为最高法律这一原则的特别例外。这个不一致的情形被立法者通过修改《宪法》第 55 条第 1 段的方式消除了,即通过明示的方式允许在一定条件下引渡波兰公民。

因此,应该强调的是,维护宪法秩序和履行波兰的国际义务这两者之间的适当平衡应由波兰的宪法法院负责保证。宪法法院的态度在 2010 年 11 月 24 日的判决[③]中得到确认,在该判决中,宪法法院审视了《里斯本条约》。宪法法院强调,依据波兰《宪法》第 90 条提出的程序获得批准的《里斯本条约》享受特别的合宪性推定。该推定只有在《里斯本条约》的释义和波兰宪法的释义均未能达成欧盟法和波兰宪法的协调一致的情况下才可以被驳回。

3. 欧洲法院在波兰税法和谐进程中扮演的角色

一方面,欧洲法院在帮助波兰税法适应欧盟的共同体法律体系的过程中发挥着重要作用。但是,毋庸置疑,欧洲法院的裁定不能正式地作为波兰的法律来源。另一方面,它们的职能很显然不仅仅局限于在个别案例中解释法律[④]。这源于欧

---

① TK Judgment P 1/05 on the European arrest warrant.
② Cf. A. Wyrozumska, *Instytucje* ..., p. 336 ff.
③ TK Judgment K 32/09 on the Lisbon Treaty.
④ A. Zalasiński, *Walor orzecznictwa podatkowego Trybunału Sprawiedliwości w polskim porządku prawnym*, [in:] *Orzecznictwo Trybunału Sprawiedliwości Unii Europejskiej w sprawach podatkowych*, W. Nykiel, A. Zalasiński (eds), Wolters Kluwer 2014, p. 31.

洲法院在欧盟宪法秩序中的地位以及它为确保欧盟法律的有效性和对个人的有效保护方面所承担的监管人角色①。

欧洲法院在帮助波兰税法适应欧盟法律秩序的过程中扮演的角色很明显地体现在两个方面。首先,如前面所述,欧洲法院的裁定,尽管不能视为法律来源,但是也对一般意义上的欧盟法规的解释施加了显著的影响,还可以被纳税人援引用于质疑波兰税收法规与欧盟法律的不相兼容之处。其次,波兰法院对于先决问题(preliminary question)的制度越来越开放,并且使用该制度的频率在增加。还需要关注的是,波兰法院会将案件移送给欧洲法院以寻求在间接税(增值税和特种消费税)方面的基本裁定。根据本人观点,这源于间接税的税收协调程度高于直接税这一事实。而且,有关这方面的国内税法偏离欧盟税法的情形是清晰可见的(例如,既定的《增值税指令》法规并没有被正确地在波兰实施)。相反,承认国内所得税与《欧盟运作条约》的不相兼容需要更多的关注,也可能比较罕见。波兰法院将税收案件移送欧洲法院的次数共有49次(截至2016年9月5日),其中,有36次是关于增值税,有6次是关于特种消费税,有4次是关于民法交易税,还有3次是关于所得税②。

先决问题的法律基础可以在《欧盟运作条约》的第267条中找到法律依据,根据该条款,欧洲法院对下列事项出具预约裁定:一是对条约的解释;二是欧盟的机构、实体、办事处或代理人发布的法案的有效性以及对这些法案的解释。

如果这样的一个问题被提交给成员国的法院或特别法院,且该法院或特别法院认为有必要先让欧洲法院对该问题作出决定然后该成员国的法院或特别法院才能作出判决,则应该先请求欧洲法院对此作出裁决。

当该问题是在呈送给成员国法院或特别法院的未决案件中提出来的,并且在国内法中对法院或特别法院所作决定并无司法救济时,法院或特别法院应将该事项移送给欧洲法院。

如果该问题是在呈送给成员国法院或特别法院的未决案件中提出来的并且涉及正处于拘留状态中的个人,则欧洲法院应该以最小迟延的方式处理。

除了宪法法院可使用事先提出问题的制度之外,税收案例也可以由行政法院提交给欧洲法院,如省级行政法院和最高行政法院。根据2002年8月30日的法

---

① Cf. *Ibid*.
② http://www.nsa.gov.pl/pytania-prejudycjalne-wsa-i-nsa.php, accessed on 5.9.2016.

案——《行政法院诉讼法》①,行政法院将案件移交给欧洲法院将造成法院诉讼的强行中止。此外,当欧洲法院的决定须依赖于递交给该法院的其他诉讼案件的结果时,欧洲法院可以中止诉讼程序(选择性地,非强制性地)。必须强调,选择性中止诉讼应被视为一种有趣的工具,一是为了保护纳税人权力;二是作为一种节省诉讼成本的机制。当法院的结案需要对欧洲法院正在审查的同一个法律问题作出决定时,通常不适宜先通过一个裁定然后再重新审理一个欧洲法院应作出判决的诉讼案件。

由欧洲法院作出的一个判决可能会对纳税人的实际法律立场产生严重的影响。有时可能会发生给定纳税人的权利和义务已经由税务机关或行政法院依据国内税收法律法规作出决定,但随后被欧洲法院发现该决定与欧盟法律不相兼容。在这种情形下,纳税人可以申请税务机关重新开始诉讼程序。需要强调的是,纳税人从相应的欧洲法院判决书公布之日起仅有 1 个月的时间来递交这样一个申请②。

一个类似的法规也被引进《行政法院诉讼法》。根据《行政法院诉讼法》第 272 条,如果一个国际机构依据一个获得批准的国际条约作出一个决定,有必要重新恢复法院诉讼,则纳税人可以要求重新开始法院诉讼。这里纳税人有更长的期限(长达 3 个月)来递交这样的一个申请。有趣的是,有关《行政法院诉讼法》第 272 条的申请,假如欧洲法院已经通过了判决,则行政法院对于重新恢复诉讼所依据的法律基础颇为疑虑。根据一个观点③,在欧洲法院通过相应的判决时,如果当时纳税人不属于诉讼案件中的任何一方,则该纳税人也可以申请重新开始诉讼。不过,在其他决定中,最高行政法院规定,只有当欧洲法院的给定判决是针对纳税人的个别案件作出时,纳税人才可以依据《行政法院诉讼法》第 272 条申请重新开始诉讼④。

因此,与《一般税法》(General Tax Act)中规定的恢复税收诉讼的类似法律基础(当欧洲法院对税收决定的内容施加了影响时,纳税人总是可以申请恢复诉讼的)⑤相比,似乎《行政法院诉讼法》的规定太狭窄。

---

① Art. 124 para. 1(5) of the Act [Ustawa z dnia 30 sierpnia 2002 r. — Prawo o postępowaniu przed sądami administracyjnymi], Journal of Laws [Dz. U.] 2016, item 718 (consolidated version); hereinafter: LPBAC.

② Art. 241 § 2(2) of the General Tax Act; hereinafter: GTA.

③ See e. g. the NSA Decision of 8 November 2013, II GSK 2031/13.

④ See the NSA Decision of 15 January 2013, I FSK 1473/12, and the judgment of the Voivodeship Administrative Court (WSA) in Łódź of 21 April 2016, I SA/Łd 204/14.

⑤ Art. 210 § 3(11)GTA.

4. 波兰税局和行政法院对欧盟法的运用实践

目前,行政法院和税务机关对欧盟法律的应用遵循的是共同的解释标准。毋庸置疑,国内税法与欧盟法律法规的任何不兼容之处都应该由税局和行政法院依据过去的欧洲法院判决和文献中表达的观点进行仔细审查。在一些税法的领域,比如,在对增值税进行解释的过程中会很自然地涉及对《增值税指令》的援引①以及对欧盟二级立法(secondary EU law)相应条款的解释。

但是,这样一个运用欧盟法律的开放的方法是经历过长期的过程才取得的结果。在波兰成为欧盟成员国的初始阶段,存在一个问题,即不能确定波兰税务局是否有能力识别出国内税法与欧盟法律不相兼容的问题。毫无疑问,依据《波兰宪法》第178条、欧盟法律在法律中居于首位的一般原则以及成员国忠诚合作原则,行政法院负有这些条文所规定的职责(例如,当欧盟法律与国内法律不一致之时,它们可以并且应该直接应用欧盟法)。同时,人们(在过去)也提出了一些疑问,即税局是否享有这些权限。而且,不得不注意的是,税局并没有权限向欧洲法院提交预约裁定的申请。从这一个观点出发,税局的处境比行政法院更加困难,因为假如行政法院发现国内税收准则存在不相兼容的问题,那么行政法院可以用欧洲法院的判决来解决这些疑问②。

根据罗兹省级行政法院提出的观点③,当发现国内税法与欧盟法律不兼容时,只有法院有权拒绝应用国内税收法律法规。其结果是,根据罗兹法院的观点,税务机关受到正在实施的国内税收法律法规的约束。

不过,值得留意的是,该观点已经最终被行政法院所拒绝。根据最高行政法院的意见④,在税收事项上应用欧盟法律不仅是行政法院的义务,也是国家机关的义务(如税务机关)。根据最高行政法院所述,该结果是产生于一个事实,即税务机关应遵从法律,也应在法律的框架下运作(此处应被解读为:在欧盟法律的框架之

---

① Council Directive 2006/112/EC of 28 November 2006 on the EU's common system of value added tax, OJ L 347, 11.12.2006; hereinafter: VAT Directive.

② See T. Kozieł, Rozstrzyganie sprzeczności ustawy ze wspólnotowym prawem pierwotnym — glosa do postanowienia TK z 19.12.2006 r. (P 37/05), Europejski Przegląd Sądowy 2009/5, p. 46, who on the other hand notices that those difficulties are facilitated by the mechanism of administrative courts supervision over tax authorities' activities.

③ WSA Judgment of 19 December 2006,I SA/Łd 1059/04.

④ NSA Judgment of 2 April 2009,I FSK 4/08.

下)。行政法院目前提出的这个论证过程完全符合欧洲法院所提出的司法意见。欧洲法院在 C-103/88 Fratelli Constanzo SpA 案例①中清晰地阐明,为了保证欧盟法律的合理有效性,有必要要求在法院和国家机关受理的诉讼中应用欧盟法律准则。并且,这一义务也来源于忠诚合作义务②。它还谈到,一个成员国的国家机关也是欧盟的行政机关(从职能的角度),因此,也应受到欧盟法律在法律秩序中处于首要地位这一原则的约束,也就是说,应该依据这一原则来应用欧盟法律③。

在波兰解释和应用欧盟税法的过程中必须解决的另外一个问题是援引欧盟法律的规则和指令,尤其是其实施的任何不规则性。纳税人经常在与税局的争议中援引欧盟法律,既援引基本法也援引二级立法,但也特别参考了指令(增值税、特种消费税和所得税)。现在毋庸置疑的是,指令有垂直的直接效应,例如,纳税人可以援引与税局有关的相应条款,如果指令是无条件的、足够清晰的、精确的,以及在该指令尚未被及时地、正确地变成国内法的情况下。正如欧洲法院所确认的,成员国不能在不利于纳税人的情形下援引指令(详见欧洲法院对案例 C-148/78 Tulio Ratti 的判决④),这个规则也被波兰法院确认过几次,但是这个规则尚未完全被税务机关所接受。最近,行政法院已经指出波兰的《货劳税法》⑤不正确实施对建筑物供给的免税,并且对"首次使用建筑物"这一概念的运用也不正确。因此,在最高行政法院的决议中⑥,纳税人有权直接应用指令,并且,在计划销售的某一建筑物于售出之前就已经被实际使用的情况下(波兰国内税局提出了在《增值税指令》或欧洲法院的判决中均未曾提及过的许多额外条件),纳税人常常会申报免税。由于增值税免税并不总是对增值税纳税人有利的(它可能产生纠正增值税进项税额的义务,或者完全失去抵扣进项税额的权利),税局在最近几个月里已经倾向于在与纳税人的争议中援引《增值税指令》并质疑波兰国内法律与欧盟法律的兼容性。换言之,成员国的当局因为该国在欧盟法律实施方面的疏忽而造成不利于纳税人的结果。应该强调的是,这类对欧盟法律的推理和解释是不被承认的,而且应该在不久的将来由行政法院对其作出撤销决定。

---

① ECJ Judgment of 22 June 1989,EU:C:1989:256.
② Art. 10 TEC.
③ T. Kozieł, *Rozstrzyganie sprzeczności* ...; see also: M. Domańska, *Stosowanie prawa WE przez krajowe organy administracyjne* — glosa do wyroku ETS z 28. 06. 2001 r. w sprawie C-118/00 *Gervais Larsy przeciwko INASTI*, Europejski Przegląd Sądowy 2008/1, p. 42.
④ ECJ Judgment of 5 April 1979,EU:C:1979:110.
⑤ Value Added Tax Act or VATA.
⑥ See NSA Judgment of 14 May 2014, I FSK 382/14.

瑟莫维·库古斯基教授、博导(Prof. Dr. Ziemowit Kukulski)
毛戈雅塔·显克博士(Dr. Małgorzata Sęk)
米豪·维克博士(Dr. Michał Wilk)

第四章

一 般 税 法

1. 税收义务的产生(Prof. Dr. Ziemowit Kukulski)

根据《一般税法》的条款①,在波兰税收义务依法发生(即在事件发生的当天并且税收条例将发生的税收义务与当天发生的事件联系起来)或者通过行政决定的形式产生(即在税局决定应缴税款的金额并通知纳税人的当日),具体情形取决于所涉税种②。第一种情形,税款缴纳的截止日在特定税种的条例中有规定,而后一种情形,税款缴纳的截止日应是在税局送达应缴税款的决定书之日起14日内。

在波兰大多数税收义务依法发生,在自行评税制度下,纳税人有义务报告应税依据以计算应缴税额(并在纳税申报表上注明)并在最后缴纳税款,诸如个人所得税、企业所得税、增值税和特种消费税,代扣代缴制度也很普及。当税局发现税收义务的金额不同于申报的金额或者纳税人并没有申报任何税额或者没有申报全部的税额,它会出具一份决定注明应缴税额。为了在波兰所采纳的自行评税制度中保护纳税人的权利,如果税法的条款要求纳税人负有递交纳税申报表的义务,则在纳税申报表中所填报的税款金额被视为将要缴纳的税款。这个一般推定只有在税务诉讼的过程中才能由税局通过上述注明有应缴税款的决定书形式予以推翻。

---

① Act of 29 August 1997, [Ustawa z dnia 29 sierpnia 1994 r. Ordynacja podatkowa], Journal of Laws [Dz. U.] 2017, item 201 (consolidated version); hereinafter: GTA.
② Art. 21 GTA.

税收义务通过行政决定的方式产生时,纳税申报表也必须由纳税人递交。但是,这些纳税申报表所扮演的角色不同于自行评税制度。在此种情形下,如果税法的条款规定了纳税人负有递交纳税申报表的义务,纳税义务的金额将由主管税局根据纳税申报表上填写的金额作出决定,除非有单独的条款规定了其他方式用于决定应缴税额,或者在税务诉讼的过程中如果发现纳税人在纳税申报表中所填列的数据(可能与纳税义务的金额相关)与事实不一致。

如果是在自应税义务发生之日所属的公历年度的年末之日起计算,期满3年之后才送达规定纳税义务的决定书,则产生纳税义务。该规则不适用于依法产生的纳税义务。不过上述3年的门槛将被延长至5年,如果纳税人没有在税法条款所规定的截止日之前递交纳税申报表,或者没有在纳税申报表上填写所有必要的数据以供税局在确定税收义务时作参考。同样的5年门槛也适用于为货劳税(增值税)所规定的额外应税义务,还适用于与披露的收入来源不相匹配的所得课税的应税义务或者来源于未经披露的收入来源的所得课税应税义务。

在波兰采纳的自行评税制度中,纳税人(代扣代缴代理人和税款收取人)可以校正之前递交的纳税申报表①。一份纳税申报表可以通过递交纳税申报调整表及其相关支撑材料来校正。不过,在税务诉讼和税务稽查期间暂停行使校正纳税申报表的权利——在税务诉讼和税务稽查的范围之内。在税务诉讼和税务稽查的期间所递交的校正纳税申报表没有法律效力。在完成税务稽查或税务诉讼之后,仍然可以行使校正纳税申报表的权利,但是在税务诉讼的情形下校正范围不包括决定应税义务的决定书。

《一般税法》规定了纳税人的应税义务范围、税务代扣代缴代理人和税款收取人②。纳税人对于所有应缴税种的义务是无限的,他所有的财产(包括共同的婚姻财产)都可以用来清缴所欠税额③。代扣代缴代理人对未扣缴的税款或者虽已扣缴但未缴纳给税局的税款承担责任④。税款收取人对已经收取但是尚未缴纳给税局的税款承担责任⑤。而且,一般税法规定了税收承继者的权利和义务⑥,以及第

---

① Arts. 81–81b GTA.
② Arts. 26, 26a, 29, 30 GTA.
③ Arts. 26 and 29 GTA.
④ Art. 30 § 1 GTA.
⑤ Art. 30 § 2 GTA.
⑥ Arts. 93–106 GTA.

三方的税务义务①。

缴款截止日、欠税、拖欠利息和延期手续费也在《一般税法》的条款中作出规定②。此外，税收义务的终止也有详细的规定。根据《一般税法》第59条，税收义务在以下情况下发生终止：缴清税款，代扣代缴代理人或税款收取人已经扣缴税款或收取税款，开始计算多缴税款或退税，转让财产或财产权利，在行政执法程序中丧失不动产或财产权利的抵押品赎回权，豁免欠税以及纳税义务的失效。

2. 裁定和其他形式的指引(Dr. Małgorzata Sęk)

2.1 总论

波兰税制含有加强纳税人权利保护的几个工具，在自行评税制度下，纳税人负责正确计算应缴税款。指引可以通过许多方式获得，这些指引的特点、保护的效应以及制定指引的法律层级高低各不相同。

2.2 税务预约裁定和税务解释

在波兰出具的税务预约裁定包括公共裁定（一般）和私人（个人）裁定。公共裁定由财政部出具，私人裁定由全国财政信息部门的负责人出具。有关地方税种的私人裁定由一审的地方税局出具。而且，在2017年1月1日波兰财政部公布了税务解释，即对税法条款应用的一般性解释。税务解释的重点并非仅对税法条款进行诠释，还包括了对应用中的实际问题进行了解释，并列举了示例。

一般而言，公共裁定和私人裁定以及税务解释均是为了解释现行的具有普遍约束力的税法条款。它们并不是为了设立特别的税制或者提供个别税收利益。

公共和私人裁定以及税务解释并无正式的约束力，即它们可以被修改、撤销、宣告过期失效或者在评税的过程中被无视。但是，个人可以得到广泛的保护，如果此人已经通过一个裁定或者一项税务解释来解决了他们的纳税义务，包括迟延缴税但未发生税收滞纳金，未涉及触犯刑法的纳税义务，并且，在预约裁定的情况下（在所涉事项发生之前已经拿到的私人裁定和已经颁布的公共裁定）可以豁免一项

---

① Arts. 107-119 GTA.
② Arts. 47-58 GTA.

义务——所缴纳的税额仅限于依据裁定计算出来的税额且不需要超出该金额①。一般来说,在裁定或税务解释被改变、被撤销或被宣告过期失效之前,根据一项裁定或一项税务解释来采取行动,不能对使用该裁定或税务解释的人不利②。但是,在私人裁定的情况下,该保护措施仅限于私人裁定的收件人,公共采购裁定是例外情形。有趣的是,自2017年1月1日开始,上述的保护措施也适用于依据"已经完结的解释性实践"来清缴应缴税款的人③。这个已经完结的解释性实践被定义为对税法条款应用范围和方式的澄清,普遍运用于针对相同的事实情境或将来的事项而出具的个人裁定,并且在所涉的纳税期间和纳税期间开始之前的12个月内处于相同的法律地位④。自从出具了一项一般裁定或税务解释之后,已完结的解释性事件是对包括在上述裁定或解释中的法律条款应用范围和方式的澄清⑤。

财政部出具的公共裁定和税务解释是为了确保税局对税法的统一应用⑥。财政部在解释税法条款时还会考虑波兰行政法庭、波兰宪法法庭以及欧洲法院的案例法。

公共裁定可依据职权出具也可根据申请出具,而税务解释只能依据职权出具。如果申请人能够证明税局在指定的决定或私人裁定中对于相同事实和法律情形在应用税法的指定条款时存在不一致,则有可能申请一个公共裁定。但是,符合所有的条件很困难,尤其是难以指出在相同的事实和法律情形下出具的存在分歧的决定或私人裁定,因为要求完全相同的事实和法律情形,然而在实践中难以取得关于其他纳税人的决定。因此,经过全国财政信息中心负责人的初步复核之后,大多数申请都被否决了。依据申请出具一般裁定的程序发生在两个阶段。第一阶段,全国财政信息中心负责人正式评估该申请,检查是否已经支付了40兹罗提的费用(如果出具了裁定,则该费用被退还给申请人)并对申请进行实质性的审查。第二阶段,如果申请符合所有条件,则申请被提交给财政部,自递交裁定申请日期起3个月内由财政部出具裁定。

私人裁定的功能是解释如何正确地理解并将税法条款运用于既定的一系列事实中。私人裁定只有在申请的情况下才会出具,所关注的是申请人的个别案例。

---

① See Arts. 14k-14n GTA.
② Art. 14k GTA.
③ See Art. 14n § (2) in conjunction with Arts. 14k and 14m GTA.
④ Art. 14n § 5 GTA.
⑤ Art. 14n § 6 GTA.
⑥ Art. 14a § 1 GTA.

私人裁定的普及程度比较广泛也比较容易取得。任何有兴趣申请裁定的一方均可申请裁定，诸如纳税人、代扣代缴代理人、税款收取人、对欠税负有责任的第三方、税收继承者，还包括计划在波兰开始营业活动的外国企业家（即在波兰设立分公司或者代表处），计划设立公司的股东以及计划设立税收资本集团的若干个公司（企业所得税法的特定纳税人）。非居民也可以申请裁定。已经拥有纳税人、代扣代缴代理人的身份或其他的身份并不是一个必需的条件。裁定也可以出具给计划在将来成为纳税人或代扣代缴代理人的一方。换言之，目前或将来的权利和义务，受到税法条款管辖的任何一方均可递交申请。

裁定可以关注事实情形（已经发生的事项或正在发生的事项）和将来的、计划的事项[①]。

一般来说，关于税法条款的解释和应用的所有问题均被接受。一般而言，并不存在一份规定哪些事项可以成为裁定对象的正面清单或负面清单。不过，裁定不能涉及那些规定税局事权、税权和义务的税法条款[②]。

而且，如果私人裁定申请涉及的是正在接受税务稽查或海关财政稽查或者进入税务诉讼的事实情形，或者涉及的是已经在税局决定中得到解决的事实情形，则该私人裁定将被拒绝[③]。

如果一个私人裁定申请中所描述的事实情形或者将来事项对应的是应在一般裁定中处理的事项，则该私人裁定将被拒绝，改为出具另一种类型的裁定并确认其适用于一般裁定[④]。这样一个裁定可能会再次被撤销。如果一个一般裁定关注的同样事项已经在之前的一个私人裁定中得到处理，假如该私人裁定与一般裁定相反，则该私人裁定可以被宣告过期失效或者撤销并用一个特殊裁定来替代，该特殊裁定确认一般裁定适用于该事项。

此外，如果能够合理地假设事实情形或者将来的事项会涉及新引进的（自2016年7月15日）一般反避税规则（GAAR）[⑤]或者构成增值税方面的法律滥用[⑥]，

[①] Art. 14b § 2 GTA.
[②] Art. 14b § 2a GTA.
[③] Art. 14b § 5 GTA.
[④] Art. 14b § 5a GTA.
[⑤] Regulated in Art. 119a and following of the GTA.
[⑥] See Art. 5(4)-(5) of the Act of 11 March 2004 on tax on goods and services, [Ustawa z dnia 11 marca 2004 r. o podatku od towarów i usług], Journal of Laws [Dz. U.] 2016, item 710 (consolidated version); hereinafter: Value Added Tax Act or VATA.

则私人裁定不会被出具。在此情形下,可以申请出具一个"保护性的意见"①,增值税除外。值得强调的是,一般裁定和私人裁定以及税务解释均不能提供任何保护,如果该决定是依据一般反避税规则或者增值税法律条款滥用而出具的②。

不过,收到私人裁定是比较容易的。正式的要求较低,使用的是官方的表格。申请必须包括对事实的详尽描述,指出要求作出解释的法律条款,与法律条款解释有关的问题或疑问,以及申请人对该事实的税务处理的观点③。关键的一点,是要正确地描述案例中的所有税收相关事实,因为任何对实际情况的偏离都可能会导致保护性结果被否决。由于私人裁定是对申请人在申请中所描述事实的税务后果的意见进行法律评估,申请人的意见必须是毫不含糊的。不过,该观点并不必须是专业的法律意见。如果申请人的意见被认为是不正确的,则个人裁定必须就已说明事实的税务处理提出正确的意见并指出其法律正当性。

收费非常低:对每一个事实情形或者将来事项收取40兹罗提,相当于10欧元④。如果在一个申请中超过一个事实情形或将来事项,则费用按照倍数相应增加。

出具私人裁定的数目很引人注目:每年接近40 000宗。有趣的是,私人裁定的出具不得有不当延误,必须自收到申请之日起3个月内出具,否则将应用"沉默的裁定",即它被视为确认申请人立场的一个裁定已出具(带有所有的保护性效果)⑤。由于预约裁定提供更广泛的保护,诸如包括免于缴纳超出依据裁定所计算出来的税款数额的税款,并且裁定的等待时间可以等于3个月,因此建议在进行任何筹划的交易之前,先申请一项预约裁定。

如前所述,私人裁定只对收件人具有保护性的效果,即申请裁定的纳税人。但是,存在两类非常有趣的、新引进的裁定:团体裁定和公共采购裁定,这两类裁定提供的个人保护的范围更广泛。

团体裁定⑥是一个单一裁定,它是出具给涉及相同的事实情形或将来事项的几个当事人,它的保护效果延伸至所有公共申请人,因此作为一个团队的所有参与方均适用该裁定。

---

① Art. 14b §5b GTA.
② Art. 14na GTA.
③ Art. 14b §3 GTA.
④ Art. 14f GTA.
⑤ See Art. 14o GTA.
⑥ See Art. 14r GTA.

公共采购裁定①是一个单一裁定,它是出具给一个承包实体,它不仅为承包方(也是申请人)提供保护,还为出包方提供保护。公共采购私人裁定可以涉及影响到价格计算的所有事项。公共采购私人裁定的引进可以与最高行政法院的一个判决②联系起来,该判决将保护效果延伸至同一交易的另一方。根据最高行政法院的意见,如果税收条款含糊不清并因此产生解释上的疑问,则对方可以(作为一项例外)依赖给予交易另一方的解释。法院声明"在法治民主国家,不可以接受'对税局的信任原则'不保护在公共采购的框架下承担医院工程并且适用于这类出具给医院的服务裁定的一方"。

递交给行政法庭的申诉可以依据 2002 年 8 月 30 日的《行政法庭诉讼法》第 3 条第 2 款第 4a 点对私人裁定提出反对意见③。递交申诉之后,可以接着向税局提交申请以请求消除违法行为④。这样的申请可以在裁定送达之日起 14 日内提出。投诉本身可以自收到税局回应之日起在 30 日内提出,如果没有得到回应,则自提交申请消除违法行为的请求之日起 60 日内提出⑤。根据最高行政法院的规定,投诉可以在税局的回应送达之前提出,但不得早于提交书面申请请求消除违法行为的次日⑥。行政法庭只有终止的权限(它的判决不能取代裁定),但它有权向税局提出具有约束力的指引来指导如何针对给定的一系列事实来校正对税法的解释和应用。

公共和私人裁定以及税收释义,均在网上公布,并配备高效的搜索引擎。私人裁定在公布之前是匿名的。

私人裁定程序的主要瑕疵是申请人和税局之间没有机会直接讨论。所有疑虑只能通过书面文件来澄清。

2.3 保护意见

反对应用反避税一般规则的保护意见是波兰税制新引进的制度(自 2016 年 7 月 15 日起)。根据《一般税法》第 119b 条第 1 款的第 2、第 3 点,反避税一般规则不

---

① See Art. 14s GTA.
② See NSA Judgment of 22 May 2013, I FSK 863/12.
③ Ustawa z dnia 30 sierpnia 2002 r. Prawo o postępowaniu przed sądami administracyjnymi, Journal of Laws [Dz. U.] 2002, no. 153, item 1270, as amended; hereinafter: LPBAC
④ Art. 52 § 3LPBAC.
⑤ Art. 53 § 2LPBAC.
⑥ See NSA, resolution of a panel of seven judges of 27 June 2016, case I FPS 1/16.

适用于那些已经取得保护意见或者其申请保护意见的请求在法律限定的时限内（如 6 个月）没有得到处理的人（实体）。

任何有兴趣申请保护意见的一方均可向国家财政管理局的负责人提出申请①。集团申请也是获准的。申请可以是关于计划的、已经倡议的和已经实施的活动。

一项保护意见的申请应该包括决定一项行为的税务后果的所有相关数据，包括申请人的身份、该项活动所涉及的其他人的身份、对该项活动的完整描述、所涉及的各人之间的关系、对该项活动目的所作的说明，以及该项活动的经济正当性、对该项活动税收后果的决议；还包括从该项活动取得的税收好处，以及申请人自己的意见②。任何相关的文档（如合同或合同草稿）可以作为申请的附件。国家财政管理局的负责人可以要求进一步澄清申请文书所包含的数据或者安排调解会议以澄清任何疑问。

申请保护意见需要一次缴纳费用 20 000 兹罗提（折合 5 000 欧元），因此该收费与交易的价值或者预期税务获益的价值并不相关。如果该申请被撤销，则一半的费用可以退还。

在 6 个月内，如果不适用一般反避税规则，则国家财政管理局的负责人可以出具保护意见；如果适用一般反避税规则，则不会出具保护意见。拒绝出具保护意见的书面说明必须列举出该活动受到一般反避税规则约束的情形，并指出申请人有权向行政法庭提出申诉。如果逾期未出具意见，则视为保护意见已经出具（"沉默的保护意见"）③。

如果意见与宪法法院或者欧洲法院的案例法相反④，国家财政管理局的负责人可以更改已经出具的意见、拒绝出具意见或者出具"沉默的意见"。

2.4　预约定价协议

波兰也有预约定价协议。预约定价的作用是对于关联公司之间交易的转移定价事先界定一系列的标准（诸如估价方法、比较的对象）。由于这些标准得到纳税人和税局的认可，因此可以避免以后在转移定价方面产生争议。

---

① Art. 119w § 1 GTA.
② Art. 119x GTA.
③ See Art. 119zf in conjunction with Art. 14o GTA.
④ Art. 119zd GTA.

国家财政管理局的负责人,根据国内个人(或实体)的申请,确认该国内实体与一个关联实体或多个关联实体之间决定的主要条件与独立实体之间所决定的交易条件是否具有可比性,并确认在这些条件下所选择的转移定价方法的正确性[①]。国家财政管理局的负责人对下列要素作出界定:关联实体的功能概述,包括它们的功能、风险和使用的资产;关联交易计算的方法;应用关联交易方法的其他规则。预约定价协议也可以涵盖成本分摊协议[②]。

以下的交易不能出具预约定价协议:在递交预约定价协议申请之前已经完成的交易;在递交预约定价协议申请日期以前就已经开始的交易并且在递交申请当日就已经进入税务诉讼程序、受到税务稽查、受到海关-财政稽查或者进入行政法庭的诉讼程序[③]。

申请人可以提出3种类型的预约定价协议申请:①单边协议:在一个国内实体和波兰税局之间;②双边协议:在一个国内实体和波兰税局,以及另一个国家的税局之间,后者是外国关联实体的主管税局;③多边协议:在国内实体和波兰税局,以及至少两个其他国家的税局之间,后者是国外关联实体的主管税局[④]。只有国内的实体才有权发起预约定价协议程序。申请人会收到通知,如果一个外国实体的主管税局不同意预约定价协议的结论,或者如果合理预计该外国实体的主管税局不会在6个月内给出同意的意见,这时申请人可以撤回该申请或者相应对申请作出修改(例如,从申请多边预约定价协议改为申请单边预约定价协议)。

在递交预约定价申请之前,利益相关方可以请求国家税务管理局澄清在该案例中与即将签订(出具)的预约定价协议相关的任何疑问,尤其是澄清预约定价协议的适当性、必要资料的范围、程序和达成协议的预计日期,以及要求的条件和有效期[⑤]。

预约定价申请的要求非常宽泛[⑥]。申请人必须提出所选择的转移定价方法,尤其是要指明参考了企业所得税法条款或个人所得税法条款所含的各种转移定价方法中的哪一种定价方法,并提出应用该方法的建议,提出转移定价条件使其与独立实体之间订立的条件具有可比性,并提供证明和相关文件。该申请必须包括:

---

① Art. 20a §1 GTA.
② See Art. 20a §2 GTA.
③ Art. 20c GTA.
④ Art. 20b GTA.
⑤ Art. 20e GTA.
⑥ See Art. 20f GTA.

①描述将采用何种方式来运用所建议的转移定价方法,尤其是指出如何运用转移定价的计算方法;交易价格计算所依据的财务预测;用来计算交易价格的可比数据分析。②能够影响精确决定转移定价的情形,诸如实体之间决定的条件,包括对关联实体之间交易过程的描述;关联实体的资产、职能和风险分析,对交易相关的成本估测情况说明;对关联实体商业策略的说明,以及其他影响交易价格的情形;申请人所从事行业的经济状况数据,包括与独立实体进行商业交易的相关数据,这些数据将被用于准备交易价格测算;申请人和关联实体的组织架构和资本结构,以及对他们所运用的财务会计准则的描述。③显著影响申请人及其关联实体所提出交易条件的文档资料,尤其是协议、安排和其他阐明关联实体意向的文档资料。④在建议的预约定价有效期间并注明该申请是不是涉及一项自递交申请之日起就开始的安排。⑤在决定交易条件时所涉及的关联实体清单,并附上他们同意提交任何与预约定价相关的文件以及同意作出必要的解释给主管税局的书面意见函。⑥对于关键假设的说明,该假设是转移定价方法适当性的基础,即所选用的方法能够根据公平价格原则准确地反映交易价格。

申请人可能被要求提供进一步的解释和文件资料。国家财政管理局的负责人也可能会组织调解会议。

在预约定价程序下提供的资料受到税收保密的约束,等同于外国税局提供的税务资料①。这些资料的获取仅对下列税务官员开放:直接受理案件的税务官员及其直接上司以及国家财政管理局的负责人②。

预约定价收费是交易价值的1‰,但存在其他一些限制条件③:

(1) 对于仅涉及国内关联实体的单边预约定价协议,不少于5 000兹罗提并且不超过50 000兹罗提;

(2) 对于外国实体的单边协议,不少于20 000兹罗提并且不超过100 000兹罗提;

(3) 对于双边和多边协议,不少于50 000兹罗提并且不超过200 000兹罗提。

如果一个预约定价申请涉及的是单独的交易或者成本分摊协议的对象,则收费是根据每一项交易或者每一个对象计算收费。

提交预约定价申请即启动税务程序。在申请单边协议的情况下,协议程序应

---

① Art. 293 § 2 GTA.
② Art. 295a GTA.
③ See Art. 20m GTA.

在不得有任何不正当延误的情况下完成,但不迟于自发起之日起 6 个月之内①。该截止日是指导性的,也可以延长。"沉默的预约定价"不得视同为同意。双边预约定价程序必须在 1 年以内完成,多边预约定价在 18 个月内完成。

预约定价协议是由国家财政管理局的负责人以决定的形式出具("关于协议的决定")。如果国家财政管理局的负责人作出决定,认为申请人呈递上来的定价条件不同于独立实体之间签约的定价条件,或者有其他理由证明无法接受申请人呈递上来的转移定价方法(或者成本分摊方法),他会通知申请人,包括告知事实证据和法律证据②。在 30 天以内,申请人可以相应修改申请或者提交额外的澄清说明以及文件资料使得出具预约定价协议成为可能,或者撤回申请。如果申请被撤回,则出具一份中止预约定价程序的决定。

申请人可以对国家财政管理局负责人出具的决定提出申诉。

预约定价在给定的期间内有效,一般是依据申请书内注明的期间,但不得超过 5 年③。可以申请延期 5 年,收费是原有预约定价协议收费的一半,并且这类延期可以申请多次。在有效期间内,预约定价协议可以依据申请人的请求或者依照职权进行修改或者取消。

2.5 其他形式的指引

非正式、不具有约束力的指引(即不具有保护效力的指引)也可以通过电邮、电话或者直接前往税局咨询获取。

电话查询系统组织得特别好:组建了全国财政信息局,由该局提供的资料非常准确并且前后一致,该局的职工经常获得培训,并且使用了信息技术工具(配有搜索引擎的包罗万象的数据库)来改善服务。全国财政信息局提供的指引没有保护效力。电话被记录下来,但该数据不能被用于在任何法庭判决或税务评估中给纳税人提供保护,尽管激励纳税人信任税局已经成了税收诉讼的指导原则之一。

而且,在税务诉讼中,税局可以提供与诉讼案件的对象相关的必要资料以及关于税法条款的解释(如上诉和申诉的信息等)④。

---

① Art. 20j GTA.
② Art. 20h GTA.
③ Art. 20i GTA.
④ See Art. 121 § 2 GTA.

2.6 最高行政法院扩大合议庭的决定

最高行政法院扩大合议庭的决定不是一种纳税人可以获得的指引形式,也不能由纳税人提出申请。不过,它们是一种有价值的关于司法实践的知识来源。

最高行政法院扩大合议庭(即由7个法官组成的合议庭、全席法庭或全席法院)有权通过两种类型的决定:解释法律的决定(抽象决定)和确定一个特定案例中法律问题的决定(特定决定)①。抽象决定的目的在于澄清法律条款,这些条款的应用已经导致了在行政法院案例法中的分歧。抽象决定由最高行政法院的院长、总检察长、巡视官或儿童事务巡视官②发起。特定决定的目的在于解决行政法庭在审理某个特定案件时引发严重怀疑的法律事项。它们是由判决案例的合议庭发起。由7个法官组成的合议庭可以将一个法律事项提交给全席法庭解决,一个全席法庭可以将该事项提交给全席法院解决。

最高行政法院扩大合议庭采纳的决定对其他行政法庭的审判合议庭具有约束力(例如,最高行政法院本身,以及省级行政法院)③。如果在一个给定的案例中,在出具决定之后,法庭并没有分享其在该决定中的观点,则该事项已经被提交给最高行政法院进行重新考虑。遗憾的是,税局可能偏离这些决定。

3. 在波兰税收义务的终止
(Prof. Dr. Ziemowit Kukulski)

3.1 总论

在波兰,税收义务应该以有效或非有效的方式终止。终止税收义务的有效方式包括:①付款;②通过代扣代缴代理人或税款收取人收税;③索赔扣减;④抵免多缴的税款或退税;⑤转移物品所有权或产权;⑥在执法程序中扣押不动产或者产权;⑦由国库或者依据最终有效的法庭裁定最后查明的地方政府某个单位取得全部或部分继承权。终止税收义务的非有效方式包括:①豁免税款的征收;②欠款减免;③限制;④根据《一般税法》第14m条款免除缴纳税款的义务,即在应用税收

---

① See Art. 15 § 1(2),(3) of the LPBAC.
② Art. 264 § 2LPBAC.
③ See Art. 269LPBAC.

裁定的案例中,该税收裁定随后发生了变更或者在该纳税人的税务案例决定中并未被纳入考虑的范围。见下面所分析的税收义务终止的可选方式。

3.2 税款的支付

税收义务的缴款期限取决于它们产生的方式。如果税收义务依法产生(自行评税制度、代扣代缴制度),缴款期限被认为是依据法律条款应该缴纳应收税款的最后一天①。如果税收义务是以行政决定的方式产生,则税收缴款的截止日是注明缴款金额的决定书送达之日起14日内②。当税款是由代扣代缴代理人扣缴时,缴款日期应该是法律规定税款必须缴纳的最后一天的次日。同样的规则适用于税款收取人的情形,除非地方政府的主管立法机关设置了一个更迟的截止日。

截止日期不可以重新设置。在缴款日期之前没有缴纳的税款依法被当作欠税。但是,在涉及纳税人重要利益和公共利益且具有正当理由的情况下,税局可以依纳税人的申请推迟缴款日期③。推迟缴款截止日是税收缴款减免的一个例子。如果纳税人追求经济利益,这种形式的减免构成公共援助。而且,负责公共财政的部门可以通过出台法规(效力仅次于税法的法律来源)延长税收法律条款所设置的某些截止日,包括缴款截止日。

波兰税法规定了下列形式的税款缴纳:①现金缴纳;②非现金操作(例如,经省级立法机关或地区议会、公社议会批准,地方税通过银行账户、借记卡或信用卡缴纳);③辅助性的付款形式(例如,采用公共财政部门以规定方式引进的证券形式缴纳)。

如果税款是用现金支付,则缴纳税款日期被当作在税局现金柜台缴纳金额的当天,或者该金额进入税局银行账户、邮局账户或储蓄和贷款合作社账户的当天,或者由代扣代缴代理人、税款收取人收取税款的当天。通过非现金操作方式的税款缴纳日期为税局的银行账户或者纳税人在储蓄和贷款合作社的账户按照付款指令被借记的当天。

作为一项通用规则,纳税人被允许选择缴纳税款的方式。但是,追求经济利益并且有义务保留账簿或者收入支出账簿的纳税人的税款缴纳必须采用付款指令的方式,也有一些例外情形(诸如印花税的缴纳、微型企业缴纳的税款)。非现金缴款规则也不适用于与追求经济利益不相关的税款缴纳,并且当税款缴纳是依据税法

---

① Art. 47 § 3 GTA.
②③ Art. 47 § 1 GTA.

条款采用证券或者特种消费税标记(marks)时,也不适用于代扣代缴代理人和税款收取人的税款征收。

但是,《一般税法》也规定了单个纳税人因为各种权利(titles)而产生的许多纳税义务①,以及税款金额的四舍五入、应税依据、违约利息、延期费用以及多缴税款所产生的利息等②。

3.3 欠税减免

欠税减免指的是税局放弃向个人纳税人行使追索税款的职责,它仅适用于已经逾期缴纳的税款。欠税减免属于税局(国家级税局或地方税局)的职权范围并要求通过向某个个人纳税人出具一份决定来设立案件并解决该案件。欠税减免案件的税务诉讼可以依据一方的请求发起或者在仅能由法律来规定的情况下依照职权进行。整个程序是依据行政自由裁量权。根据《一般税法》第67a条款,税局依照纳税人请求可以减免全部或部分欠税、拖欠利息或延期费用,如果该减免是出于维护纳税人的重要利益或者公众利益的考虑并且具有正当性。如果该决定是正面的,则该决定也会使得这部分得到减免的欠税所对应的全部或部分拖欠利息一并得到减免。

例外的情况是,税局可以依照职权对下列情形给予税款缴纳的减免:①可以合理地假定在强制执行过程中,不应该收取超过在履行税款缴纳义务时所能收到税款数目的金额;②欠税金额不超过在强制执行程序中发出催缴通知所产生成本的5倍;③在完成清算和破产程序之后尚不足以清缴全部欠税;④纳税人死亡,没有留下财产,或者留下的动产无法执行,或者留下的日常使用的家庭电器设备总价值不超过5 000兹罗提,并且除了国库或者地方政府单位以外,纳税人并没有任何继承人,并且不可能决定第三方的税收义务。在上述所有情形下,对执法程序进行简化,既不会出具裁定来发起税务诉讼,也没有义务来送达解决该案件的决定,但是关于欠税减免的决定应保存在案例文件档案中。

3.4 波兰税收义务的期限限制

根据《一般税法》,税收义务自税款缴纳到期日届满并逾期的当年公历年度的

---

① Art. 62 GTA.
② Art. 63 GTA.

年末之日起计算,若超过5年则过期失效①。唯一的例外是有按揭担保或国库留置权担保的税收义务。它们并不会在5年过期之后失效。但是,在限制期失效之后,只能通过强制执行按揭担保物或国库留置权来履行税收义务。

作为一般的原则,限制期限是从税款缴纳截止日逾期之日所对应公历年度的年末开始,并有一些例外情形。限制期限并不会开始计算,并且如果开始计算也会被暂停:①从出具税收缴款截止日延迟决定书之日起,或者从出具分期缴纳税款决定书之日起,直至清缴了延期缴纳的税款之日,或者清缴了最后一期的分期缴纳税款之日;②从财政部门颁布的关于延长税款缴纳截止日的法规开始执行之日起,直到延长后的截止日过期失效。

在下列情况下,限制期限的过程将被暂停:在税收违法或者税收过失的情形下发起税务事项的诉讼程序,前提是对税收违法或税收过失的怀疑,是与不履行这些税收义务相关的并且向行政法庭提出申诉反对这些关于税收义务的决定。

而且,在需要依据波兰作为缔约方的避免双重征税协定或其他国际协定,来设立或决定税收义务并且需要从其他国家的税局取得指定资料的情况下,限制期限也会被暂停。同样的规则适用于波兰所缔结的以避免双重征税协定为基础的双边协议程序。在这些情况下,总的限制期限不可以超过3年,不论是否已经收到所要求的资料或者是否已经结束了双边协商程序。

限制期限的过程只有在下列情形下才会被打断:①宣告破产;②应用实施救济且纳税人接到救济通知。在第①种情况下,它从破产诉讼程序结束的裁定成为最终裁定并且生效的次日起开始重新计算;在第②种情形下,它从实施执法措施的次日起开始重新计算。

5年的限制期限适用于纳税人的税收义务。类似的规则适用于代扣代缴代理人和税款收取人负责的应收税款。但是,因为对第三方的税收义务所作决定而产生的税收义务的限制期限是从该决定送达之日所对应公历年度年末之日起届满3年之后的次日起。

4. 多缴税款(Dr. Małgorzata Sęk)

《一般税法》也对多缴税款和退税作了规定,对于有关多缴税款的发生以及确

---

① Art. 70 § 1 GTA.

定多缴税额的细则作了详细的说明,并规定了申请和处理多缴税款退税的方式,还规定了应支付给纳税人的利息①。

多缴税款是指以下税款②:

(1) 多缴纳的或者不适当缴纳的税款;

(2) 由一个汇款人不恰当代收的税款或者代收的税款超过应收税款;

(3) 由汇款人和代收税款人所支付的应缴税款,如果该税款是由一个不恰当的判决所产生的,或者该税款高于应收的税款;

(4) 第三方缴纳的税款或者继承者缴纳的税款,如果该税款是由一个不适当的决定确定的或者高于应收税款;

(5) 无法从收入中有效扣除的家庭津贴。

此外,当税款汇款人或者税款收取人缴纳给税局的金额多于从纳税人那里汇出的汇款金额或收取的金额,则发生多缴税款③。在其他情形(即税款已经从纳税人那里汇出或者收取)则是由纳税人而不是由税款汇款人或者税款收取人来申请退税。其他多缴税款包括预收税款金额减去税收缴纳期限内的到期应缴税款(如个人所得税)之后得到的正数差额④,以及依据那些后来在宪法法庭或者在欧洲法院的判决书中被宣布与波兰税法或欧盟法律不相兼容的条款缴纳的税额⑤。

多缴税款的实质是纳税人(或者其他人)支付了他不被要求支付的金额或者支付了太多金额,误以为这一付款的依据存在于税法中。但是,必须要注意到,其他不适当的缴款,诸如错误地转至税局银行账户的金额以及不是作为预期税收义务的结算款,将依据民法的规定退还给纳税人。

有关多缴的消费税款(增值税和消费税),最高行政法庭和宪法法庭一般确认纳税人可以收到退税,即使该税负已经被转嫁至买方或者消费者⑥。但是,最高行政法庭也认为,在有关电力销售方面,如果缴纳电力消费税的一方并没有因此遭受物质上的损失,则不存在多缴纳的特种消费税⑦。因此建议在这方面应持审慎的态度。

---

① See Arts. 72-80 GTA.

② See Art. 72 §1 GTA.

③ Art. 73 § 1(3) GTA.

④ Art. 73 §2(1),(2),(4) GTA.

⑤ See Art. 74 GTA.

⑥ See the Supreme Administrative Court, resolution of a panel of seven judges of 13 July 2009, I FPS 4/09; the NSA ruling of 29 November 2010, p. 45/09.

⑦ See, the NSA resolution of the full Economic Chamber of 22 June 2011, I GPS 1/11.

一般来说,多缴税款是发生在支付金额或收取金额之时。但是,所得税和企业所得税的多缴税款是发生在递交年度申报表的当日,碳氢化合物税和特种消费税的多缴税款是发生在递交碳氢化合物税年度申报表和特种消费税申报表的当日。

作为一项规则,应由不恰当地缴纳了税款或者缴纳税款数额高于应缴税额的人(这个人必须发起多缴税款的确定程序和退税程序)提出申请之后,再确定是否多缴了税款并办理退税。但是,税局在这个意图确定正确的应缴税款的税务诉讼过程中可以最终确定多缴的税额,该税额应自出具决定之日起 30 日内依照职权退还给纳税人①。而且,如果多缴税款的出现是与改变、驳回或取消某个决定有关联,若没有新的决定出具则多缴的税款依职权在 30 日之内办理退税,如果有必要出具一个新的决定,则自出具该新决定之日起 30 日内办理退税②。如果在 3 个月内没有出具新的决定,则不得无故拖延多缴税款的退税③。

多缴税款的退税请求一般需要递交一份申请书请求确定多缴税款,如果纳税人能够确定多缴税款的数额,则递交要求退税的申请(有时直接包括在纳税申报表里)。如果之前已经递交过不正确的纳税申报表,则申请确定多缴税款或退还多缴税款的申请书必须附上校正后的纳税申报表。多缴税款的数额一般是由税局决定,但也有少量案例是由纳税人决定的④。纳税人确定多缴的税款数额应依据具体情况分别在个人所得税的年度申报表、碳氢化合物税的年度申报表和特种消费税的纳税申报表上显示⑤。此外,如果多缴税款的产生是由于宪法法庭或者欧洲法院的判决导致的,那么多缴税款的数额由纳税人决定并在请求退还多缴税款的申请书中注明,大多数情况下还应附上纳税申报表⑥。如果认为已校正的纳税申报表是准确的并且是没有异议的,那么税局并不需要出具多缴税款决定,而应直接返还多缴的税款。

多缴的税款及其利息依照职权用于抵免欠税、拖欠利息、未及时结算的税收预付款的拖欠利息、催收成本以及当前的应缴税款⑦。如果没有这些应抵免的项目,则可以退还多缴的金额,除非纳税人递交申请要求用全部或部分的多缴税款抵免

---

① Art. 77 § 1(2) GTA.
② Art. 77 §1(1),(3) GTA.
③ Art. 77 §4 GTA.
④ See Art. 74a GTA.
⑤ Art. 74a in conjunction with Art. 73 §2 GTA.
⑥ Art. 74 GTA.
⑦ Art. 76 §1 GTA.

将来的应缴税款。

多缴的税款(不含因为改变、驳回或取消决定而多缴的税款)将在以下期限内退税:从出具确认多缴税款的决定之日起或决定多缴税款金额之日起 30 日内;从递交退还多缴税款请求之日起 30 日内,这里的多缴税款是由于宪法法庭的判决或欧洲法院的判决而造成的;从递交个人所得税或企业所得税、碳氢化合物税或特种消费税纳税申报表之日起 3 个月内;从递交确定多缴税款申请之日起 2 个月内,并附上校正后的纳税申报表①。

如果税局已经出具了一份评税决定,只要该决定还在生效,那么不能追索多缴的税款。在税务诉讼或者税务稽查的过程中也是不可能申请确定多缴税款的②。如果在一个案例中,在依照职权开始税务诉讼之前,纳税人已经递交了确定多缴税款的申请,那么该申请将会在税务诉讼中进行核查。

递交确认多缴税款申请的权利和递交申请多缴税款退税的权利在税收义务期限的有效期结束之后过期失效③。收回多缴税款退税的权利,以及请求用多缴税款抵免将来应缴税款的权利,还有用多缴税款抵免逾期应缴税款或当期应缴税款的可能性,自退还多缴税款的期限有效期到期的当年年末(公历年度)开始计算满 5 年之后过期失效④。

多缴税款负担的利息率水平等于对欠税收取的拖欠利息率水平⑤。但是,利息增长的条件和起始日期取决于产生多缴税款的原因。例如,如果发生税款多缴是因为改变、驳回或者取消决定而造成,则自多缴税款的发生之日起开始产生利息。但是,如果改变或驳回基本决定并不是因为税局的原因造成的,则只有在没有及时办理退税的情况下,利息才会从出具改变或驳回决定之日起开始产生。

5. 第三方责任(共同责任和单独责任)
(Dr. Małgorzata Sęk)

在例外的情况下,第三方可以用其全部财产,为纳税人的欠税共同承担责任或

---

① See Art. 77 §1 GTA.
② Art. 79 GTA.
③ Art. 79 §2 GTA.
④ Art. 80 GTA.
⑤ Art. 78 §1 GTA.

分别承担责任,包括他的法定继承人承担的责任①。在原则上,第三方应负责:税款汇款人或税款收取人无法汇出或者收取的税款,或者已经汇出或收取了税款但是并没有缴纳给税局的税款;欠税的滞纳金、没有及时缴纳的商品和服务的预收税款,包括因此发生的利息;强制执行程序的成本。值得强调的是,该责任并不适用于那些因为缴税截止日还没到因而尚未逾期的应缴税款,也不适用于只发生欠税的情形。

只有《一般税法》第110～119条列示的第三方的诸类型才必须负担第三方责任。负担税收责任的第三方的详尽清单如下:

(1) 一个纳税人的离婚配偶(或者分居的配偶,以及婚姻已经被取消的个人)应负担欠税,该欠缴税款是由于两人共同财产期间产生的税收义务而发生的②;

(2) 纳税人的家庭成员应负担该纳税人从事经济活动而产生的欠税,此欠税的产生是因为这些经济活动,并且在此期间该家庭成员与纳税人依照常规进行合作且从这些经济活动中营利③;

(3) 购买纳税人企业或购买企业组成部分的买方应负担在购买之前发生的与企业活动相关的欠税,除非买方不知晓该欠税,尽管与申请官方执照相关的尽责调查已经罗列了各项税收责任④;该责任并不适用于在强制执行程序或破产程序中发生的购买;

(4) 因为自然人企业家转型而设立的只有一个自然人股东的公司⑤;

(5) 不具有法人资格的公司,自然人已经以自然人企业的形式对该公司进行注资⑥;

(6) 为了隐瞒其从事经济活动或者隐瞒其从事经济活动的实际规模,经过其允许将其名字或商号交由纳税人使用的人⑦;

(7) 有形财产或财产权的所有者、独立持有者、永久使用者在其商业活动中这些有形财产或财产权交由其关联纳税人使用⑧;

(8) 不动产的租客或者使用者应负担其关联纳税人作为不动产的所有者、永

---

① Art. 107 § 1-2 GTA.
② Art. 110 GTA.
③ Art. 111 GTA.
④ Art. 112 GTA.
⑤ Art. 112b GTA.
⑥ Art. 112c GTA.
⑦ Art. 113 GTA.
⑧ Art. 114 GTA.

久使用者或者独立持有人所产生的不动产税种应缴税款①；

(9) 民事合伙、无限合伙人，或者职业合伙的合伙人，或者有限合伙的合伙人，或者合股—有限合伙的合伙人②；

(10) 公司董事会成员（比如有限责任公司、正处于注册过程中的有限责任公司、合营公司或者正处于注册过程中的合营公司），如果强制执行该公司的财产已经被证明是完全或部分无效的，并且管理层的成员已经显示在适当的时间递交了破产申请，或者已经开始了重组程序，或者在诉讼程序中已经批准了债权人和债务人达成一项其目的在于避免债务人破产的协议，而未能递交破产申请并非是由于他们造成的，没有隐瞒通过强制执行程序可以用来支付公司大部分欠税的公司财产③；

(11) 其他法人管理机构的成员④；

(12) 公司的清算人（法庭指定的清算人除外），以及其他法人的清算人为清算期间的欠税负责⑤；

(13) 作为获得方的法人或者因为另外一个法人的分立而成立的法人（新人），假如作为分立的结果而获得的财产以及在分立案例中通过分拆来分割的法人财产并不是企业的组成部分⑥；

(14) 其保证得到税局接受的担保人⑦；

(15) 作为敏感商品买方的增值税纳税人（如一些钢铁产品、石油和各种形式的黄金），应为销售这些商品的供货商欠税负责⑧；

(16) 已经为纳税人办理了增值税登记，将其注册为"积极"的增值税纳税人（即不享受增值税免税的纳税人）的代理人，应为该纳税人在其经营期间的最初 6 个月内产生的欠税负责⑨。

对于第三方产生的税务责任，税局会出具一份单独的决定来确定第三方的税

---

① Art. 114a GTA.
② Art. 115 GTA.
③ Art. 116 GTA.
④ Art. 116a GTA.
⑤ Art. 116b GTA.
⑥ Art. 117 GTA.
⑦ Art. 117a GTA.
⑧ Art. 117b GTA in conjunction with Art. 105a VATA.
⑨ Art. 117c GTA in conjunction with Art. 96(4b)-(4c) VATA.

务责任①。更重要的是,以出具这样一份决定书为目的的程序不能在以下日期之前开始:

(1) 已确定责任的截止日;

(2) 决定书的送达之日:决定应缴税款的金额,决定缴款代理人或税款征收人的税务责任,决定预缴的商品和服务税进项税额的退税,决定应收的滞纳金数额,决定欠缴税款金额;

(3) 开始强制执行之日,如果强制执行的权利是依据纳税申报表产生的;

(4) 为了实行强制执行措施而限制从事活动之日。

强制执行第三方责任只有在以下情况下才会启动:在强制执行纳税人的资产被证明是完全无效或部分无效的情况下,或者在得到授权的机构被限制行使对纳税人的强制执行程序的情况下,或者经强制执行机关证实在行政执法过程中不可能征收到超过执法成本的税款收入并因此导致对纳税人的行政执法并未开始执行的情况下②。

自欠税发生当年的年末开始计算,若是超过了5年期限,则不准再出具关于第三方税务责任的决定书③。在购买敏感商品的情况下,截止日被缩短为3年:从这些商品销售发生的会计年度年末开始计算。因为出具决定书而产生的第三方责任的期限,自送达第三方责任决定书的当年会计年度年末开始计算,满3年之后终止④。

第三方责任的特点是:个人性、附属性、共同性、单独性和辅助性。它是个人的,因为它是一项由第三方以其全部财产来担保的责任,而不仅仅是一项由所选择的资产来担保的责任,后者是一项典型的物权责任。它是辅助性的,因为它不构成主要税收债务人的债务。它的产生是对债务人债务的补充,并且如果主要债务人的债务终止存续,那么第三方的责任也随之终止存续。它是共同的,也是单独的,因为税局既可以决定是否对所有人征收同样的税款,也可以决定是否单独对其中的一些人或其中的一个人征收应收的税款。但是,受到它固有的辅助性特征的限制,它也是一项共同的和各自的责任,这意味着首先应该尝试强制执行主要债务人的义务。

---

① Art. 108 §1 GTA.
② Art. 108 §4 GTA.
③ Art. 118 §1 GTA.
④ Art. 118 §2 GTA.

6. 税务继承(Dr. Michał Wilk)

《一般税法》以一种特定的方式规定了税务继承这一重要事项,区别于《商业公司法典》所规定的一般规则。作为一项规则,一般税务继承导致继承者取得前任的所有税法权利和义务。在重组的筹划过程中将税务继承也一并考虑在内,这在税务实践中具有非常重要的法律效应。它为继承者完成税款结算提供便利,所涵盖的情形包括:校正增值税发票、退货、给予返利、享受增值税进项税额的抵扣、所得税的费用扣除等。很明显,自从继承者取得前任的所有权利和义务之后,继承者可以像税法下的前任那样行使这些权利和履行这些义务。

一般税务继承通常发生以下情形:
(1) 合并、分立(也包括剥离)、购买商业公司和合伙;
(2) 商业公司和合伙的转型;
(3) 个体户企业转型成一人公司以及个人企业向合伙企业注资(没有法人人格)。

需要强调的是,波兰税制也承认增值税法规下的单一税务继承概念。根据欧洲法院的判决和《增值税法》第6条,购买一家企业或者企业的一个组成部分的纳税人被视为销售方(或转让方)的继承者,继承了增值税的权利和义务。很明显,单一增值税继承不仅涵盖了企业向公司的注资,也涵盖了销售或捐赠活动。

7. 作为纳税人权利的程序性保证的税务诉讼 一般规则(Prof. Dr. Ziemowit Kukulski)

《一般税法》第四部分专门讨论税务诉讼。在它的开篇,即"一般条款"[1],介绍了带有普遍性和规范性的原则,这些原则是来源于行政法的法律原则,为了确保给纳税人提供一定程度的保障,以及为了要求税务机关遵照规矩行事,这些原则必须得到尊重。它们作为税务机关的指引,税务机关在整个税务诉讼过程中均有义务遵循这些原则。这些原则也被当作一种保护手段以保护纳税人的权利免受税务诉讼的无矛盾特性(non-contradictory character)的影响。

---

[1] Arts. 120-129 GTA.

税务诉讼的一般原则必须被视为管辖整个税务诉讼程序的诸原则的一个不可分割的组成部分。税务机关受到这些一般原则的约束,就如同它们也同样受到其他程序性条款的约束。违反这些原则应像任何类型的违法行为那样受到处理。

税务诉讼的一般原则包括:①合法性原则,该原则迫使税务机关依据法律条款行事;②实施税务诉讼的方式应采用有利于建立起纳税人对税务机关的信任的原则;③税务机关承担义务的原则,即税务机关有义务向纳税人提供与诉讼事项相关的必要资料和税法条款释义;④客观真实原则,即税务机关有义务采取所有必要的行动以澄清事项的实际状况并解决税务诉讼的案例,这一标准与举证责任概念紧密相关,税务机关负有举证责任;⑤涉税的各方应积极参与税务诉讼每个阶段的原则,并且在出具决定之前,允许他们表达对所收集到的证据和材料的意见并提出索赔;⑥劝导原则,即税务机关有义务向各方解释在解决案例时将先决条件纳入考虑范围的优点;⑦迅速行动原则,即税务机关有义务使用最简单可行的措施迅速彻底地采取行动来解决案例;⑧通过书面形式来解决税务案例的原则,除非特定的条款规定采取其他方式;⑨上诉权利原则;⑩最终决定的可持续性原则;⑪税务诉讼应仅对涉案各方公开透明的原则。

尽管上述原则是一般的原则,但它们是评估税务机关执法行为的重要条件,它们在运用方面也有其特别的方面。所有上述的税务诉讼一般原则的实际价值是作为保障纳税人权利的重要工具,其价值是无法否认的。如果一般原则在更大的程度上得到尊重,将会消除许多怀疑和争议①。《一般税法》以及其他税法规定特别类型的税收义务,包括强化纳税人地位和保护的特定机制(例如,疑罪从无原则,按照税法条款决定的时间和金额缴纳税款的权利,校正税务申报的权利,取得个人税务裁定或一般税务裁定的权利,要求多缴税款退税的权利或者权利失效的可能性)。总而言之,保护纳税人权利的法定标准在波兰是相当高的。

违反税务诉讼的一般原则可能产生不同的程序性的后果,这些后果在随后的规范税务诉讼特别事项的条款中有规定。例如,违反合法性原则;又如,两层原则(两审终审原则)是查明税务决定有效性的法律依据,而对各方积极参与诉讼每一阶段原则的违反可能会引起诉讼的重新开始。对客观真实原则的违反也会有相同的效果。

---

① D. Strzelec, *Rola zasad ogólnych w procesie wykładni przepisów normujących postępowanie podatkowe i ochronę praw podatnika*, Prawo i Podatki, Special No. 4, 2008, p. 28.

8. 律师的权力(Dr. Michał Wilk)

纳税人可以为他自己的税务清算辩护,也可以由律师行使律师权力代表纳税人进行辩护。纳税人可以通过律师来采取行动①,除非该行为的性质需要他本人来行使②。它涵盖,如需要为纳税人作证明的情形,这不能用律师的解释来替代。必须注意到,只有具备法律上的完全行为能力的个人(自然人)才可以担当代表纳税人的律师。因此,不可能指定一个法人来担任律师。同时,没有必要指定专业律师(例如,税务或法律顾问)。

一般类型的律师权力有三种:一般的、特定的和服务型的律师权力。一般的律师权力授权律师处理纳税人的所有税务事项(以及任何其他属于律师胜任范围之内的事项)。因为如此,有必要建立一个电子系统来登记律师的一般权力,该电子系统终于在2016年以"律师一般权力中央登记"的形式实施。

纳税人必须指定一名律师来代理特定案例(特定诉讼),并由律师应用其特定的权力。更重要的是,律师文件的权力(一个律师必须以书面形式委任:有官方的关于律师权力的PPS-1表格,但使用该表格并非强制性的)必须包括许多关于纳税人、律师和案件本身的数据。

有效的律师委托的结果,是税局必须将律师视作纳税人本身。所有税局的信函,包括税务决定,必须提交给律师。必须强调的是,只为纳税人提供文件却忽略了给律师提供文件,这不应被视为有效的文件提供。这会给诉讼过程带来严肃的后果。专业律师(例如税务律师或法务律师)不得不显示他们的"电子地址",这并非一个电子邮件地址,而是在 ePUAP 的官方国家行政系统的一个账号名称(公共行政服务的电子平台)。所有发给专业律师的往来函件均应以电子形式提供。

9. 时限(Dr. Małgorzata Sęk)

税务诉讼的一般原则中有一项原则是税务诉讼的简便快捷原则。税局必须彻

---

① Under Art. 138a §1GTA. The General Tax Act uses a broader term of "the party" but for the sake of simplifying the subject I use the term "taxpayer" as vast majority of tax proceedings are carried out with the participation of taxpayers.

② English translation of the law was based on LEX 2016, Centrum Tłumaczeń PWN. PL, update since 2015. Centrum Tłumaczeń i Obsługi Konferencji LIDEX.

底、及时地采取行动,采用最简单的措施来解决案例。换言之,诉讼的最终目的应是在最短的时间内,运用最简单的方法来实现[1]。税局必须准确和及时地采取行动,采用最简单的可行措施来解决案例,不得无故拖延[2]。在遵循及时原则的同时,也不能违反其他原则,例如,客观真实原则或者积极参与税务诉讼的原则。遗憾的是,在实践中,及时原则在缴税时限的截止日之前就得到了落实,税局加速处理诉讼以尽早结案,其代价是不能完全实行客观真实原则以及当事人积极参与诉讼的权利原则[3]。当事人的申述权利不能被剥夺,当事人依据证据提出诉讼并参与诉讼的权利不能被剥夺,也不能在借口实行及时原则的情况下,剥夺当事人提交证据建议的权利。

一般来说,结案的时限(在一审和二审)有详尽的规定,但可以被延期[4]。

所有不需要收集证据、资料或释义的案例必须及时处理,不得无故拖延[5]。可以依据一方呈交的证据并同时请求提起诉讼来解决的案例,或者可以依据广为人知的事实来解决的案例,以及参与诉讼的税局依据其职权所了解的证据来解决的案例,应立即解决[6]。需要证据来完成诉讼的案例必须及时解决,不得无故拖延,不得迟于1个月,如果案例特别复杂,不迟于2个月[7]。在上诉诉讼中,案例应自上诉当局收到上诉诉请之日起在最迟不超过2个月的时限内解决,涉及聆讯的案例或者一方要求聆讯的案例,应在最迟不超过3个月内解决[8]。

值得强调的是,上述时间限制并不包括税法条款中所规定的采取一定措施的时限,也不包括因为一方的原因或者税局因为不可控的原因停止进行诉讼或者延迟诉讼的时期[9]。

当案例无法在合理的时间内解决,税局必须通知一方当事人并告知原因,同时通知当事人解决该案例的最新时限[10]。该项义务也适用于当延迟并非是因为税局

---

[1] Art. 125 § 1 GTA.
[2] A. Mariański, *Rozstrzyganie wątpliwości na korzyść podatnika. Zasada prawa podatkowego*, Wolters Kluwer 2011, p. 123.
[3] D. Strzelec, *Nieprawidłowości związane z realizacją zasady szybkości postępowania*, Prawo i Podatki 2008, No. 7, p. 30.
[4] See Arts. 139 and 140 GTA.
[5] Art. 125 § 2 GTA.
[6] Art. 139 § 2 GTA.
[7] Art. 139 § 1 GTA.
[8] Art. 139 § 3 GTA.
[9] Art. 139 § 4 GTA.
[10] Art. 140 GTA.

的原因引起的情形。在实践中,诉讼经常被官方延迟。

如果一个案例不能在合理的时间内解决,一方可以向高一级的税局递交催促函,后者设定一个解决该案例的额外期限,并命令查明造成延迟的原因以及负责人①,也可以因为税局的不作为和拖延向行政法庭提出投诉②。如果因为税局的不作为而发生损失,可以依据《民法典》给予赔偿③。一个税局官员,没有正当的理由,无法在合理的时限内解决一个案例,或者没有将迟延的原因通知纳税人,则应承担起违反命令的责任,或者承担起违反纪律的责任,或者承担起法律条款所规定的其他责任④。

必须强调,超过上述的时限并不会令上述诉讼失效,因为时限仅仅是指导性的。唯一有趣的例外是出具私人裁定的时限。逾期会导致所提请的"沉默裁定"生效,即逾期被视为确认申请人立场的裁定已经被出具⑤。

10. 证据和证据性程序(Prof. Dr. Ziemowit Kukulski)

税务诉讼和证据诉讼在它们的诉讼期间由税局负责处理,后者依据客观真实的原则有义务采取所有可能必要的行动来澄清事项的实际状况并解决税务诉讼中的案例。在特定证据的取证过程中,税局会出具一份裁定,在诉讼的每一个阶段,税局可以修改或填写该裁定。

任何有助于澄清案件以及并非不合法的任何事物均可以被认可为证据。在税务诉讼的过程中,有证据的公开目录。而且,证据的高低等级是不存在的。除此以外,波兰税收程序法规禁止采纳来自"有毒树木"上的证据。根据《一般税法》第181条,税务诉讼中的证据可以包括,尤其是税务账簿和税务登记表、当事人一方提交的纳税申报表、证人的证明、专家意见、现场稽查收集到的材料和信息、在稽查活动或税务稽查中收集到的税务资料和其他文档、在刑事诉讼的过程中收集到的材料,或者在税收违法诉讼或者轻微的税收违法诉讼中收集到的材料。

尽管所有的证据有着相同的证据价值,其中的一些证据受到推定的保护,加强了它的证明价值。这样的推定存在于税务账簿和税务登记表的情形中,这样的推

---

① Art. 141 GTA.
② Art. 3 § 2(8) LPBAC.
③ Art. 417 § 1 Civil Code.
④ Art. 142 GTA.
⑤ See Art. 14o GTA.

定也存在于税务责任依法产生的情形下提交的纳税申报表中,以及官方文件中。这些推定不能阻止证据被用来提起诉讼。所有的其他证据属于行政自由裁量原则所管辖的范围,根据该原则,税局会考虑特定的情形是否被证实。

得到妥善和周密保管的税务账簿和税务登记表被视为这些资料里面所注明情形的证据。税务账簿和税务登记表会被视为可靠的证据,如果它们的分录反映了实际情况。而且,依据专门的条款所规定的规则来保存的税务账簿和税务登记表应被视为可靠的。税务机关将不会把税务账簿和税务登记表当作证据,如果这些资料并没有得到可靠和良好的保管。在此情况下,税务机关在对这些税务账簿和税务登记表进行稽查的报告中,明确指出税务账簿或税务登记表的哪些条款和哪个部分将不会被考虑为会计分录所记载事项的证据。

在税务义务依法产生的案例中,所提交的纳税申报表受自我评税准确性推定的保护,正如《一般税法》第21条第2款所规定的那样,依据该条款,纳税申报表列示的税款被视为应缴纳的税款。

按照法律条款所指定形式由主管的政府部门准备的官方文件是这些文件所陈述情况的证据。本规则也适用于其他实体所准备的官方文件(例如,公证行为)。有关证人证词,作为一项规则,无人有权拒绝作为一个证人提供证明,例外的情形包括当事人的配偶、长辈、后代、兄弟姐妹、配偶的父母和兄弟姐妹,以及与当事人保持着收养、监护或临时监护关系的机构。在婚姻、收养关系、监护关系和临时监护关系结束之后也依然拥有拒绝证明的权利。

在听取证人意见之前,税局应该告知证人拥有拒绝作证的权利以及回答问题的权利,并且需要为作伪证承担法律责任。

有关谁可以作证人或谁不能作证人是有一定限制的。以下人员不能作为税务诉讼的证人:①任何无法注意或表达其所做观察的人;②有义务保守国家秘密或官方秘密的人,当所涉情形是这类秘密的内容,如果他们不能豁免保守这些秘密的职责;③法律承认的专司忏悔的神职人员。

与听取证人证词相反,税局可以听取当事人的陈述,但仅限于在得到当事人同意的情况下。在这种情况下,关于证人的条款也会适用于对当事人的考察,有关强制性措施的条款除外。

专家的意见也可以允许作为证据,如果案件需要特殊的信息。税局有权指定一个拥有这类信息的专家,目的是出具一份意见。在一些案例中,专家的委任是依法进行的,如果税法条款要求一份专家意见。

如果有必要,税局可以开展稽查。如果稽查涉及的对象是由第三方占有,他们有义务按照税局的要求呈示给税局。

来自银行、保险机构、投资基金和储蓄信贷合作社的金融资料是由这些实体提供,如果在税务诉讼的过程中收集到的证据表明似乎有必要补充此类资料,或者将其与从这些金融机构收集到的资料相比较,那么上述机构有义务按照税局局长的书面请求或者海关关长的书面请求在相关范围内准备和提供关于诉讼当事人的资料,例如,银行账户、持有的储蓄账户、持有的金融或证券账户、签订的信贷协议和储蓄安排、通过银行从国库购买的股票或债权,以及由银行发行的储蓄存单或者其他证券。

作为一项规则,举证责任在于税局。税局有义务收集和详尽考虑所有的证据。而且,税局获准在诉讼的每一个阶段修改、提供或者推翻它对于证据的裁定。为了保护在证据诉讼过程中的当事人,税局有义务:①准许当事人提出证据的要求,如果该证据是与该案例相关,除非案例的情况已经得到其他证据的充分证实;②限制当事人提交他所掌握的证据的时间,应不少于3天;③通知当事人证人作证、专家意见或稽查的时间和地点,只要在截止日的7天之前,并向当事人保证税局将会积极参与举证,当事人可以向证人和专家提出问题,也可以提供解释。而且,税局在出具决定之前会向当事人表明税局对于在诉讼过程中所收集到的证据的意见。只有当案件当事人已经有能力表达他对所产生证据的意见时,案情才被认为已经得到证实。

11. 上诉程序(Dr. Małgorzata Sęk)

税局在一审出具的决定可以上诉,其结果是有上一级税局对该案例进行复核(重新评估)①。

对于上诉的正式要求并不严格,如果无法满足要求,上诉税局有义务要求上诉人校正这些不足之处。上诉并不需要收费。而且,上述并不一定需要由专业代理人来代理。上诉诉讼的一个重要瑕疵在于递交上诉的截止日是从评估结果送达之日起计算,仅有14日的期限,似乎低于国际标准,世界上许多国家是采用30天的标准。

---

① Art. 220 GTA.

上诉通常有异化效应和悬而未决的效应,仅有很少的例外情况。如果一审的税局撤销受到质疑的评税报告并为应对上诉而出具一份新的评税报告(这个自我矫正的程序显著地减少了争议),则不会出现异化的效应。如果出具了一份能够立即执行的通知,则不会出现悬而未决的效应。一份并非最终的决定可以被宣布立即执行,如果税局证实了在一份税务决定中的应缴税款将很可能不会得到清偿,例如,当事人采取了行动意图处置其构成主要价值的资产,或者税收责任的时限将会在少于3个月内结束。当事人可以对一份宣告立即执行的命令提出上诉。上诉税局出具的决定是可执行的。它们可以在行政法庭上受到质疑。

在原则上,上诉诉讼应在两三个月内完成。延期是可能的,但在截止日之后若逾期超过2个月或3个月则利息不会自然增值。如果一审诉讼持续时间超过3个月,利息也不会自然增值[①]。

为了保证实现两审终审原则,在很大程度上仍然有必要收集证据,上诉税局应当将案件移送返回原来的一审税局,这样一来该案例的全部事实将被考虑两次:第一次由一审税局考虑;第二次由上诉税局考虑[②]。

在上诉诉讼中一般会应用上诉不加重原则,但也有其限制。上诉当局可以不对上诉当事人出具判决决定,除非有争议的决定严重违反法律或者公共利益[③]。此外,如果评税报告被撤销并且案例被移送返回给一审的当局重新考虑,则一审当局可以出具一份比原来的决定更加不利于纳税人的决定。

税局出具的行政行为司法复核是由行政法庭实行(省级行政法庭和最高行政法庭作为二审法庭)。只有最后的决定才可以被行政法庭(译者注:下文有时亦译为"行政法院")质疑,因此要求首先提请行政上诉(以完成行政上诉),这导致争议耗时更多。为了给当事各方一个机会来尽快最终解决案例,直接诉诸行政法庭也应该是可行的。

向主管省级行政法庭提出申诉应该在30日内。在这一阶段不要求专业代理人。申诉是通过出具有争议决定的税局递交,该税局有义务将申诉转交给省级行政法庭并附上税局的回复。递交至最高行政法庭的申诉可以质疑省级行政法庭的判决,该申诉应在30日内提交,由一个律师、法律顾问或税收顾问签署。

当递交申诉给法庭时需要缴纳法庭费用(固定或相对的费用),金额取决于案

---

① Art. 54 § 1(3) and (7) GTA.
② Art. 233 § 3 GTA.
③ Art. 234 GTA.

件的类型。例如,在决定应缴税款的评税决定案例中,如果有争议的金额不超过10 000兹罗提,费率是4%,但不少于100兹罗提。当争议金额未能确定,则缴纳固定费用,如在私人裁定的案例中。

行政法庭是上诉法庭。

12. 对解决的最后判决的核实
(Prof. Dr. Ziemowit Kukulski)

一个最终的决定(即一个可能不会再被上诉的决定)只有在严格限制的情形下才会被撤销。最终的决定受到合法性推定的保护,这意味着最终的决定是合法的和应执行的。只要它没有被其他有恰当的法律依据作支撑的决定所撤销或修改,它就是有效的。在税务诉讼的过程中,有三种核实最后决定的特别诉讼:①重新开始诉讼[①];②确认决定的合法性[②];③最后决定的撤销或修改[③]。

这三个特别诉讼均可依据当事人的请求发起诉讼,这意味着当事人已经使用了特别救济,或者依据职权的救济,即意味着在主管当局启动的诉讼。

13. 税务审计(Dr. Michał Wilk)

波兰的纳税人审计制度是复杂和多种多样的。必须留意的是,纳税人税务清缴的准确程度受到两个税务征管分支机构的审计:主管税局和海关—税务局。遗憾的是,这造成了该制度容易对纳税人产生误导并且制度过于复杂,主管税局和海关—税务局的职能相互重叠。不过,在一定的程度上,这两个税局的分支机构是在不同的程序下运作。税局开展税务审计和税务诉讼,而海关—税务局开展海关—税务审计,这可以转化为税务诉讼。

税务审计总是依职权发起的,所以纳税人是不可能申请这类审计的。作为一项一般规则,税局将计划的税务审计通知到纳税人[④],除了一些情形以外,这些情形包括有关增值税退税的审计以及没有报告的经济活动,偶尔发起的对以现金登

---

① Arts. 240-246 GTA.
② Arts. 247-252 GTA.
③ Arts. 253-256 GTA.
④ Art. 282b §1 GTA.

记簿记录流转额的审计等。

在税务审计中,税局的目的是确定案例的事实(检查账簿、询问证人等)并核实相关税收法规是否得到正确的应用。对于完成税务审计有严格的时间限制(相当短),一般来说,在一个公历年度对一家企业的审计期间不能超过:

(1) 12 个工作日——对于微型企业;

(2) 18 个工作日——对于小型企业;

(3) 24 个工作日——对于中型企业;

(4) 48 个工作日——对于其他企业。

遗憾的是,对于违反这些限制并没有明文规定的处罚,其结果是,造成审计时间延长(持续了数月甚至超过 1 年)。

审计结束时会有一份审计总结(审计报告)提供给纳税人,它包括对案例事实的描述以及对案例的法律评估。该审计报告向纳税人表明税局的立场并允许纳税人在税务诉讼之前校正他的税收清缴。纳税人依据税务审计报告校正纳税申报表,正常来说,这将结束争议,不会导致税局启动税务诉讼。它减少了争议时间和费用,而且它使得纳税人免受潜在的刑事处罚。

但是,当纳税人不同意税局的发现时,他有权自收到审计报告之日起 14 日内递交"保留意见"或者解释。税局应在 14 天内检查保留意见并通知纳税人他们是否接受或拒绝纳税人在其保留意见中所表达的立场。如果税局不同意纳税人的观点,以及在纳税人没有校正纳税申报表的情况下,他们可以发起税务诉讼,一般是从审计报告送达之日起 6 个月内。税务诉讼通过出具税务决定来结束,这"取代"了纳税人原来递交的纳税申报表。

毛戈雅塔·显克博士(Dr. Małgorzata Sęk)

第五章

货物和劳务税(增值税)

1. 引 言

波兰的货物和劳务税是一种以欧盟共同实行的增值税制度为原型的增值税。波兰2004年3月11日的《货物和劳务税法》①所含条款实施的是2006年11月28日理事会指令2006/112/EC的增值税普遍制度②。可直接实行的2011年3月11日(欧盟)第282/2011号《理事会实施条例》提出了有关执行欧盟指令2006/112/EC的增值税共同制度的实施措施③,并发挥了重要作用。财政部也针对一些技术事项出具了国内实施条例,例如,现金登记、增值税登记表、增值税表,但也为没有设立机构的纳税人规定了详细的增值税退税程序④。

尽管增值税在欧盟的协调程度非常高,但仍然存在一些波兰增值税的独特之处。首先,欧盟指令的实施并不总是正确的。其次,增值税是由国家税务局征收管理,案例是由国家法庭作出决定,因此,对于貌似相同的规则的解释和应用也可能发生差异。最后,欧盟成员国有权选择是否实施某些增值税条款或者某一成员国

---

① Ustawa z dnia 11 marca 2004 r. o podatku od towarów i usług, Journal of Laws [Dz. U.] 2016, item 710, as amended; hereinafter: VAT Act or VATA.
② VAT Directive, OJ L 347, 11. 12. 2006, p. 1.
③ VAT Implementing Regulation, OJ L 77, 23. 3. 2011, p. 1.
④ See the Regulation of the Minister of Finance of 9 December 2014 on the refund of the tax on goods and services tax to some persons [Rozporządzenie Ministra Finansów z dnia 9 grudnia 2014 r. w sprawie zwrotu podatku od towarów i usług niektórym podmiotom], Journal of Laws [Dz. U.] 2014, item 1860, as amended.

实行的某些增值税条款有别于其他成员国,以及基于中止条款的进项税扣除限额,都构成了差异的来源。

《增值税法》的条款和国内实施条例必须依据欧盟法律进行解释和应用,包括欧洲法院广泛运用的增值税案例法。波兰最高行政法庭的案例法也扮演了重要角色。尽管波兰不是一个运用先例的国家,但是波兰最高行政法庭的大法官团队(extended panels)采纳的决议(即7个法官组成的审判团队、全席法院或者全席法庭)对其他行政法庭的法官审判团队(如最高行政法庭和省级行政法庭)有约束力[1],甚至最高行政法庭的其他案例法也通常需要遵循。并且,财政部出具的公共裁定和税收释义以及全国财政资料中心负责人出具的私人裁定也是行政实务知识的丰富来源。裁定和税收释义并无正式的约束力,即它们可以在增值税评税过程中被更改或撤销,但它们为依据裁定或税收释义来履行增值税义务的纳税人提供广泛的保护,包括不产生滞纳金利息、不产生刑事罚金,而且如果涉及的是对于未来事项的裁定和释义则可以将税款仅限于裁定和释义计算出来的金额,对于超出的部分免于缴纳。但是,在私人裁定中,保护是仅仅给予私人裁定的申请方,除非在出具给其他各方的私人裁定的基础上发现了"固定的解释性实践"。

2. 主管税务机关

增值税由税务局长征管,主管税局的确定取决于纳税人的永久地址或者注册地址[2]。需要强调的是,《货物和劳务税法》指的是纳税人办理法律登记注册的实体,并非增值税意义上的营业机构。

对于未设立机构的纳税人(即在波兰没有营业机构和固定机构的纳税人),主管税局的概念是华沙—斯洛德米斯切(Srodmiescie)第二税局的局长[3]。如果纳税人在波兰没有注册成立实体,但确实在波兰有固定机构,则主管的税局局长根据该

---

[1] See Art. 269 of the Act of 30 August 2002-Law on proceedings before administrative courts[Ustawa z dnia 30 sierpnia 2002 r. Prawo o postępowaniu przed sądami administracyjnymi], Journal of Laws [Dz. U.] 2002, No. 153, item 1270, as amended; hereinafter: LPBAC.

[2] Art. 17 §1 of the General Tax Act of 29 August 1997 [Ustawa z dnia z dnia 29 sierpnia 1997 r. — Ordynacja podatkowa], Journal of Laws [Dz. U.] 2015, item 613, as amended; hereinafter: GTA.

[3] Address: Second Tax Office Warszawa-Środmieście, Jagiellońska 15, 03 - 719 Warsaw, tel. 0048225113500. Based on Art. 3(3). 2 VATA.

固定机构所在地来决定①。

如果纳税人负责缴纳的增值税来源于 B2C 电信业务、广播业务和通过微型一站式商店提供的电子销售服务，则主管税局是专门掌管波兰境外电子销售服务的华沙—斯洛德米斯切(Srodmiescie)第二税局的局长，以及专门掌管波兰境内电子销售服务的罗兹市税局局长②。

但是，进口商品的增值税是由海关—税务局局长主管，依据海关法确定征税事项③。

税局局长和海关—税务局局长的主管上级是财政部各个委员会的委员长，后者是受理上诉案件的税局。

3. 应税交易

根据《增值税法》第 5(1)条款，应税交易是：
(1) 在国境内(即波兰境内)有偿销售商品；
(2) 在国境内(即波兰境内)有偿提供服务；
(3) 出口商品；
(4) 在国境内(即波兰)进口商品；
(5) 在欧盟内部销售商品；
(6) 在国境内(即波兰境内)有偿购买欧盟内部的产品。

主要的应税交易是商品销售和服务的提供，两者是互补的交易，即任何交易或者商品销售，或者服务提供。与之相反，出口、进口、欧盟内部销售和欧盟内部购买是跨境交易，它们(一般性地)包括商品的销售(购买)以及随之发生的跨国商品移送。出口和欧盟内部购买是零税率，但为了实行目的地原则，进口和欧盟内部购买应缴纳增值税，即在进口目的地国征税并且适用税率和免税待遇由进口目的地国决定。在一些案例中，跨境转移货物但随后并没有实现销售也当作一项应税交易。

---

① §9a(1) of the Regulation of the Minister of Finance of 22 August 2005 on the local jurisdiction of tax authorities [Rozporządzenie Ministra Finansów z dnia 22 sierpnia 2005 r. w sprawie właściwości organów podatkowych], Journal of Laws [Dz. U.], 2005, No. 165, item 1371, as amended.

② Address: Łódzki Tax Office in Łódź, Kościuszki 85, 90-436 Łódź, tel. 0048422530500. Based on Art. 3(3). 3 VATA.

③ §9a(2) of the Regulation of the Minister of Finance of 22 August 2005 on the local jurisdiction of tax authorities.

"销售"是一个重要的概念,特别是对于波兰。根据《增值税法》第2(22)条款,"销售"一词的含义是在一国境内销售商品和提供服务、出口商品和在欧盟内部销售商品。因此,它不涉及进口商品和在欧盟内部购买商品。例如,"销售"一词被用于决定小规模企业免税的应用范围①。

4. 货物的供应

货物的供应是一个欧盟的概念。它意味着将所有者处置商品的权利转移出去②。货物包括物体及其部件,以及任何形式的能源③。正如欧洲法院清晰地阐释:"依据适用的国家级法律所描述的程序,'货物的供应'并不是指所有权的转移,但涵盖一方对任何有形资产的转移,该转移赋予另一方实际处置该有形资产的权利,就如同另一方就像是该资产的所有者那样。货物的供应必须被解释为以所有者的身份将有形资产的处置权转移出去,即使并没有实际转移资产的法定所有权。"④

在《增值税法》第7(1)条款,波兰的立法者已经用明示的方式确认了货物的供应,包括:

(1) 依据公共机构或者公共机构代理人的订单或者根据法律有偿转移货物的所有权;

(2) 根据签订的某一个期间的租赁合同或者具有类似性质的合同移交货物⑤,或者依据递延付款的销售合同移交货物,如果该销售合同规定的递延付款是因为合同中所规定的正常事项所致,或者在付清最后一次的分期付款之时,则货物的所有权将被转移;

(3) 根据佣金销售合同移交货物,即在支付佣金的一方与收取佣金的中介之间签订的佣金销售合同,以及佣金中介将货物移交给第三方;

(4) 佣金中介依据佣金销售合同将货物移交予支付佣金的一方,如果该佣金

---

① See Art. 113 VATA.
② Art. 7(1) VATA, equivalent of Art. 14(1) VAT Directive.
③ Art. 2(6) VATA.
④ ECJ Judgment of 8 February 1990, case C-320/88 *Safe BV*, EU:C:1990:61, paras. 7-9. See also: ECJ Judgment of 6 February 2003, case C-185/01 *Auto Lease Holland BV*, EU:C:2003:73, para. 32; ECJ Judgment of 29 March 2007, case C-111/05 *Aktiebolaget NN*, EU:C:2007:195, para 32.
⑤ It only applies to contracts under which the amortization write-offs are made by the user, as well as contracts of hire of land (see Art. 7(9) VATA).

中介必须以支付佣金一方的账户购买货物；

（5）设立公寓的房屋合作租赁权、设立公寓的房屋联名所有权、将公寓的房屋合租权转变为公寓的联名所有权，以及为合住房屋的成员设立对公寓或其他物业的单独所有权并随后将该所有权转移给合作房屋的成员；

（6）出租土地的永久用益权；

（7）转移土地的永久用益权和上述的合作租赁权以及合作所有权。

转移所持有的不动产或动产的份额，以及转移所持有的永久用益权的份额被视为供应货物。为了消除案例法的差异，波兰最高行政法庭澄清"转移所持有的永久用益权份额和所持有的建筑物所有权份额是《增值税法》第 7(1) 条款所指的供应货物"[①]。转移所持有的这些财产或土地永久用益权（即转移共同所有权或共同永久用益权）很明确地导致这些财产或土地的所有者处置权转移给客户，因此也符合《增值税法》第 7(1) 条款和《增值税指令》第 14(1) 条款的货物供应范畴。

链式供应被直接定义为：当若干个人（或实体）供应同样的货物并且供货方式是第一个人（或实体）直接将货物交付给链条上的最后一个客户，则它被视为货物的供应是由参与上述活动的每一个实体完成的[②]。

无法人资格的民法合伙或商业合伙（即民法合伙、一般合伙、专业合伙、有限合伙和股份有限合伙）歇业时剩余一些货物，或者个人营业活动终止时剩余一些货物，并且这些剩余货物所对应的进项税额已经被全部抵扣或部分抵扣，则这些剩余货物属于应税商品[③]。纳税义务发生于合伙结业之日或者营业活动终止之日。这些货物的供给在随后的 12 个月内免税。

最后，值得一提的是，波兰并未实行欧盟所赋予的选择权，即没有将某些建筑工程的交付视为货物的供应[④]。建筑工程被视为服务。

5. 服 务 的 提 供

根据《增值税法》第 8(1) 条款，服务的提供是"供给自然人、法人或者任何其他没有法人人格的组织单位，该供给不构成增值税法第 7(1) 条所定义的货物供应"。

---

① See the NSA resolution of a panel of seven judges of 24 October 2011, case I FPS 2/11.
② Art. 7(8) VATA.
③ Art. 14 VATA.
④ See Art. 14(3) VAT Directive.

其结果是,服务的提供有着非常宽泛的概念,涵盖所有非货物供应的供给。根据字典的定义,"供给"意味着"提供想要的或需要的事物"[①]。因此,对于将要发生的供给,接收者必须识别该供给对谁具有一定的价值。

正如波兰立法者以明示的方式所解释的那样,服务的提供涵盖:

(1) 转移无形资产的权利,无论该法律活动采取何种方式;

(2) 克制自己不去从事某项活动,或者容忍某项活动或某种状态;

(3) 依据政府部门或者政府部门,指定代理机构的订单或者遵照法律提供服务。

当一个纳税人,以他自己的名义,不过他是代表着第三方参与服务的提供,则应被视为这个纳税人自己已经接受了并且提供了这些服务[②]。

正如已经解释的,建筑工程被视为服务。将客户提供的产品开发(如装配)成另一产品并交付给客户,也属于服务的提供。

6. 欧盟内部销售商品或者欧盟内部采购商品

欧盟内部销售商品是将产品从波兰境内出口(即运输)到另外的一个欧盟成员国,并伴随着货物的供应[③]。并且,有关供应商和购买商的一些具体条件必须符合欧盟内部发生货物销售的要求。

供应商必须是从事营业活动的纳税人,享受免税的小规模企业纳税人除外[④]。供应商在销售货物之时并不需要为了欧盟内部的交易作专门的登记。在申报这些销售并将该申报作为申请销售收入享受增值税零税率的条件之一时,才有必要做登记。

一般来说,购买方必须是:

(1) 被确认为在另外一个欧盟成员国的境内从事欧盟内部采购业务的纳税人;

(2) 非增值税纳税人的法人,并且确认其目的是在另外一个欧盟成员国的境内从事欧盟内部采购业务;

---

① *Cambridge Advanced Learner's Dictionary*, Cambridge University Press, Cambridge 2008, el.
② Art. 8(2a) VATA.
③ Art. 13(1) VATA.
④ Art. 13(6) VATA.

(3) 不属于上述范围的纳税人或者非增值税纳税人的法人,如果供应的商品是特种消费税法所定义的特种消费品并且已经获准实行特种消费税暂缓缴税安排,或者实行的是先缴纳特种消费税随后才移送特种消费品的程序。

当销售或购买一个新的交通工具时,供货商和购买商的地位是不相关的。

如果货物是依据特别毛利方案(special margin scheme)课税[1],或者货物的销售方是免税的小规模企业[2],则不构成欧盟内部的销售货物。

根据《增值税法》第 42(1)条款,欧盟内部销售货物的税率是零税率,如果满足以下条件:

(1) 购买方在销售发生之时有正确有效的增值税编码,该编码的出具是用于在另外一个欧盟成员国的欧盟内部交易,编码包括两个字母的成员国编号;这个条件不适用于销售新交通工具的情形;

(2) 在递交增值税申报表的截止日之前,供应商有证据表明货物已经离开波兰并且已经提交给另一个成员国境内的购买商;

(3) 在增值税申报表填写销售金额之时,供货方有带着 PL 前缀的增值税编码(即供货方已经为了从事欧盟内部交易而在波兰登记过)。

有关欧盟内部销售货物享受零税率的证明文件(证据)可以分成两类:基本单据和补充单据。基本单据包括:从运输公司收到的船运单据,该单据清楚地确认货物已经被交割给另外一个成员国,并且单据上注明货物的规格[3]。当货物是用销售方或购买方的交通工具运输时,船运单据用买卖双方起草的单据替代,包括下列数据:销售方和购买方的名称和地址;货物运输的目的地,如果货物运输的目的地不同于购买方的营业机构或固定机构地址;货物的规格和数量;在另一成员国境内某一地址收到货物的确认函;交通工具的类型和登记号码或者航班号[4]。如果这些基本单据没有清楚地确认货物已经离开波兰境内并且已经发运至另一成员国,则应使用补充单据,包括:商业往来信函(即订货单)、保险单、付款凭据,以及在另外一个成员国境内收到货物的确认函[5]。根据波兰最高行政法庭的意见,对于享受零税率的销售收入,并不一定需要备齐所有的基本单据。证据可以包括若干基本单据、一些额外的补充单据,甚至是符合《一般税法》第 180 条第 1 段所要求

---

[1] See Art. 120(4)-(5) VATA.
[2] See Art. 113 VATA.
[3] Art. 42(3) VATA.
[4] Art. 42(4) VATA.
[5] Art. 42(11) VATA.

单据形式的其他证据,假如这些单据共同确认了货物已经交付给位于另外一个成员国境内的购买方①。

在纳税人将销售收入和国内税率计入他的增值税记录和增值税申报表之前,纳税人有额外的2个月(在按月缴税的情况下)和额外的一个季度(在按季度缴税的情况下)来收集欧盟内部销售货物的证明文件②。如果这些单据是在报税之后才收到,纳税人有权校正他的增值税纳税申报表。

值得注意的是,在证明纳税人的销售货物享受零税率权利方面,波兰税局是很严格的。即使是很微小的正式错误有时也会引起税局对欧盟内部交易的性质产生疑问,不过,这有悖于欧洲法院的案例法。此外,假如税局有任何理由怀疑这次销售可能是增值税欺诈方案的一部分,则即便拥有一整套税局所要求的单据也不能保证税局会尊重纳税人的销售收入零税率待遇。税局经常会启动税务稽查或者税务诉讼以验证销售业务是否实际发生、买方是不是在另外一个国家真实登记注册的增值税纳税人、货物是否已经实际离开波兰境内,并且被配送至另一个成员国,更一般的情形是检查该交易是否真的不构成增值税欺诈方案的一部分。这些诉讼通常持续很长时间(甚至超过1年),这构成了很严重的问题,因为在所涉交易期间的增值税退税将会被冻结(或延迟),直到税务稽查或税务诉讼的结果出来,并且确认该纳税人已经纠正或补足其增值税缴款③。

欧盟内部购买货物是指取得作为所有者处置货物的权利,这些货物作为销售的结果被配送或者运输至成员国(即波兰)境内,而并非供应商、购买方或其代理人发起配送或运输的出发地所在的成员国境内④。对于欧盟内部销售货物,有关销售商和购买方的情况有更多条件仍然需要满足。购买方必须是从事营业活动的纳税人且该货物必须是计划用于纳税人的营业活动,或者购买方是法人但因其不从事任何营业活动而非增值税纳税人。供应商必须是从事营业活动的纳税人。在买卖新交通工具的案例中,买卖双方的情况并不重要。

如果非应税法人和某些类型的享受增值税免税的纳税人(比如小企业、适用特别方案的农场主、仅从事免税业务的纳税人)在欧盟内部购买货物的总金额不超过每年50 000兹罗提的限额,则购买交易不需要缴纳增值税,除非购买方选择缴税

---

① NSA resolution of a panel of seven judges of 11 October 2010, case I FPS 1/10.
② See Art. 42(12) VATA.
③ See Art. 87(2) VATA.
④ Art. 9(1) VATA.

并进行登记①。另外,如果货物是依据毛利方案(margin scheme)进行销售或者货物的销售方是免缴增值税的小规模企业,则不构成欧盟内部购买货物。

欧盟内部销售(以及欧盟内部购买)也发生在货物移送的案例中,即属于一个纳税人企业的货物被从一个成员国移送往另一个成员国并且该货物是打算用于纳税人的营业活动②。但是,该规则有很多例外的情形③。例如,如果货物是在目的地成员国进行安装或者装配并进行试运行或者不需要进行试运行,那么不存在欧盟内部的销售或者欧盟内部的购买,因此这些货物的销售地点是安装或装配的成员国。

将企业的自有货物移送至另一个成员国的行为与一种称之为"寄售存货"("consignment stock" or "call-off stock")或在波兰被称为"寄售仓库"的简化措施紧密相关。"寄售仓库"一词意味着在波兰登记从事欧盟内部交易的纳税人工厂里有一个单独的地点,该地点被用于储存另一个成员国纳税人所有的货物并且该货物是被其所有者从他的成员国移送至波兰的这个地点,基于这些条件,在波兰登记并储存货物的这个纳税人(称之为"寄售仓库管理人")可以从该地点(仓库)提取货物,并且在提取货物之时作为所有者处置货物的权利也一并转移出去④。在一般的规则下,这样一个交易被认为是由位于原产地成员国的所有者进行的一个欧盟内部视同销售业务,以及由位于目的地成员国的所有者实行的一项欧盟内部视同购买业务。这个"寄售仓库"的简化措施是为了避免构成欧盟内部的视同销售(译者注:这是从货物原产国的货主角度而言)以及避免仅仅因为将货物移送到另外一个成员国就构成欧盟内部采购(译者注:这是从货物运抵目的地的买方的角度而言),并将随后的销售(从仓库提取货物之时)当作一个欧盟内部交易(尽管货物运输发生在销售之前),同时由买方申报欧盟内部购买的交易⑤。欧盟内部购买货物的增值税产生于从寄售仓库提取货物之时,但是,不晚于开具发票之日⑥。该做法的效果在于未设立机构的供应商并不必须在波兰注册并申报该项欧盟内部购买交易以及随之发生的销售业务。简化措施适用的情形是:波兰购买方(寄售仓库管理人)将货物用于生产或者提供劳务的目的,不是用于再销售的目的;寄售仓库

---

① See Art. 10 VATA.
② See Art. 11 and Art. 13(3) VATA, respectively.
③ See Arts. 12 and 12a, and Art. 13(4) VATA, respectively.
④ Art. 2(27c)-(27d) VATA.
⑤ See Art. 12a VATA.
⑥ Art. 20b(1) VATA.

由购买方运营（寄售仓库管理人）而不是由销售方或销售方委托的第三方运营；销售方未在波兰设立机构也没有作增值税登记①。纳税人必须提前通知税局并保存货物的详细记录，包括货物进入仓库的日期以及从仓库提取货物的日期。如果货物自进入寄售仓库之日起24个月内仍未被提取，则这些货物被视同于上述期限失效之日的次日被提取②，并且发生相应的纳税义务。如果在货物进入寄售仓库之日起24个月之内将货物移送退还给销售方，则不发生应税义务③。

如果纳税人将货物移送到位于另一个成员国的类似于寄售仓库的地点，目的是以后从该成员国将货物销售给纳税人，则纳税义务产生于销售货物之时（而不是货物移送之时），但不迟于开具销售发票之时④。销售方不能在货物目的地成员国作增值税登记。销售方必须保存移送至该地的货物记录，并记录移送日期、销售日期以及用来识别货物的数据。

7. 货物的出口和进口

货物的出口是指销售的货物从一个国家境内（如波兰）发送或运输至欧盟境外的另一个国家境内，通过：一个销售方或销售方的代理人；在该国境外设立的一个客户，或者客户的代理人，不包括客户自己为了装备或供应给游船和观光飞机或者在交通工具上供私人使用而出口的货物；假如将货物出口至欧盟境外得到海关条例所指定的海关部门确认⑤。

出口货物适用零税率，前提是纳税人在时间期限内递交某一纳税期间的纳税申报表，并收到将货物出口至欧盟境外的确认单据⑥。所要求的特定单据是，从ICT系统收到的用于处理出口通知的电子单据或者由海关出具的该电子单据的打印版；来自ICT系统的电子单据，该电子单据是被用来处理从上述系统以外收到的并且真实性可以确认的出口通知；不是通过ICT系统提交的被用于处理出口通知的纸质出口通知单，或者经海关验证过的出口通知单复印件。如果单据没有按时收到，纳税人没有在既定纳税期间的税收缴款中显示上述销售额，但是在随后的

---

① Art. 12a VATA.
② Art. 12a(6) VATA.
③ Art. 20b(3) VATA.
④ Art. 20a VATA.
⑤ Art. 2(8) VATA.
⑥ Art. 41(6) VATA.

纳税期间并且是在申报纳税申报表的期限之内提供了已经收到的单据，那么适用零税率①。如果不能按上述规定递交所要求的单据，那么需要按照国内税率缴纳增值税。如果是在这之后才收到单据，则纳税人有权在收到单据日期所属的缴款期间调整销项税额②。必须强调的是，上述延期仅适用于纳税人持有证明出口程序启动的海关单据的情形③。

进口货物意味着从第三国境内进口（运输）货物至欧盟境内④。在波兰境内实行进口缴税的货物必须运至波兰境内。值得注意的是，在进口的案例中，对以前的销售并不作要求。进口商的状况也不重要（例如，与进口商是否从事营业活动并不相关）。

8. 有偿销售与对无偿销售的课税

一般而言，对于应税的销售，该销售必须是有偿的。一项销售是有偿进行的，当货物的销售或服务的提供可收到一项个人利益，此项利益与此人的销售行为直接相关。此外，供应商和客户之间必须存在法律关系：一方面，该法律关系涉及交割货物或提供服务的义务；另一方面，也牵涉到为这些销售支付货款（酬劳）的义务。并且，该酬劳必须能用货币来表达，例如，它必须有可能用货币形式来显示它的价值。根据欧洲法院"一项服务的供给是有偿提供的，因此也是可以课税的，只有当服务提供者和服务接受方之间存在法律关系，并且依据该法律关系两者之间存在互惠互利的履约，服务提供方收到的酬劳构成因提供服务给服务接受方而收到回报的实际价值。有偿提供的服务，并不包括在公路边弹奏音乐这一项活动，因为并没有规定该项活动的酬劳，即使演奏者筹款并收到款项，不过收款的金额既没有被量化也无法量化"。⑤

但是，某些免费的销售也是要缴税的。

纳税人免费转让属于他的企业的货物也被当作销售货物来征收增值税（更准确地说，作为视同有偿的货物销售），尤其是为了纳税人或他的雇员（包括前雇员）、合伙人、股东、合作成员和家庭成员、法人机构的成员以及协会成员的个人目的转让或消费货物，以及任何其他捐赠；如果纳税人购买、进口或制造商品或者商品的

---

① Art. 41(7) VATA.
② Art. 41(9) VATA.
③ Art. 41(8) VATA.
④ Art. 2(7) VATA .
⑤ ECJ Judgment of 3 March 1994, case C-16/93 *R. J. Tolsma*, EU:C:1994:80, paras. 14, 20.

部件所发生的进项税额享受全部或部分从销项税额中扣除的待遇①。但是,为了商业目的而转让价值很小的赠品或样品不需要缴税②。小赠品的限额是每个接受方每年净值100兹罗提(如果登记赠品时需要签收并保管签收名单)和每件赠品10兹罗提(如果没有签收记录)。"样品"是"被当作样本用于评估产成品的特点和特性的商品或者数量不显著的若干商品"。为了使样品的赠送不被征税,该赠送必须是为了促销需要而不是为了满足消费者的需要,除非满足消费者的需要是为了促进商品的销售并鼓励消费者购买商品。派发对于接收方并无实际消费价值的印刷资料手册(如活页、目录、日历、笔)被认为是不列入征税范围之内的③。

企业倒闭之后将其剩余商品无偿转让给它的股东,应缴纳增值税[依据增值税法第7(2)条款],前提是该公司被允许扣除购买、进口或制造这些商品及其部件时所发生的进项税④。

若免费提供服务不是为了纳税人营业活动的目的,而是为了私人目的,则被视为提供应税服务⑤。

使用构成企业部分资产的货物并且使用目的是除了企业营业活动之外的目的,尤其是包括私人目的,假如纳税人有权扣除(全部或部分)在购买、进口或生产产品或产品部件时发生的进项税,则被视为提供应税服务⑥。若扣除进项税额的权利被限制为不超过50%,则它并不适用于使用汽车,因为使用汽车用于营业活动的目的不具有排他性(称之为"混合使用")。

9. 被排除在外的交易

根据《增值税法》第5(2)条款,所有交易(货物销售、服务提供、食品进出口、欧

---

① Art. 7(2) VATA.
② Art. 7(3) VATA.
③ See NSA Judgment of 28 July 2011 r., case I FSK 1201/10; Head of Tax Chamber in Warsaw [Dyrektor Izby Skarbowej w Warszawie], private ruling of 12 April 2013, IPPP1/443-145/13-2/PR; Minister of Finance, Booklet: The most important changes in the tax on goods and services from 1 April 2013 [Najważniejsze zmiany w podatku od towarów i usług od dnia 1 kwietnia 2013 r.], pp. 7-9, http://www.finanse.mf.gov.pl/vat/wyjasnienia-i-komunikaty/-/asset_publisher/Id8O/content/najwazniejsze-zmiany-w-podatku-od-towarow-i-uslug-od-dnia-1-kwietnia-2013-r? redirect=http%3A%2F%2Fwww.finanse.mf.gov.pl%2Fvat%2Fwyjasnienia-i-komunikaty%3Fp_p_id%3D10
④ See NSA judgment of 20 March 2014, case I FSK 930/13.
⑤ Art. 8(2).2 VATA.
⑥ Art. 8(2).1 VATA.

盟内部销售和购买货物)均应缴纳增值税的,不论这些交易是否已经依据法律规定的条件和形式执行。这意味着增值税也适用于那些在执行时并未取得法律所要求的许可证或者没有申报给主管税局的交易,以及由于没有尊重所要求的法律形式(如公证契约),因而在民法的基础上是无效的交易。不过,那些不能成为具有法律约束力的合同事项(如卖淫、毒品销售等)被排除在增值税的征税范围之外①。然而为了防止竞争扭曲,销售走私品或仿制品是需要缴纳增值税的,只有合法进口的或生产的相同产品在合法的市场上是可交易的②。

　　转移一个企业或者企业的组成部分被排除在增值税征税范围之外③。下面任何形式的转让均被排除在征税范围之外:根据销售合同、交换合同(英文为exchange contract)、捐赠合同等或者以注入资本的形式进行的有偿或无偿转让企业或企业的组成部分。将这类事项排除在征税范围之外,是在执行《增值税指令》第19(1)条款所规定的选择权,该条款规定:"对于转让事项,不论是有偿的,还是无偿的,或者是作为公司注资,或者作为总资产或者作为部分资产,成员国可以将其视为没有发生货物的销售并将货物转让的接受方当作此次转让方的继承者。"

　　《增值税法》并未包括任何"企业"的定义,因此可应用《民法典》④第55条中所包含的定义。根据该条款,一个企业是有形资产和无形资产的组合体,其宗旨在于从事经济活动。它应该包括:①令企业或者企业的分支机构成为单独实体的名称(即企业名称);②不动产或动产的所有权,包括安装、材料、货物和器具,以及其他不动产或动产的专有权;③来自不动产租赁合同或动产租赁合同的权利,以及其他租赁关系产生的不动产使用权或者动产使用权;④应收账款、证券权利或者货币工具权利;⑤特许权、执照和许可证;⑥专利和其他工业产权;⑦源于版权和类似版权的权利;⑧企业的商业秘密;⑨与从事经济活动相关的账册和单据。

　　"企业的组成部分"是一套有形和无形的资产,包括负债,其宗旨是履行特定的商业任务,在现有企业的内部,这些资产在组织上和在财务上均是可区分的,并且这些资产可以构成一个独立执行这些任务的单一企业⑤。但是,必须注意的是,欧

---

① Art. 6(2) VATA.
② See ECJ Judgment of 28 May 1998 r., case C-3/97 *John Charles Goodwin and Edward Thomas Unstead*, EU:C:1998: 263 (counterfeit goods) and ECJ Judgment of 29 June 2000, caseC-455/98 *Kaupo Salumets*, EU:C:2000: 352 (contraband goods).
③ Art. 6(1) VATA.
④ Civil Code of 23 April 1964 [Ustawa z dnia 23 kwietnia 1964 r. Kodeks cywilny], Journal of Laws [Dz. U.] 2016, item 380, as amended; hereinafter: CC.
⑤ Art. 2(27e) VATA.

洲法院已经声明:"当一个成员国在转让总体资产时已经使用选择权,即不将该转让视为一项应缴增值税的产品销售交易,则销售规则将不适用于任何企业的转让或者企业的某项单独资产的转让,包括有形资产,也包括无形资产(如有),这些有形资产和无形资产构成了能够单独从事经济活动的一项事业或者一项事业的一部分。不过,受让方必须有意向运营该企业或者运营受让的事业组成部分,并不是简单地立即清算所涉及的活动以及销售股票(如有)。"①

10．有选择的免税交易

《增值税法》第43条包括了一个广泛的免税清单(免税的同时不得抵扣进项税额)。例如,下面的商品销售和服务提供免于征收增值税:

(1) 如果销售的商品仅仅用于免税活动,则在购买、进口或制造这些货物时发生的进项税额不允许销售方予以抵扣;

(2) 销售空地而非建筑用地;建筑用地是在当地土地利用规划下意图进行开发的土地,如果没有此项土地利用规划,则遵循土地利用规划法规所提及的关于土地使用规划条件的决议②;

(3) 销售建筑物或固定安装物(非建筑结构)或者它们的组成部分,除了:该销售是在首次占用的框架上进行的,或者是在首次占用之前就已进行了销售;首次占用和销售之间的期间短于2年。"首次占用"被定义为在进行应税活动时,将建筑物、固定安装物或者它们的组成部分交付给第一个客户或用户使用,交付时间是在它们竣工之后;或者交付时间是在它们改良之后,根据所得税法规的定义,改良的定义是指用于改良的支出至少占初始价值的30%③④;

(4) 不适用上述免税的建筑物销售或固定安装物(非建筑结构)销售或者它们的组成部分销售,前提是:该销售不能获得进项税抵扣;销售商并未发生上述设施的改良费用,也并未获得这些进项税额的抵扣,以及虽然销售商发生了上述设施的改良费用但改良费用低于上述设施初始价值的30%,或者上述设施在已改良的情

---

① ECJ Judgment of 27 November 2003, case C-497/01 *Zita ModesSàrl*, EU:C:2003:644, para 46.
② Art. 2(33) VATA.
③ It is worth noting that the Polish domestic legal definition of "first occupation" is the object of a request for a preliminary ruling submitted by the NSA to the ECJ, see ECJ, case C-308/16 *Kozuba Premium Selection sp. z o.o.*, OJ C 335 of 12.9.2016.
④ Art. 2(14) VATA.

况下被纳税人用于从事应税活动至少5年；

(5) 带有住宅性质的或者部分带有住宅性质的不动产租赁服务,仅仅为了自己的居住目的；

(6) 销售由实行单一税率的农民自己从事农业活动所生产出来的农产品,以及提供农业服务；

(7) 销售人体器官或者妇女的乳汁；

(8) 销售血液、全血浆、血细胞或者非药品的原产于人体的血液衍生制品；

(9) 保险服务、再保险服务以及在销售保险和再保险服务中的代理服务；

(10) 有选择的金融服务,例如,发放信贷和金融贷款的服务和相关的中介服务,提供担保、保证和任何其他为金融交易和保险交易提供保障的服务和相关的中介服务,属于货币储蓄范畴的服务,保管金融账户的服务,任何种类的付款服务,汇票服务和转账服务,债务服务,支票和本票服务以及在提供上述服务时发生的中介服务；

(11) 医疗领域的服务,目的在于预防、保持、恢复和改善健康：①在他们的场所内通过医疗设施进行的医疗服务或者提供的医疗便利；②通过医生、牙医、护士和护工、心理医生和其他医学专业人士的执业提供的服务；③从上述机构或个人购买医疗服务并向其病人收回费用的服务；

(12) 由下列单位和机构提供的服务：①依据教育制度相关法规界定的教育系统的单位,限定在教书育人的范围之内；②大学、波兰科学院的科研单位以及研发单位,限定在高等教育范围之内；

(13) 职业教育和职业再培训服务,但不含前面所规定的教育服务：①按照单独的法规所规定的形式和规则实施；②由取得认证的机构提供,该认证是由教育制度的法规所定义的——仅限于认证服务的范围之内；③全额由公共基金资助,以及提供与上述服务紧密相关的产品和服务；

(14) 在幼儿园、小学、初中、高中和高等教育阶段由教师提供私人家教服务；

(15) 外语教学服务,以及销售与上述服务紧密相关的产品和服务。

某些来自欧盟以外的最终进口商品也享受免税,比如,在旅客的行李箱中携带的商品,为了非商业目的而进口的商品,以及非商业性质的少量商品寄售。

11. 法律的滥用

在法律滥用的案例中,交易的税收效应就如同此项法律滥用的交易没有发生时所产生的税收效应①。因此,应将其恢复至没有滥用的状态并将其作为决定税收后果的依据。法律滥用被定义为开展一项交易的实质目的是获取税收优惠,尽管该交易满足了在增值税法的条款中提出的正式条件,但是给予纳税人这些税收优惠将会有悖于这些条款所追求的目标②。国内增值税滥用的概念完全回应了欧洲法院发展的概念。因此,它在国内法中的实施并不是它是否适用的必要条件。

根据欧洲法院判决,"关于发现是否存在滥用的实务,第一,所涉交易须产生税收上的好处,而给予该好处是有违于这些条款的目的的,尽管该交易正式应用了欧盟第六个指令相关条款以及基于该指令的国内法律所规定的条件。第二,根据许多客观因素,很明显地发现该交易的本质目的是为了获取税收好处,在发现已经存在滥用实务的情况下,必须重新定义所涉交易,目的是重建不存在滥用实务情形下的主要状况"③。

12. 纳 税 人

只有当纳税人从事的活动是应税活动时,该活动才应缴纳增值税。纳税人是独立从事营业活动的法人、没有法人人格的组织单位、自然人,无论这些活动的目的或结果如何④。营业活动包括生产商、贸易商或者服务提供者的任何活动,包括挖掘自然资源的实体和农场主,以及自由职业者的活动⑤。营业活动还包括,为了产生收入的目的而持续使用货物或无形资产的活动。

值得注意的是,没有法律人格的合伙企业是增值税纳税人,无论它们是否是所得税的纳税人。

营业活动的目的和结果是不相关的,它们可以产生利润或损失。因此,慈善组织和非营利组织可以成为增值税纳税人。

重要的是,营业活动必须独立开展。一个独立的活动必须以实体自己的名义开展,并独自承担责任:承受该活动的经济风险,组织运营所需具备的条件,并收

---

① Art. 5(4) VATA.
② Art. 5(5) VATA.
③ ECJ Judgment of 21 February 2006, case C-255/02 *Halifax plc et al.*, EU:C:2006:121, paras. 86, 98.
④ Art. 15(1) VATA.
⑤ Art. 15(2) VATA.

取构成其收入的报酬①。在这种情况下,欧洲法院裁定波兰地方政府单位的预算实体不是独立的增值税纳税人,因为不能独立于地方政府,而后者才是增值税纳税人②。波兰最高行政法庭已经声明,地方政府单位的预算机构不是独立的增值税纳税人③。其结果是,称之为地方政府单位增值税合并的庞大运动已经在波兰发生④。

更重要的是,当存在一个类似于雇主和雇员之间的从属关系时,其特征是界定了工作条件、报酬和雇主责任,则该活动不具备独立性⑤。波兰立法者参考了所得税有关雇佣和类似雇佣状况的条款,以明示的方式列举了不具备独立性的例子⑥。有趣的是,一个并非企业家但依据与企业家所签订的工作合同或特定任务合同来履行工作的自然人、法人或者没有法人人格的组织单位,并不被认为是独立的增值税纳税人,如果其委托人须对第三方负责。

国家、地区和地方政府以及其他公法管辖的机构不被视为增值税纳税人,当它们作为公共部门从事交易或活动时,除非它们作为非纳税人的待遇会导致显著的竞争扭曲⑦。不过,当这些政府部门和机构从事特定的商业运营时(如租赁商业场所),它们是增值税纳税人。更确切地说,地方政府单位也会被视为增值税纳税人。

在欧盟内部销售和购买新交通工具的情况下⑧,以及在进口货物的情况下⑨,从事营业活动并不是一个成为增值税纳税人的必备条件。

根据欧盟《增值税指令》第 11 条,成员国可以将在其境内设立的、通过财务、经济和组织的纽带紧密联系在一起的关联企业当作独立的纳税人,尽管它们在法律

---

① ECJ Judgment of 26 March 1987, case 235/85 *Commission v. Netherlands*, OJ EU C 108/5, para. 14.

② ECJ Judgment of 29 September 2015, case C-276/14 *Gmina Wrocław*, EU:C:2015:635.

③ NSA resolution of seven judges of 26 October 2015, case I FPS 4/15.

④ See Act of 5 September 2016 on special rules of settlement of tax on goods and services and reimbursement of public funds allocated for the implementation of projects financed with funds from the EU budget or from Member States of the European Free Trade Agreement by local government units [Ustawa z dnia 5 września 2016 r. o szczególnych zasadach rozliczeń podatku od towarów i usług oraz dokonywania zwrotu środków publicznych przeznaczonych na realizację projektów finansowanych z udziałem środków pochodzących z budżetu Unii Europejskiej lub od państw członkowskich Europejskiego Porozumienia o Wolnym Handlu przez jednostki samorządu terytorialnego], Journal of Laws [Dz. U.] 2016, item 1454.

⑤ See Art. 10 VAT Directive. See also ECJ Judgment of 23 March 2006, case C-210/04 *FCE Bank plc.*, EU:C:2006:196, para. 33.

⑥ See Art. 15(3).3a VATA.

⑦ Art. 15(6) VATA.

⑧ See Art. 16 and Art. 17(1).3 VATA.

⑨ Art. 17(1).1-2 VATA.

上是独立的。波兰没有利用这一选择权,所以在波兰并无增值税集团(VAT Grouping)。

13. 负责缴纳税款至税局的人

成为纳税人一般意味着此人进行的销售是应税的。有时成为一个纳税人还意味着某些采购的税款必须由此人缴纳给税局。作为一项规则,税款是由销售方缴纳给税局(与税局结算),但有时该义务被逆向转移给购买方(如逆向收税机制)。欧盟增值税制度清晰地区分了纳税人的概念和增值税应缴款人的概念,纳税人一般与从事营业活动相关联,而增值税应缴款人是与实际缴纳增值税给税局的义务(或与税局实际结算增值税)相挂钩。波兰立法者并未做过如此清晰的区分,其结果是,会被当作"增值税应缴款人"的以下人员被视为"纳税人":

(1) 货物的进口商[1];

(2) 欧盟内部货物的购买者[2];

(3) 从非居民供应商那里购买货物,当销售地是波兰并且满足应用逆向收税机制的更多条件[3];

(4) 从非居民供应商那里购买服务,当销售地是波兰并且满足应用逆向收税机制的更多条件[4];

(5) 购买《增值税法》第11个附录所列举的货物并且满足应用逆向收税机制的更多条件[5];

(6) 购买《增值税法》第14个附录所列举的服务并且满足应用逆向收税机制的更多条件[6]。

逆向收税适用于由非居民销售方进行的货物销售(即销售方在波兰境内并没有营业机构和参与该销售的常设机构),如果销售方并没有在波兰做过增值税登记,并且买方是从事营业活动的纳税人或者不从事营业活动的法人,那么在欧盟内部采购需做过增值税登记或有义务做增值税登记,且买方均是在波兰设立(即在波

---

[1] See *Ibid*.
[2] See Art. 17(1). 3 VATA.
[3] See Art. 17(1). 5 VATA.
[4] See Art. 17(1). 4 VATA.
[5] See Art. 17(1). 7 VATA.
[6] See Art. 17(1). 8 VATA.

兰有营业机构或者常设机构)①。在用分销系统销售煤气、电力、热气或者冷气的例子中应用逆向收税,即使未设立机构的销售方在波兰做过增值税登记,购买方也必须在波兰做增值税登记,如果货物不是在远程销售框架内向波兰销售则应用逆向收税。

逆向收税适用于由非居民供应方提供的服务,如果买方是从事营业活动的纳税人或者不从事营业活动的法人,但因为其在欧盟内部采购而做过增值税登记或者有义务进行增值税登记,那么买方均是在波兰设立(即在波兰有营业机构或者固定机构)②。在与不动产相关的服务提供例子中,如果未设立的销售方在波兰做了增值税登记,那么并不适用逆向收税。

逆向收税适用于《增值税法》第11个附录所列举的货物销售,如果销售方是从事营业活动的纳税人并且根据《增值税法》第113条作为一个小企业不能享受增值税免税,买方是从事营业活动的纳税人并且作为一个积极的纳税人进行过增值税登记(即作为小企业不能享受增值税免税或者是一个仅从事免税销售的纳税人),以及货物销售本身,并不能享受《增值税法》第43(1)条款或者第122条款的免税③。第11个附录列举的商品包括:某些形态的钢和钢产品;有色金属和产品(如铝、铅、锌、锡、铜、镍等);某些形态的黄金、白银和铂金,也包括未完工或者不完整的金、银首饰产品或者部件;包金、包银、包铂金的金属和镀银、镀金的金属;用作废料的残骸但不包含轮船和其他船舶;金属、玻璃、纸张、纸板、橡胶和塑料废品以及二手原材料;原电池和蓄电池的废弃物和废料、旧原电池、旧原电池组和旧蓄电池;可移动电脑,包括便携式电脑、笔记本电脑、平板电脑;移动电话,包括智能手机、视频游戏控制台;以中央处理器形式存在的电子集成电路。在销售可移动电脑的案例中,如便携式电脑、笔记本电脑、平板电脑和移动电话,包括智能手机、视频游戏控制台和中央处理器,如果这些货物在交易合同中采用相同的经济条款并且在单次交易中的总价值超出不含税金额20 000兹罗提,则适用逆向收税。即使在单个协议中的送货次数超过一次并且这些送货附有单独的订单和发票,此项交易仍被视为具有统一的经济条款。如果交易的环境或条件不同于通常发生的环境或条件,即使拥有超过一个协议,这些交易仍被认为具有统一的经济条款。如果移动电脑、移动电话、视频游戏控制台或中央处理器的销售方为了准确结算销售税款已经

---

① Art. 17(1).5 VATA.
② Art. 17(1).4 VATA.
③ See Art. 17(1).7 VATA.

竭尽所有必要的努力,如果在事后发现由于客户业务方面的原因导致未能满足逆向收税的条件,但是供应方在谨慎的情况下并不知情或者无法知情,那么他没有义务结算该税款。如果付款是通过银行转账或者信用卡,即通过某种方式使得销售方能够识别是谁在下达付款指令,那么该义务的豁免是适用的。

逆向收税适用于《增值税法》第 14 个附录所列举的服务,即 2015 年 6 月 12 日的有关温室气体排放限额交易制度法所指的温室气体排放限额转让服务[①]、分包合同建筑服务(在《增值税法》第 14 个附录列举了所有情形),如果销售方是《增值税法》第 113 条所指的从事非免税营业活动的小企业纳税人,并且购买方办理过增值税注册以积极纳税人身份从事营业活动(即作为小企业不能享受增值税免税或者该纳税人是一个仅从事免税销售的纳税人)[②]。第 14 个附录的第 2~48 点列举了许多建筑、安装、改良和拆除服务,也同时参考了波兰统计编码(PKWiU)。

14. 税 务 代 表

对于从事营业活动但未设立机构的纳税人,同时该纳税人应在波兰注册为"积极"的增值税纳税人[③],作为一项强制性的要求,该纳税人应指定其税务代表。但是,该义务并不适用于在其他欧盟成员国设立的纳税人(即它们的营业机构或固定机构在其他欧盟成员国设立)。对于后者,指定一个增值税代表是选择性的。

获准提供税务咨询和簿记服务的人和实体才可以担任增值税代表。海关中介也可以担任增值税代表,但仅限于将要出售给其他欧盟成员国的货物进口增值税。一个税务代表须满足的更多条件包括:在波兰有营业机构,是一个注册为"积极"纳税人(非免税)的增值税纳税人[④],在过去的 24 个月内没有拖欠构成国家预算收入的各个税种的税款,或者即便有拖欠,该拖欠额也没有超过每个税种应缴税额的 3%;在过去的 24 个月内,没有在法律上被宣判犯下 1999 年 9 月 10 日法案——

---

① Ustawa z dnia 12 czerwca 2015 r. o systemie handlu uprawnieniami do emisji gazów cieplarnianych, Journal of Laws [Dz. U.] 2015, item 1223, as amended.

② Art. 17(1).8 VATA.

③ See Art. 18a VATA.

④ In case of a VAT representative of a taxable person who: 1) only imports goods which are further supplied to other EU Member States within intra-Community supply; and 2) is not a VAT registered taxable person, registration of the representative for intra-Community transactions is additionally required.

《财政和刑事法典》①所规定的财政犯罪(该条件适用于自然人纳税人,在纳税人不是自然人的案例中,该条件适用于民法意义上的非公司合伙的合伙人或商业合伙的合伙人,该条件还适用于政府机构的成员、总会计师)。

增值税代表是通过纳税人和增值税代表之间的书面协议来指定的,该协议须包含《增值税法》第18b(4)条款所列举的所有要素。

增值税代表为了纳税人的利益并代表纳税人履行下列职责:①该纳税人的增值税缴款义务,包括准备纳税申报表、欧盟销售清单(指的是概况介绍)、国内销售清单(概况介绍)、记录和保管单据、税收记录;②增值税法规要求的其他事项,如果在协议中税务代表已经被授权负责这些事项,那么增值税代表和增值税纳税人共同和分别承担税务代表为了纳税人利益且代表纳税人结算的税收缴款义务②。一个纳税人的税务代表,如果他只进口货物且该货物随后在欧盟内部销售中被销售给其他欧盟成员国,不是进行过增值税登记的纳税人,而以他自己的名义,为上述纳税人履行纳税人的义务以及纳税人的其他事务(如协议有此规定)。该纳税人与税务代表应共同和分别承担税务代表为了该纳税人的利益且代表该纳税人所结算的税收缴款义务③。

15. 代扣代缴代理人

波兰立法者采用了一个欧盟增值税制度中未曾涉及的法律制度,即增值税代扣代缴代理人制度。根据《增值税法》第18条,在1966年6月17日行政执法程序法中所指定的执法部门④和从事1964年11月17日《民法程序法典》条款中所定义的执法活动的法庭执行官⑤,均应通过强制执行的方式,销售债务人拥有所有权的货物或者债务人违法占有的货物,并负责汇出销售所得的增值税款。必须强调的是,债务人,即货物的所有者,才被认为是货物的销售方,因此也是纳税人。执法部门或者法庭执行官的角色是计算、征收并将强制执行过程中销售货物产生的应缴

---

① Ustawa z dnia 10 października 1999 r. Kodeks karny skarbowy, Journal of Laws [Dz. U.] 2013, item 186, as amended.

②③ Art. 18c(2) VATA.

④ [Ustawa z dnia 17 czerwca 1966 r. o postępowaniu egzekucyjnym w administracji], Journal of Laws [Dz. U.] 2014, item 1619, as amended.

⑤ [Ustawa z dnia 17 listopada 2964 r. — Kodeks postępowania cywilnego], Journal of Laws [Dz. U.] 1964, No. 43, item 296, as amended.

增值税款汇给税局。

有趣的是,欧洲法院直接受理了法庭执行官担任增值税代扣代缴代理人的问题,并且未发现波兰的条款有悖于欧盟《增值税指令》,特别是欧盟《增值税指令》中"应缴纳增值税款给税局的人"的条款①。根据欧洲法院的意见,"2006/112/EC 理事会指令第 9 条、第 193 条和第 199(1)(g)条必须被解释为不排除国内法的条款,正如同在一个主要诉讼程序中存在一个事项,该事项所涉背景是通过强制执行程序销售一项不动产,并要求某人——名义上是负责销售不动产的法庭执行官——承担起计算、征收和在指定的时间期限内缴清交易所得增值税款的义务"。不过,欧洲法院声明法庭执行官必须实际拥有能够免除其义务的全部合法手段,这是法庭执行官为不能按时缴纳税款给税局而被判须负责任的前提条件。

根据最新实施的《增值税法》第 17a 条款,代表其他人在欧盟内部采购燃油的注册代销人和获得授权的仓库管理人负责缴纳采购环节的增值税。代扣代缴代理人有义务验证采购委托人的情况,即检查此人的以下状况:①是否取得从事跨境液体燃油贸易的特许权;②是否为所购油品的所有者;③在波兰拥有注册的公司或者居民所在地位于波兰并且是为了在波兰开展经济活动才采购燃油,分公司注册在波兰(如涉及外国人)并且是为了在波兰开展经济活动才采购燃油;④将其增值税识别码与 PL 编码挂钩。代扣代缴人自采购之日起 5 日内缴纳税款(给海关)并在次月 5 日之前递交税务申报表。

16. 小企业免税

如果纳税人全年销售金额少于 200 000 兹罗提(不含增值税),此人可以免予缴纳增值税②。更准确地说,对于一个在上一税务年度(即公历年度)从事营业活动的纳税人而言,上一年度的销售价值在初始时是重要的,但享受免税的权利也受到本年销售价值的影响③。如果价值超出该限额,上述免税待遇失效,导致超出限额的整个交易都应缴纳增值税④。对于开始从事应税业务的纳税人,如果预计销售金额不超过依据该财政年度从事营业期间的长短按比例预测出来的限额,那么

---

① See ECJ Judgment of 26 March 2015, case C-499/13 *Macikowski*, EU:C:2015:201.
② Art. 113 VATA.
③ Art. 113(1) VATA.
④ Art. 113(5) VATA.

同样适用免税政策①。如果销售金额的实际价值超出营业期间按比例计算出来的限额,那么免税待遇失效②。

纳税人可以放弃此项免税待遇,注册成为积极的纳税人③。

失去免税权利或者放弃免税待遇的纳税人可以再次享受该待遇,但不得早于经过一个年度之后,从免税权利失效当年的年末开始计算,或者从纳税人放弃免税待遇当年的年末开始计算④。

更重要的是,一方面,此项免税仅适用于"销售"。因而,在欧盟内部采购商品、进口货物或服务、逆向收税模式下的商品和服务采购(不过,有时是免税的小企业在不适用逆向收税条件的情况下却进行了逆向收税)的情况下,它是不相关的。另一方面,销售价值不包括:①欧盟内部销售货物以及从波兰境内销往波兰境内的远程销售。②有偿销售商品和服务,且这些商品和服务依据《增值税法》第43(1)条或者根据《增值税法》第82(3)条颁布的法规是免缴增值税的,下列交易如果不是附属的交易则被排除在免税之外:a)与不动产相关的交易;b)第43(1).7,43(1).12,43(1).38~43(1).41所指的服务,即若干交易,包括中介服务,涉及作为法定偿付手段的货币、纸币和硬币的服务,养老基金管理服务,投资基金管理服务;提供信贷和金融贷款服务以及中介服务;属于保证服务、担保服务范畴之内的服务,任何其他为金融和保险交易提供担保的服务以及中介服务;货币储蓄服务,保管金融账户服务,任何种类的付款服务,汇票服务以及转账服务,债务服务,支票和本票以及中介服务;服务对象为公司股票的服务,或者服务对象为非公司实体(如具备法人人格)的服务,不包含股票存入和股票管理服务;服务对象为金融工具的服务,这里的金融工具指的是2005年7月29日金融工具交易法所指的金融工具⑤,以及相应的中介服务,但不包括保管和管理上述金融工具的服务;c)保险服务。③有偿销售商品服务,这里的商品指的是在所得税法中被纳税人承认为固定资产和无形资产并进行摊销和折旧的商品。

上述免税并不适用于《增值税法》第12个附录所列举货物的销售方(同时也是增值税纳税人),这些货物是贵金属产品、贵金属废料、含有贵金属的废料或者琥珀

---

① Art. 113(9) VATA.
② Art. 113(10) VATA.
③ Art. 113(4) VATA.
④ Art. 113(11) VATA.
⑤ [Ustawa z dnia 29 lipca 2005 r. o obrocie instrumentami finansowymi], Journal of Laws [Dz. U.] 2014, item 94, as amended.

制品,特种消费品(不含电力、烟草产品和汽车,由于新交通工具根据所得税法规定被纳税人承认为应进行摊销的固定资产,因而不包括在免税范围之内),新交通工具、在首次占用之前的或者从首次占用之日起 2 年之内的建筑物、构筑物或其配件①。免税不适用于提供法律服务、咨询服务的纳税人,但不包含提供农业咨询服务的纳税人,这里的农业咨询服务系指植物栽培育种服务、动物牲口饲养服务和农业事业发展和升级计划;珠宝商的服务②。除此以外,没有设立机构的纳税人不允许运用上述免税③。

17. 应税交易的地点

在欧盟,供应地规则被协调至很高的程度,这使得波兰的税法条款符合《增值税指令》的条款。

17.1 货物销售地

由销售方、客户或者第三方发送或者运输的货物,其货物销售地是发送或运输开始时货物的所在点④。

如果发送或者运输是起始于第三国的境内(如一个非欧盟的国家),由增值税纳税人兼货物进口的纳税人开展的货物销售被视为在成员国境内进行的货物进口⑤。

销售货物且这批货物没有发送或运输出去,则在销售之时该货物的所在地课税⑥。

链式交易有特别的法规,即在几个实体销售同样货物的情况下,其销售方式是第一个实体直接将货物交付予在顺序上排在最后一位的客户,上述货物只被发送或运输一次,这种交易即是链式交易。在这种情况下,发送或运输被指派(assign)至只有一次的销售交易。如果货物是由也同样销售该货物的客户进行发送或者运输,那么假定该发送或运输被指派给为满足上述这一客户的需求而履行的销售,除

---

① Art. 113(13).1 VATA.
② Art. 113(13).2 VATA.
③ Art. 113(13).3 VATA.
④ Art. 22(1).1 VATA.
⑤ Art. 22.4 VATA.
⑥ Art. 22(1).3 VATA.

非是因为销售条件规定了货物的发送或运输必须是指派给由该客户经办的销售①。在货物发送或运输之前就已经发生的货物销售被视为在货物发送和运输的起始地履行。在货物发送或运输之后发生的销售被视为在发送或运输完成的所在地履行。

如果货物是由销售方或者销售方委托的实体安装或装配,并且经过调试运行或不需调试运行,则货物销售地是货物安装或装配的所在地②。必须注意到,这些促成被安装或装配的货物得以按照其既有目的开始运行的简单作业并不被视为安装或装配活动。

如果商品是在轮船、飞机或火车上销售,并且当时是发生于欧盟境内的旅客运输途中,则货物的销售地是旅客运输的起始地③。

如果是通过分销系统(网络)销售燃气、电力、暖气或冷气,则供应地取决于客户的情况④。如果客户是从事营业活动并通过上述分销系统再销售货物的纳税人,并且该客户自身对此货物的消费量并不显著,则销售地是客户的营业机构或固定机构(如果上述货物被交付给固定机构),或者在没有营业机构或固定机构的情况下,其销售地被确定为该客户的永久地址或者经常居住地。否则,销售地是客户使用货物和消耗货物的地点;如果所有的货物或者部分货物实际上并没有被客户消费,那么销售地点是客户的营业机构、固定机构、永久地址或者经常居住地。

17.2 欧盟内部采购地点

欧盟内部采购货物的地点是发送或运输货物给购货方的过程完成之时的货物所在地⑤。如果客户使用欧盟内部的交易编码,该编码是由一个成员国出具的,并且该成员国并非货物发送或运输完成之时货物所在地的成员国,那么该欧盟内部货物采购被视为在开具编码的成员国境内履行,除非客户证明欧盟内部的采购货物是在货物的发送或运输完成之时货物所在地的成员国境内被征税,或者由于应用欧盟内部的三方交易简化征收程序,该交易被视为是在货物的发送或运输完成之时货物所在地的成员国境内被征税⑥。

---

① Art. 22(2) VATA.
② Art. 22(1).2 VATA.
③ Art. 22(1).4 VATA.
④ See Art. 22(1).5-6 VATA.
⑤ Art. 25(1) VATA.
⑥ Art. 25(2) VATA.

17.3 进口地

货物的进口地是货物进入欧盟时货物所在地的成员国①。在进入欧盟之时，如果货物是处于某些特殊的海关安排之下（比如，在暂缓缴税制度下的深加工、全免关税的临时进口安排、外部过境安排），上述货物的进口地点是当货物不再处于上述安排之时货物所在地的成员国境内②。

17.4 远程销售

"从一国境内的远程销售"（如波兰）指的是由纳税人或其代理人发送或运输的商品从波兰境内销售至另一国家，前提是该销售所对应的客户并无义务负责欧盟内部的商品采购（例如，单一税率的农夫、消费者）③。远程销售给该国（波兰），意味着由纳税人或者由纳税人代理人从一个非波兰的成员国境内发送或运输货物并销售该货物，前提是该销售所服务的客户并无义务负责欧盟内部的货物采购④。

对于从波兰境内进行远程货物销售的情形，该远程销售应在波兰缴税，除非该销售金额已经超出目的地成员国所设置的年度净额限额（在当年或在上一年度），或者销售方决定在目的地成员国缴纳税款⑤。如果已经作出选择在目的地成员国缴税，则销售方应在销售日期之前至少 30 天内通知税局局长，并在首次销售之日起 30 天内，向税局局长递交文件确认已经将这一远程销售拟在该成员国缴税的意图通知另一个成员国的主管税局。从首次销售之日起至少 2 年内都要应用这一选定的缴税方式。为了使该销售被视同为在目的地成员国境内缴税，必须收集证明文件以确认货物已被销售给位于目的地成员国境内的客户并且该货物已经离开波兰境内的事实⑥。

在远程销售至波兰境内的情况下，该销售在波兰境内并不需要缴税，除非它超出年度净限额 160 000 兹罗提（在本年度或上一年度），或者供应方选择将波兰视为目的地成员国并在波兰缴税⑦。

---

① Art. 26a(1) VATA.
② Art. 26a(2) VATA.
③ Art. 2(23) VATA.
④ Art. 2(24) VATA.
⑤ See Art. 23 VATA.
⑥ See Art. 23(14-15b) VATA.
⑦ See Art. 24 VATA.

远程销售特种消费产品均应在目的地成员国境内缴税。远程销售的条款并不适用于新交通工具、已完成安装的货物或者已完成装配的货物。

17.5 服务提供地

为了决定提供地点,服务被划分为提供给纳税人的服务(B2B 服务,即企业对企业的服务)和提供给非纳税人的服务(B2C 服务,即企业对消费者的服务),这里的纳税人是指:自然人、法人、从事营业活动的没有法人人格的实体,或者不从事营业活动但是已做或者应做增值税登记的法人[①]。

B2C 服务的提供地是客户营业机构所在地,或者客户的固定机构(如果服务是提供给固定机构)[②]。如果客户没有营业机构所在地或者固定机构,则该服务的应税地点是在客户拥有永久地址的所在地或者经常居住地。

B2C 服务的提供地是销售方营业机构所在地,或者销售方的固定机构(如果服务是由固定机构提供的)[③]。如果销售方没有营业机构所在地或者没有固定机构,服务提供地则是销售方拥有永久地址的所在地或者经常居住地。

与不动产相关的 B2B 服务提供地和 B2C 服务提供地是不动产坐落的地点[④]。与不动产相关的例子包括:由专家或者地产中介提供的服务;酒店或类似性质的设施所提供的住宿服务,包括假日度假村或者露营地;使用不动产的服务和用益物权不动产的服务;准备和协调建筑工程的服务,包括建筑师服务和现场监理服务。

旅客运输 B2B 服务和 B2C 服务在运输发生地课税,同时考虑所覆盖的路途距离[⑤]。

B2C 货物运输的服务提供地是运输发生地,同时考虑所覆盖的路途距离[⑥]。但是,欧盟内部货物运输(例如,运输开始和结束于两个不同的成员国)是在运输开始的成员国征税[⑦]。B2C 附属运输活动,诸如装货、卸货、经办和类似的活动是在服务实际提供地缴税[⑧]。

---

① Art. 28a VATA.
② Art. 28b VATA.
③ Art. 28c VATA.
④ Art. 28e VATA.
⑤ Art. 28f(1) VATA.
⑥ Art. 28f(2) VATA.
⑦ Art. 28f(3) VATA.
⑧ Art. 28h(1) VATA.

B2C货物运输服务遵循重要性原则①。但是,在两个案例中引进了使用和享用的例外情形。如果货物运输服务是提供给一个设立于第三国的纳税人并且该服务完全是在波兰境内发生,那么服务提供地则是在波兰境内②。如果货物运输服务是提供给一个设立在波兰境内的纳税人,并且服务完全是在欧盟境外发生,那么服务提供地则被视同位于欧盟境外③。

按照毛利方案(Margin Scheme)征税的旅游服务,其服务提供地是销售方的机构所在地、固定机构所在地、永久地址或者常住地点④。

宴席和餐馆的B2B服务和B2C服务是在服务实际履行的地点课税⑤。无论宴席和餐馆服务是实际履行于轮船上、飞机上或是火车上,只要旅客运输路程的部分是在欧盟境内履行,则该服务提供地是旅客运输的起始地⑥。

关于B2B和B2C短期雇佣交通工具的服务,其服务提供地是交通工具被提供给旅客实际租用和支配的地点⑦。短期雇佣交通工具是持续占有交通工具或者使用交通工具并且持续的时间不超过30天,如果涉及的是船只,则该时间不超过90天。B2C交通工具雇佣服务(非短期服务)的服务提供地是客户的机构所在地、永久地址或者经常居住地⑧。关于B2C雇佣游船服务(非短期雇佣),其服务提供地是游船提供给旅客实际租用和支配的地点,前提是销售方是从其位于上述地点的营业机构或固定机构实际提供该服务⑨。

B2B的文化、艺术、运动、科学、教育、娱乐或者类似活动的服务,诸如会展以及与入场门票相关的类似活动是在这些活动实际发生的地点征税⑩。所有B2C的文化、艺术、运动、科学、教育、娱乐和类似的服务,包括贸易会展,以及附属服务,含上述部门的服务组织者提供的服务,均是在活动实际发生地征税⑪。

为第三方提供代理的B2C中介服务的服务提供地,是在开展相关交易的

---

① See Art. 28b VATA.
② Art. 28f(1a).2 VATA.
③ Art. 28f(1a)(1) VATA.
④ Art. 28n VATA.
⑤ Art. 28i(1) VATA.
⑥ Art. 28i(2) VATA.
⑦ Art. 28j(1) VATA.
⑧ Art. 28j(3) VATA.
⑨ Art. 28j(4) VATA.
⑩ Art. 28g(1) VATA.
⑪ Art. 28g(2) VATA.

地点①。

B2C 的有形动产评估服务或者有形动产作业是在服务实际作业地征税②。

B2C 电信、广播和电子提供的服务是在客户的机构所在地、永久地址或者经常居住地课税③。

面向设立于第三国的非纳税人提供的一些杂项服务是在客户机构所在地课税[例如,广告服务;咨询、律师、工程师、会计师和其他类似的服务;数据加工、提供情报和翻译服务;提供职员服务;银行、金融和保险服务;出租有形动产服务,不包括所有的交通工具出租;销售或授予特许权和再特许权、转让或者授予版权、专利、工厂贴牌生产权(rights to factory stamps)、商标、允许使用共同商标或者联合保证商标或者其他相近的权利;确保燃气、电力、热气或者冷气输送系统准入的服务;在输送系统输送燃气、电力、热气或冷气]④。

18. 纳 税 时 间

纳税时间是一项交易造成税务后果并产生税务义务的时点。纳税时间显示交易和应缴税额应该在哪一个税务期间申报。

一般来说,纳税时间是商品和服务销售的时点⑤。换言之,在商品和服务销售之时发生税务义务,即在销售完成的时刻。不过,也存在一些特殊规则。

在部分服务被接受的情况下,如果该项服务的每一个组成部分的完成都规定有特定的酬劳,则一项服务被视为完成⑥。如果以后编制的会计报表或者所作付款是对应某些特定时期,则商品和服务销售被当作已经完成于这些会计报表或付款所对应的期间⑦。

在预先收款的情况下(即在商品和服务销售完成之前收到款项),则应在收取款项之时征收增值税⑧。预收款与欧盟内部商品销售、采购和交易不相关,根据《增值税法》第 19a(5).4 条款,这些交易的纳税义务产生于开具发票之时。

---

① Art. 28d VATA.
② Art. 28h(2) VATA.
③ Art. 28k VATA.
④ Art. 28l VATA.
⑤ Art. 19a(1) VATA.
⑥ Art. 19a(2) VATA.
⑦ Art. 19a(3).4 VATA.
⑧ Art. 19a(8) VATA.

根据《增值税法》第 19a(5).4 条款,以开具发票时间来决定纳税时点的交易包括：电力、热气、冷气和管道燃气的销售；电信服务；公共服务,即通过自来水工程提供自来水,污水排放和清洗,收集、处置和加工废弃物；净化和清洁服务；垃圾清扫和铲雪服务,以及其他卫生服务；租金、租用和租借或者类似性质的服务；人身保护和财产的保障、监督和保管服务；长期的法律和办公服务；电力、热气、冷气和管道燃气的输送服务。纳税义务产生于开具发票之时,但不迟于付款期限截止日。以下情形的纳税时间也是取决于开具发票时间,包括：建筑工程和提供给纳税人、法人和不具备法人人格的组织机构的建筑和安装服务,销售印刷的书籍(除了地图和活页)、报纸、杂志和期刊,以及相应的印刷服务[1]。如果纳税人没有开具发票或者推迟开票,纳税义务产生于第 106i(3),(4) 所规定的开票时限截止日,如果没有指定截止日,则纳税义务产生于付款时限的截止日。这些将纳税时间与开票时间相联系的特殊规则并不适用于那些向未设立机构的销售方采购并实行强制性逆向收税机制的服务[2]。

商品的国际贸易也存在特殊规则。

如果是在欧盟内部销售和采购货物,则开具发票之时应缴增值税,但是,不迟于上述销售发生所在月份的次月 15 日[3]。如果欧盟内部销售和采购货物是持续发生的,且持续时间超过 1 个月,那么销售和采购视同完成于每个月的月底,直到这些货物的销售不再继续发生[4]。

在进口货物的情况下,纳税义务发生的时间是对海关债务产生之时,即进口时间[5]。海关法规决定纳税人应在进口发生时申报税款。如果将货物置于海关监管加工的海关程序之下,则这些程序结束之时即是产生纳税义务之时[6]。如果将货物置于如下海关程序的监管之下：海关仓库、全免进口关税的临时清关、深加工、转运或者保税区,若对这些货物收取补偿费或者类似补偿费性质的收费,则纳税义务产生于收取这些费用之时[7]。

在收到下列的全部或部分款项之时,产生纳税义务：委托人根据佣金销售合

---

[1] Art. 19a(5).3 VATA.
[2] See Art. 44 and Art. 196 VAT Directive and Art. 28b and Art. 17(1).4 VATA.
[3] Art. 20(1),(5) VATA.
[4] Art. 20(1a),(5) VATA.
[5] Art. 19a(9) VATA.
[6] Art. 19a(10a) VATA.
[7] Art. 19a(11) VATA.

同支付给中介的货款;根据公共部门或者公共部门的代理机构的订单,转让货物的所有权并因此取得补偿款;根据执行程序销售货物,执行部门或者法庭执行官作为代扣代缴代理人;根据单独的条款,承接并提供一般管辖法院、行政法庭、军事法庭或者检察官办公室分包的服务,这些服务与法院审理程序或预备审理程序相关,但不包括那些向没有设立机构的销售方购买的并应强制实行逆向收税机制的服务;根据《增值税法》第43(1).37至第43(1).41条款免征增值税的服务销售(即保险和再保险服务、各种金融服务)①。在收到拨款或补贴之时即产生纳税义务②。

对于"小纳税人"(不要与"小企业"混淆),可以实行现收现付制的会计核算制度③。

"小纳税人"是指符合下列条件的纳税人:①在上一财政年度其销售额(含增值税)不超过1 200 000欧元;②在上一财政年度从事经纪业务、管理投资基金业务、担任中介或者作为提供类似性质服务的其他人员(二手商店除外)所取得的佣金或者其他酬劳(含增值税)不超过45 000欧元④。

这样的小纳税人可以采取增值税结算的方法,在此方法下,纳税义务产生于收讫全部或部分款项之日——如果商品或服务是提供给从事营业活动并办理了增值税登记的纳税人;在收讫全部或部分款项之日,不迟于第180天,从交割货物之日或履行服务之日起计算——如果商品或服务是提供给其他客户。如果小纳税人有意向实行"现金收付制"的会计核算制度,必须提前通知税务局长。小纳税人可以放弃现金收付制的核算制度,但必须在该制度的实施期间已满12个月之后才可以取消,并且要提前书面通知。

19. 应 税 金 额

应税金额涵盖所有的因为销售商品或服务而收到的或将要收到的客户或第三方所支付的款项,包括拨款、补贴或类似于补贴的款项,这些款项直接影响纳税人销售商品或提供服务的价格⑤。换言之,应税金额是销售商品或服务(减去增值税)所应收取的对价,因此也是双方同意的不含增值税价格。

---

① Art. 19a(5).1 VATA.
② Art. 19a(5).2 VATA.
③ See Art. 21 VATA.
④ Art. 2(25) VATA.
⑤ Art. 29a(1) VATA.

补贴款也被包含在应税金额之内,前提是它们直接与销售价格相挂钩。如果补贴款与某个特定的交易相关联,并且影响到该交易所收取的价格,则该补贴款包含在应税金额内。如果补贴款是一般的补贴款,即它的目的是改善企业的一般意义上的职能,则它不包含在应税金额之内。

应税金额还包括:税金、关税、收费和其他类似的应收金额(不含增值税);偶然发生的费用,包括由销售方向客户收取的佣金、包装费用、运输费用、保险费用[①]。

应税金额不包括:为了尽早付款而通过打折给予的减价;在销售之时已经考虑的给予客户的价格折扣和减价;有单据支持的客户给予的费用返回,这些费用的发生是为了客户,已代客户垫付,并且在纳税人为了纳税申报而保存的记录中临时得到纳税人的承认[②]。应税金额扣除下列项目:在销售之后发生的价格折扣和减价;退回的货物和包装物价值;在销售发生之前预收客户的款项,但由于销售没有实现,因此退还给客户的全部或部分款项;退还的拨款、补贴和类似的补贴款项[③]。更重要的是,根据《增值税法》第29a(13)条款,若要减少在主要发票上标明的应税金额(不仅仅是因为交易之后的价格折扣或者减价,也包括因为在主要发票上填写的销售价格和增值税金额偏高而出现的错误),应满足一个条件,即纳税人必须持有证明文件确认商品或服务的客户已经收到校正后的发票;纳税人应在客户收到已校正发票之时所对应的纳税申报截止日之前取得该确认函。如果是在纳税申报截止日之后才取得确认函,那么纳税人有权调整收到确认函之日所属纳税期间的应税金额。持有确认函的要求不适用于下列情形:出口货物和欧盟内部销售货物;在波兰境外的销售地点销售商品和服务;销售电力、热气、冷气、管道煤气、电信服务和"公共服务",例如,通过自来水工程销售自来水、排污和清理下水道;收集、处理和加工废弃物;净化和清洁服务,扫除垃圾和除雪服务,以及其他卫生服务[④]。在纳税人无法取得确认函的情况下,虽然有文档证明其设法将校正后的发票递交给客户,并且纳税人持有的文档显示客户知道交易已经按照校正后的发票所指定的条件执行,则应税金额可以减少。值得强调的是,波兰的法律条文与欧洲法院在波兰案例 C-588/10 Kraft Foods Polska 中使用的措辞略有不同。根据欧洲法院

---

① Art. 29a(6) VATA.
② Art. 29a(7) VATA.
③ Art. 29a(10) VATA.
④ Art. 29a(15) VATA.

为了获准减少在原来发票上显示的应税金额,纳税人必须取得商品或服务购买方确认收到校正后发票的证明,这一要求是实现欧盟理事会指令 2006/112/EC(…)第 90(1)条款所述目的的条件。增值税的中性原则和比例原则,在原则上并不排除这一要求。但是,当作为商品或服务销售方的纳税人不可能或者很难在合理的时限内取得确认收到校正后发票的证明时,他不能被拒绝通过其他方式向所涉成员国的国税局证明下列事项的机会:在该案例的情境下,他已经采取了所有必要的步骤来促成商品或服务的购买方取得校正后的发票,并且购买方知晓所涉交易实际上是按照修正后的发票上所列明的条件来履行的[1]。

在销售建筑物或者永久固定在土地上的固定安装物或者部件的情况下,土地的价值并不从应税金额中剥离出来[2]。这一规则不适用于出租永久用益物权的交易,在履行此类交易时会同时伴随着建筑物或固定安装物或者部件的销售。

在进口货物的情况下,应税金额是海关价值,包含应缴关税和特种消费税(如适用)[3]。如果以下费用尚未被包含在海关价值里,那么应该将这些偶然发生的费用计入海关价值里,包括:佣金成本费、包装费、运输费和保险费,这些是为了将货物运抵波兰境内第一个目的地所发生的费用项目,如果在进口之时已经知道还要将货物运输至欧盟境内的另一个目的地,那么还应包括为将货物运至欧盟境内另一目的地所发生的费用[4]。租税和其他应收金额也包含在进口应税金额内,如果海关有义务收取这些应收金额[5]。

在无偿销售应税产品的情况下,应税金额是购买货物或类似货物的价格,在没有购买价格的情况下,应税金额是销售上述产品之时所决定的成本价格[6]。对于属于一个企业的货物在欧盟成员国之间的移送所造成的视同欧盟内部产品的销售和购买,它也同样适用。在免费销售服务的情况下,应税金额是纳税人提供这些服务所发生的成本[7]。

波兰已经实施了《增值税指令》第 80 条款所规定的选择权,即对关联公司之间销售实行市场估价的可能性,并给予抵扣进项税额的权利,该权利是一种多元化的

---

[1] ECJ Judgment of 26 January 2012,caseC-588/10 *Kraft Foods Polska*,EU:C:2015:201.
[2] Art. 29a(8) VATA.
[3] Art. 30b(1) VATA.
[4] Art. 30b(4) VATA.
[5] Art. 30b(6) VATA.
[6] Art. 29a(2) VATA.
[7] Art. 29a(5) VATA.

权利。《增值税法》第32(1)规定:"当第二段所指的关系存在于客户和商品或服务的销售方之间时,并且该酬劳是:

(1) 低于市场价值,客户没有获得用进项税额抵扣销项税额的完全权利;

(2) 低于市场价值,销售方没有获得用进项税额抵扣销项税额的完全权利,并且商品或服务的销售享受增值税免税;

(3) 高于市场价值,销售方没有获得用进项税额抵扣销项税额的完全权利。

如果上述关系已经影响到销售商品或服务的酬劳,则税局应依据市场价值决定应税金额"。《增值税法》第32(2)条款规定:"当缔约方之间,执行管理、监管或控制职能的人员之间,有基于家庭或收养、资本、财产或雇佣而建立起来的关系,则存在第一段所指的关系。"家庭关系指的是婚姻或血亲或截至第二层级的关系。资本关系指的是在人员或缔约方中有一个人或缔约方持有的投票权至少占所有投票权的5%,或者有权直接或间接行使投票权。

"市场价值"被理解为在公平的市场竞争条件下,客户为在波兰境内于给定的时间和同样的分销阶段,取得给定的商品或服务而不得不支付给独立销售方的总金额;当不可能决定具有可比性的商品或服务销售时,市场价值意味着:①关于货物。金额不低于该货物或类似货物的购买价,或者在缺乏购买价的情况下,以销售之时所确定的成本价格为准;②关于服务。金额不低于纳税人为提供该服务所发生的全部成本①。

市场估价不适用于已经为其出具预约定价协议的交易。相反,增值税市场估价可以适用于企业所得税集团内部的交易②("tax capital group",译为"税收资本集团"③。)

20. 坏账减免

简而言之,在坏账减免安排下,纳税人可以用"坏账减免"来冲减应税金额和应

---

① Art. 2(27b) VATA.

② See NSA Judgment of 8 October 2013, case I FSK 1536/12; NSA Judgment of 8 March 2013, case I FSK 689/12.

③ "税收资本集团"等同于企业所得税集团,是指关联公司组成的集团,该集团在注册之时即作为一个单独的纳税人申报缴纳企业所得税。因此,这些关联公司构成一个单独的企业所得税纳税人。为了获得设立企业所得税集团的许可,这些关联公司必须满足严格的条件。但是,为了增值税的目的,构成税收资本集团的每一家关联公司均被视作单独的纳税人。

纳税额。减免的详细条件在《增值税法》第89a条和第89b条中有规定。

根据《增值税法》第89a(1)条款,如果已经确认了无法收回账款,纳税人可以调整在波兰境内的商品或服务销售的应税金额和应纳税额。如果自合同或发票所注明的付款截止日起150天之内还没有收回款项,并且催款通知也没有以任何方式得到受理,那么应收账款被确认为无法收回①。如在某个纳税期间确认了一项应收账款无法收回,那么可以在结算该纳税期间的税款时作出相应调整,前提是直到递交纳税申报表的时候也没有收到该款项,并且催款通知也没有以任何方式得到受理②。为了适用坏账减免,《增值税法》第89a(2)条款所列举的下列条件必须一并得到满足:

(1) 该销售交易的客户是从事营业活动的纳税人,并且登记为"积极"的增值税纳税人,而且该客户不涉及未审理完成的重组程序、破产程序或者停业程序;

(2) 在递交经调整过的纳税申报表之前,债权人和债务人均登记为"积极的增值税纳税人",并且没有针对债务人的未审理完成的重组程序、破产程序或者停业程序;

(3) 自开具发票之日起已经过了2年。

债权人在递交增值税纳税申报表时必须将调整事项通知税务局的局长,告知调整金额和债务人的身份③。

自2013年1月1日开始,债权人不再需要将其利用坏账减免的意图通知债务人,也不再需要花14天的时间来等待债务人的反应。截至2015年7月1日,坏账减免还适用于《增值税法》第32条涵盖的情形(即对关联方之间发生的交易进行市场评估,并取得一项多元化的抵扣进项税额的权利)。

如果以后收回了款项或者催收通知以任何方式得到了受理,则债权人必须增加应税金额和应缴税额④。

相应地,如果在波兰境内销售商品或服务所涉发票金额自发票或合同注明的付款截至日起150天内尚未得到支付,债务人必须减少他的进项税额抵扣⑤。在款项逾期已达150天的当月最后1天,针对债务人的重组程序、破产程序和停业程

---

① Art. 89a(1a) VATA.
② Art. 89a(3) VATA.
③ Art. 89a(5) VATA.
④ Art. 89a(4) VATA.
⑤ See Art. 89b(1) VATA.

序还未审理完成,则不要求作出税务调整①。

21. 税 率

在波兰,标准的增值税税率是23%②。此外还有两档的低税率:5%和8%。0税率(等同于免税且允许抵扣进项税额)适用于欧盟内部货物销售、货物出口和一些其他交易,主要是跨境运输或涉及国际运输。

5%的低税率适用于《增值税法》第10个附录列示的商品和服务,如农产品和未经加工的食物(即谷物、蔬菜、水果,动物产品诸如肉类、牛奶和鱼类);经过加工的基本食品(即面粉、意大利面、某些类型的面包、乳制品、肉类产品、鱼产品、食用油和脂肪、果汁、已经煮熟的肉类和鱼肉);印刷的书籍和以光盘、磁盘和其他载体形式出版的书籍;专业杂志③。

8%的低税率适用于《增值税法》第3个附录所列示的商品和服务,如选择性的医疗相关产品(即药品、医疗器械);兽医服务;印刷的报纸或者以其他载体形式出版的报纸(光盘、磁带或者其他形式);印刷的报纸和印刷的非专业杂志;选择性的电台和电视服务;选择性的文化、娱乐和休闲服务,主要是入场门票;客运服务(也含出租车客运服务);住宿相关服务;餐馆和招待服务;"公共事业服务"(即通过自来水工程供应自来水,下水管道及其清理,收集、处置和加工废弃物,清污和清洁,清扫和除雪,其他卫生服务)④。值得一提的是,欧洲法院声明,波兰对《增值税法》第3个附录列举的第82项、第92项和第103项列举的产品的销售实行低税率的做法已经违反了欧盟《增值税指令》第96条至第98条款以及第3个附录规定的义务⑤:

(1) 医疗器械、附属器械和其他并非为残疾人或者那些无意减轻或治疗残疾的个人使用的设备;

(2) 并非通常使用于保护健康、预防疾病的医药产品,也并非用于医疗和兽医的产品或者并非用于避孕和个人卫生的产品。

---

① Art. 89b(1b) VATA.
② Art. 41(1) VATA.
③ Art. 41(2a) and Annex 10 VATA.
④ See Art. 41(2) and Annex 3 VATA.
⑤ See ECJ Judgment of 4 June 2015, case C-678/13 *Commission v. Poland*, EU:C:2015:358.

而且,住宅楼宇及其组成部分的销售、修缮和维护也适用8%的低税率。根据《增值税法》第41(12)条款,8%税率适用于被归类为社会房屋项目建设的楼宇及其组成部分的销售、建筑、升级、现代化改造、供暖现代化改造或者重建。社会房屋项目的建议指的是住房建筑楼宇或者它们的组成部分(不包含商用物业),以及在《波兰建筑结构分类》第12节中被归类为非住房建筑物里的住宅物业,也包括在《波兰建筑结构分类》第ex 1264类所包含的物业——专指医疗机构提供住宿业务并同时附带医疗和护理服务的楼宇,特别是为老年人和残疾人提供的服务。社会住房项目涵盖的建设不包括:可使用楼层面积超过300平方米的单亲家庭住宅楼和可使用楼层面积超过150平方米的住宅。如果超出面积限额,低税率仅适用于部分的应税金额,该金额等于符合社会住房项目建设标准的可使用楼层面积在总使用楼层面积中所占的份额。

22. 增值税进项税额的抵扣

根据《增值税法》第86(1)条款,商品和服务在一定程度上被用于履行应税活动,从事营业活动的纳税人有权用进项税额来抵扣销项税额。因此,如果商品或服务被用于免税交易、非增值税课税范围的活动(例如,公共部门的活动),或者活动是由免征增值税的人进行的(例如,小规模企业),那么无权抵扣增值税进项税额。

根据《增值税法》第86(2)的定义,进项税额是:

(1)纳税人收到的发票上注明的增值税总额,该金额是关于:商品和服务的购买,在购买商品或履行服务之前的全部或部分付款;

(2)在进口商品的情况下,收到的海关单据或进口报关单上注明的增值税金额,在实行简易程序进口商品的情况下增值税销项税额;

(3)在特别方案下支付给农夫的单一税率增值税退税;

(4)逆向收税机制涵盖的商品和服务销售或者有关欧盟内部商品采购的销项税额。

在纳税人不从事营业活动但销售新交通工具的情况下,进项税额是销售金额的23%,不超过作为采购交通工具证明凭据的发票或海关单据上注明的增值税金额,或者不超过纳税人在欧盟内部购买交通工具所支付的增值税金额。

纳税人有权抵扣销项税额,如果进口或采购的商品和服务是关于:波兰境外的纳税人销售商品或服务,并且该销售金额可以抵扣,如果销售活动是在波兰境内进行,并且纳税人持有的单据显示了抵扣的税额与所述金额活动之间的关系①。纳税人也有权抵扣增值税进项税额,如果进口或者购买的商品和服务与一些免税的金融或保险服务相关,并且销售地点位于第三国(即非欧盟)或者上述活动直接与出口货物相关,前提是纳税人持有的单据能证明抵扣税款与上述活动之间的关系。

波兰立法机关实行按比例计算进项税额("部分抵扣"或者"按比例抵扣")。

截至2016年1月1日②,如果商品或服务均被使用于纳税人的营业活动和其他目的的活动(例如,为了公共部门的目的)中,那么进项税额根据"确定采购的商品和服务的使用范围是服务于营业目的之方法"计算③。在实践中,它意味着进项税额仅包括能够被配置于营业活动的那部分增值税。在决定该比例时,可能会特别用到下列数据:①仅从事与营业活动相关工作的年度平均人数在从事经济和非经济业务的年度平均总人数中所占比重;②从事营业活动的年度平均工作小时数在总的营业和非营业活动年度平均工作小时数中所占比重;③营业活动的年度流转额在纳税人年度流转额中所占比重,其中,纳税人年度流转额等于营业活动年度流转额 + 其他活动的年度流转额,而其他活动的年度流转额包括纳税人收取的用于为营业活动以外的活动筹集资金的拨款、补贴和其他类似收费;④用于经济活动的年度平均建筑面积在用于营业活动和非营业活动的年度平均总面积中所占比重④。在初始阶段,使用的是上一个税务年度的数据⑤。在税务年度结束时,必须依据本年税务年度的数据做调整⑥。而且,如果使用商品或服务的模式在经过一段时间之后发生了改变,应该对抵扣的进项税额作出调整⑦。

如果商品或服务既被用于纳税人的应税活动,也被用于免税活动⑧,那么纳税

---

① Art. 86(8).1 VATA.

② According to the NSA, earlier activities out of scope of VAT did not affect the scope of the right to deduct input tax on the acquisition of goods and services used simultaneously to perform taxable activities and activities out of scope of VAT (see NSA resolution of seven judges of 24 October 2011, case I FPS 9/10).

③ Art. 86(2a) VATA.

④ Art. 86(2b) VATA.

⑤ Art. 86(2c) VATA.

⑥ See Art. 90c VATA.

⑦ See Art. 90c(1) in conjunction with Art. 91(7)-(8) VATA.

⑧ To be precise, Art. 90(1),(2) VATA distinguishes "activities for which a taxable person is eligible for input tax deduction" and "activities for which a taxable person is not eligible for input tax deduction". The category of "activities for which a taxable person is eligible for input tax deduction" is slightly broader than the category of "taxable transactions", as it includes supplies of goods and services taxable in other countries, supplies of financial and insurance services taxable in third countries or related to export of goods.

人有权按比例抵扣被用于应税活动的那部分增值税①。该比例按照年度应税营业活动的销售额(即"使得纳税人有权抵扣进项税额的活动")占年度应税营业活动和免税活动的总销售额(即"使得纳税人有权抵扣进项税额的活动"和"使得纳税人无权抵扣进项税额的活动")的比重来决定②。在计算比例的时候,根据所得税法规,销售商品和服务的营业额被纳税人确认为对固定资产和无形资产计提折旧和进行摊销的依据以及对土地和土地的永久用益权进行摊销的依据,如果它们被确认为纳税人的固定资产③。一些附属的金融和保险服务并没有被纳入考虑范围④。在初始阶段,使用的是上一年度的数据⑤,在税务年度结束之后,有义务作出调整⑥。而且,如果消耗商品或服务的模式在经过一段时间之后发生了改变,则应对抵扣的进项税额作出调整⑦。

抵扣进项税额的权利是在可抵扣税款成为可征收的税款之时,即在纳税人采购或进口的商品和服务发生纳税义务时所属的税款缴纳期间内⑧。它也适用于预先付款。但是,允许扣除还有一个额外条件:纳税人必须持有发票或海关单据,所以实际上获得抵扣进项税额的权利需要同时满足两个条件:必须产生纳税义务,并且必须收到发票或者海关单据⑨。在欧盟内部购买的情况下以及在通过逆向收税模式采购商品或服务的情形下,当采购对应的销项税额成为可征收的款额并且在纳税申报表上显示时,则产生了抵扣进项税额的权利⑩。在欧盟内部购买的情况下,发票必须在3个月内收到,否则必须对已抵扣的进项税额作出调整(调减)⑪。在涉及"小企业纳税人"(即选择使用现金收付制的纳税人)的情况下,抵扣权利的产生不得早于纳税人为购买的商品和服务缴纳税款的纳税期间⑫。

如果纳税人没有在上述时间期限内抵扣进项税额,他可以在随后的两个纳税

---

① Art. 90(2) VATA.
② Art. 90(3) VATA.
③ Art. 90(5) VATA.
④ Art. 90(6) VATA.
⑤ Art. 90(4) VATA.
⑥ See Art. 91 VATA.
⑦ See Art. 91(7)-(8) VATA.
⑧ Art. 86(10) VATA.
⑨ Art. 86(10b).1 VATA.
⑩ Art. 86(10b).2-3 VATA.
⑪ Art. 86(10b).2 and Art. 86(10g-h) VATA.
⑫ Art. 86(10e) VATA.

期间中的一个进行进项税额抵扣。在这之后,通过调整抵扣权发生时所属期间的纳税申报表,则使得抵扣成为可能;但是,不得迟于5年,从产生抵扣销项税额权利当年的年初开始计算①。

抵扣进项税额的权利是增值税制度的主要要素,保持着增值税的中性。只有在例外的情况下该权利才可能受到限制。但是,在"静止条款"下②,由于欧盟成员国被授权维持它们的国内限制措施,这些限制措施从1979年1月1日开始生效或者从它们成为欧盟成员国之日起生效(例如,波兰是从2004年5月1日开始),因此欧盟成员国的限制内容可能存在显著差异。此外,也可能因为周期性的经济原因而引进限制措施③,并且是作为得到欧盟理事会授权的特别措施④。

在波兰,购买住宿和招待服务的进项税额是不可抵扣的,除了购买由经营客运服务的纳税人销售给旅客的熟食以外⑤。

而且,汽车的进项税("机动车")有非常广泛的法规⑥。"机动车"在道路交通法规下是指车毛重不超过3.5吨的车⑦。因此,机动车不仅包含客车、卡车和轻于3.5吨的特殊车辆,还包括摩托车和手扶拖拉机。拖拉机和轻便摩托车没有被包括在内。有关机动车的费用包括与下列项目相关的费用:

(1) 这些机动车的购买、进口或者制造,以及采购或进口其部件;

(2) 在租赁协议或其他类似协议下使用这些车辆,不含下面所指的车辆;

(3) 购买或进口用来为汽车提供动力的汽油、柴油和燃气,修理或维护车辆,以及其他与运营或者使用这些车辆相关的产品和服务⑧。

作为一个规则,纳税人有权抵扣与汽车相关的费用已缴增值税的50%⑨。如果汽车总重量超出3.5吨,基于它们的特征,作为一个规则,它们的用途被假设是混合的(即它们被使用于商业用途和私人用途),因此它们只能抵扣50%的增值税。但是,这个限制不适用于⑩:

---

① See Art. 86(11),(13),(13a) VATA.
② See Art. 176 VAT Directive.
③ Art. 177 VAT Directive.
④ Art. 395 VAT Directive.
⑤ Art. 88(1) VATA.
⑥ See Art. 86a VATA.
⑦ Art. 2(34) VATA.
⑧ Art. 86a(2) VATA.
⑨ Art. 86a(1) VATA.
⑩ Art. 86a(3) VATA.

(1) 当车辆仅被纳税人使用于商业用途,被设计和建造成至少运输10人的车厢,包括司机,如果根据道路交通法开具的单据显示了这一用途;

(2) 车辆上安装的产品以及与这些产品安装、修理和维护相关的服务,如果该产品的用途客观地显示了它们的用途只可能是用于纳税人的商业用途(例如,出租车的计程仪)。

车辆被认为是仅用于纳税人的商业用途,如果[①]:

(1) 纳税人对该车辆的使用,在纳税人所设计的使用规则中特别对其用途作了界定,并且有详细的车辆里程记录予以确认,排除了它的非商业用途;

(2) 该车辆的设计排除了它的非商业用途或者不涉及它的非商业用途。

第一类包括车辆设计既适合于商用又适合于私人用途的车辆。只有当它们的使用规则和里程记录排除了私人用途时,才允许100%的抵扣。第二类(即"在设计上排除了非商业用途或者不涉及非商业用途的车辆")包括[②]:

(1) 非客运机动车,车上有一面墙或一个永久性的隔离物将一排座位与货运车厢部分隔离开来:根据道路交通法规被归类为多用途车辆或厢式货车,或者有一个敞开的部分专门用于运货;

(2) 除客车以外的机动车,车上有一个带有一排座位的司机室,还有在结构上作为车辆单独元素的专门用于运货的车身;

(3) 特殊目的车辆,该车辆满足在其他法规中规定的条件并且专门用于以下用途:发电机或者焊接机,从事钻井工作,挖掘机、挖掘推土机,装填机,航空工作平台,卡车起重机。

如果根据道路交通法规出具的单据注明该车是特殊用途车。

纳税人必须提前通知税局该车辆仅用于商业目的,并且在其用途发生变更时提前通知税局。

作为一项规则,对于最大重量不超过3.5吨的车辆,其购买燃油所发生的增值税只能抵扣50%。只有最大重量超过3.5吨的车辆和其他仅用于商业用途的车辆才允许全额抵扣其购买燃油所发生的增值税。

未进行增值税登记的纳税人不享受进项税抵扣[③]。该限制似乎与欧盟法律相悖。欧洲法院已经声明:"有关增值税共同制度的2006年11月28日理事会指令

---

① Art. 86a(4) VATA.
② Art. 86a(9) VATA.
③ Art. 88(4) VATA.

2006/112/EC,必须被解释为依据该指令的条款杜绝符合实质性条件的增值税纳税人,以及在完成带有增值税抵扣权的交易之后,于合理的期限内认定自己是增值税纳税人的人被国内法律拒绝行使该权利的可能性,即该国内法律规定如果纳税人在营业活动中使用那些货物之前尚未被识别为增值税纳税人,那么不允许抵扣购买货物所发生的增值税。"①

如果欧盟内部购买货物是在波兰境内课税,课税所依据的增值税编码是由波兰出具的,并且购买的货物在完成其发送或运输时是位于另一个欧盟成员国境内,则无权抵扣进项税额②。

而且,下面的发票(和校正的发票以及副本发票)以及海关单据并未取得抵扣进项税额的权利③:

(1)由一个不存在的实体开具的发票;

(2)发票记录的是一个不征收增值税或免增值税的交易;

(3)发票或海关单据记录的是尚未履行的活动;

(4)发票或海关单据显示的金额与实际不符;

(5)发票或海关单据记录的活动适用《民法典》第58条和第83条(即有悖法律或者意图避开法律的活动,以及虚构的活动);

(6)由客户依据单独的法规出具的发票且发票未得到供应商接受;

(7)显示税款金额的发票与应税活动相关,而该应税活动的税额并未在一张发票上显示(即逆向收费的案例)。

在此背景下,值得一提的是,欧洲法院在进项税抵扣权方面颁布了广泛的案例法,所涉案例中的交易是由一个并非买方的实体实施的部分欺诈活动,买方不知情并且作了尽责调查也不能获悉这一欺诈。特别需要强调的是,在这方面也有必要参考波兰的案例法。

在2015年10月22日的C-277/14 PPUH Stehcemp案例判决中,欧洲法院声明国内法律应杜绝通过法律来使"纳税人不被允许抵扣交付给他的货物的应缴或已缴进项税额,该拒绝抵扣的理由是,根据国内法律规定的标准该发票是由一个不存在的贸易商开具的,也不可能确定该批货物实际销售方的身份,除非能证明,依

---

① ECJ Judgment of 21 October 2010 r., caseC-385/09 *Nidera Handelscompagnie*, EU:C:2010:627.

② Art. 88(6) VATA.

③ Art. 88(3a) VATA.

据客观的证据并基于不对纳税人要求不该由他负责的调查,该纳税人知晓,或者应该已经知晓该交易与增值税欺诈有关系"。根据欧洲法院的意见,供应商的公司注册地点位于一个楼宇,且该楼宇处于荒废的状态,无法进行任何经济活动,但这并不意味着不能在该注册地点以外的其他地方进行经济活动。与此类似,与销售方或者与商业登记中被登记为董事的人建立联系均无任何可能性,在行政诉讼中,并不能自动地得出结论认为在销售当日不存在经济活动。此外,纳税人的地位并不依赖于任何授权,不依赖于政府部门发放的允许开展经济活动的许可证(例如,销售汽油的特许),不依赖于该纳税人的增值税登记,也不依赖于递交增值税申报表或公布年度账目的义务遵从活动。在 2014 年 2 月 6 日案例 C-33/13 Jagiello 的判决中,法庭同意"关于提交给纳税人的货物,纳税人不可以被拒绝抵扣应缴或已缴增值税的权利,理由在于,鉴于此次销售的开票人所实施的欺诈或者不合规行为,此次销售被认为并未由销售方实际执行,除非能够证明,依据客观的依据并基于不对纳税人要求不该由他负责的调查,纳税人知晓,或者应该已经知晓该销售与增值税欺诈有关系"。

在波兰,使用虚假("空头")发票进行增值税欺诈,即由伪企业家开具的发票,并非真正销售方的实体开具的发票,或者未记录真实销售的发票,是一个很严重的问题。根据最高审计署 2015 年报告,税局发现的虚假发票的价值达到 800 亿兹罗提[①]。税局采取了加强打击虚假发票的措施,包括加强稽查和税务审理程序,这些措施通常伴随着冻结(推迟)长期的增值税退税(甚至超过 1 年或 2 年)。风险分析作为这些措施的基础,日益臻于完善,但是这些措施仍然经常打击到诚实的、善意的纳税人,他们正是增值税欺诈的受害人,国家预算也遭受了损失。但是,人们普遍认为,为了更成功地打击增值税欺诈,有必要采用新的法律和技术措施。

一个打击使用虚假发票的新举措包括《标准审计文件(SAF)》[②]。截至 2016 年 7 月 1 日,每月在 SAF 表格中提交税收相关数据予税局的义务(即有关增值税登记

---

① https://www.nik.gov.pl/aktualnosci/nik-o-przeciwdzialaniu-wyludzaniu-vat.html, accessed on15.09.2016.

② See the Act of 10 September 2015 amending the General Tax Act [Ustawa z 10 września 2015 r. o zmianie ustawy - Ordynacja podatkowa], Journal of Laws [Dz. U.] 2015, item1649, amended by the Act of 13 May 2016 amending the General Tax Act and selected other acts [Ustawa z dnia 13 maja 2016 r. o zmianie ustawy - Ordynacja podatkowa oraz niektórych innych ustaw], Journal of Laws [Dz. U.] 2016, item 846. See Art. 82(1b) GTA.

内容的数据)①应用于大企业,这里的大企业指的是 2004 年 7 月 2 日关于经济活动自由法案中所涵盖的大企业②。中小企业③应遵照截至 2017 年 1 月 1 日的法规,微型企业应遵照 2018 年 1 月 1 日的法规④,从 2017 年 1 月 1 日开始,数据还必须包括销售方或客户的增值税识别码。

人们还对中央发票数据库和分别付款方法的实行进行了讨论。

23. 增值税缴款、增值税退税、纳税申报表和概述

波兰的纳税期限是 1 个月,以及选择性的 1 个季度⑤。截至 2017 年 1 月 1 日,季度缴款的方式仅适用于在至少 12 个月内已经成为积极纳税人的小纳税人⑥。季度缴款不适用于在给定季度或者在之前的 4 个季度内销售《增值税法》第 13 个附录所列举"敏感商品"的纳税人⑦,除非上述销售的总净值在任何 1 个月内不超过 50 000 兹罗提。

如果在一个纳税期间内的销项税额超过进项税额,则税款必须缴纳给税局(金额是销项税额超出进项税额的部分)。缴款的截止日是应税月份或应税季度次月的 25 日⑧。递交纳税申报表的截止日也同样是这个截止日⑨。

如果在一个纳税期间进项税额超出销项税额,那么进项税额超出销项税的部分可以结转至下一纳税期间或者可以申报现金退税⑩。作为一项规则,退税应自

---

① This includes e. g. data entered into a VAT registry of output and input tax, data included in VAT invoices issued and received. As of 1 January 2017 the VAT registry will have to include data which enable the identification of individual transactions, including the VAT identification number of the supplier or customer.

② [Ustawa z dnia 2 lipca 2004 r. o swobodzie działalnoś ci gospodarczej], Journal of Laws [Dz. U.] 2015, item 584, as amended; hereinafter: FEAA.

③ Entrepreneurs with up to 250 employees and annual net turnover up to EUR 43 million.

④ Entrepreneurs with up to 10 employees and annual net turnover up to EUR 2 million.

⑤ See Arts. 99 and 103 VATA.

⑥ A "small taxable person" is a taxable person, a) whose sales (including VAT) in the previous fiscal year did not exceed the amount of EUR 1. 2 million; b) whose commission or other consideration (including VAT) from brokerage, managing investment funds, being an agent or another person supplying services of a similar character (except for a second-hand shop) in the previous fiscal year did not exceed the amount of EUR 45 000 (Art. 2(25) VATA).

⑦ The "sensitive goods" include: selected steel products; fuels; digital photo cameras and cameras; emulsions for photographic uses; ink cartridges, HDD disks, SSD disks, plastic stretch film; rapeseed oil.

⑧ Art. 103(1),(2) VATA.

⑨ Art. 99(1),(2),(3) VATA.

⑩ Art. 87(1) VATA.

纳税申报之日起 60 日内完成①。如果纳税人提出申请并且他的所有发票已经通过银行转账全额支付(发票合计金额少于 1.5 万兹罗提的情形是一个例外,可以用现金支付),所有的进口单据已经全额付款,从上一纳税年度结转下来的进项税额结余不超过 3 000 兹罗提,并且退税申请人已经至少有 2 年时间是积极的纳税人,则纳税人的退税期间可以缩短至 25 天②。

如果纳税人在纳税期间内未申报任何应税销售额,并且提交了额外的退税申请,那么可以在 180 天内收到退税款③。如果纳税人向税局提交了担保,那么退税期间可以缩短至 60 天。如果纳税人没有发生任何国内销售额,他所申报的商品或服务销售的销售地点是在波兰以外,并且这个纳税人提交了额外的申请书以证明现金退税的正当性,则应在 60 天内实行退税④。

更重要的是,税局可以延长现金退税直到他们对纳税人是否正确缴纳税款进行了核实⑤。核实不仅仅涉及申请退税的纳税人的税款缴纳正确性,还包含纳税人税款缴纳中所涉商品或服务贸易相关实体的税款缴纳正确性,以及对实际交易过程的核实。正如之前提到的,出于打击增值税欺诈的需要,这类退税期限延长的情况经常发生,尤其是对于那些从事零税率欧盟内部商品销售从而很自然地产生进项税额相对于销项税额有结余的纳税人。在核实的程序中,纳税人可以存放一笔财务担保金(比如,银行担保或保险担保,由国内银行开具并确认承付的支票)给税局(金额等于所申请退税的税额),并请求在基本的 60 天期限内完成退税⑥。

关于欧盟内部销售和购买货物的概况,以及由客户所在的成员国课税并实行强制性逆向收税机制的欧盟内部 B2B 服务销售情况概要⑦,均是按月实行电子申报,截至次月 25 日⑧。

应实行逆向收税机制的商品和服务销售方必须递交国内概况说明⑨。所有的国内概况说明必须按月实行电子申报(截至次月 25 日)。

一般来说,所有的增值税申报表(仅有若干例外情况)、欧盟内部和国内概况说

---

① Art. 87(2) VATA.
② Art. 87(6) VATA.
③ Art. 87(5a) VATA.
④ Art. 87(5) VATA.
⑤ Art. 87(2) VATA.
⑥ See Art. 87(2a) VATA.
⑦ See Art. 28b VATA and Arts. 44 and 196 VAT Directive.
⑧ See Art. 100 VATA.
⑨ Art. 101a VATA.

明必须通过电子通信的方式递交申报。

截至2017年1月1日,"额外增值税义务"制度已经被引进,适用于纳税申报表所申报的增值税负债偏低,以及结转至下一纳税期间的进项税额相对于销项税的结余偏高的情形,还适用于纳税人不递交纳税申报表或者不缴纳应缴税款的情形。然后,税局将决定正确的税额,并对过高申报或过低申报的金额相应课以30%的额外应缴税款①。如果过高申报进项税额的原因是依据一个并不存在的机构出具的发票,或者是由于发票所记录的交易并未实际发生,或者是由于发票所含金额与实际不符,或者发票所记录的是适用《民法典》第58条和第83条的活动(即无效的活动——有悖于法律或者意图回避法律的约束,以及虚构的活动),那么额外的增值税负债应等于高估的进项税额的100%②。

24. 增值税跨境退税

未在波兰设立机构和未在波兰进行增值税登记并且在退税期间没有在波兰发生应税商品或服务销售(不含逆向收税的销售,不含某些免税运输服务,不含电信和广播服务,不含纳税人在MOSS之内核算的电子服务)的纳税人,但在波兰产生了增值税且该增值税是与纳税人在其机构所在国的应税业务相关,则有权收到他们在波兰所缴纳增值税的退税款③。有权享受退税的非居民纳税人是在波兰以外开展营业活动的纳税人,并且该营业活动若是在波兰开展也是需要缴纳增值税的。这类退税的详细规则由财政部通过颁布法规来设定④。国内对进项税额抵扣也实行了相应的限制(例如,对住宿和招待服务不予抵扣进项税额,车辆的增值税只能部分抵扣)。

设立在其他欧盟成员国的纳税人通过向其所在国的税局以电子表格的形式申请退税,然后其所在国税局经过预先检查之后将申请转发给波兰税务局。来自第三国的纳税人以波兰语书面申请,并且应附上证明购买的原始单据(即发票和进口单据),以及由其机构所在国的主管税局出具的应税地位证明(如增值税或类似的

---

① See Art. 112b VATA.
② See Art. 112c VATA.
③ See Art. 109 VATA.
④ See the regulation of the Minister of Finance of 9 December 2014 on VAT refund for some entities [rozporządzenie Ministra Finansów z dnia 9 grudnia 2014 r. w sprawie zwrotu podatku od towarów i usług niektórym podmiotom], Journal of Laws [Dz. U.] 2014, item 1860, as amended.

税收)。非欧盟的申请者必须描述购买的货物或服务被用于从事什么活动。该互惠原则也适用于申请者的机构设立于欧盟以外地区的情形。非欧盟的申请提交给华沙-斯洛德米斯切(Srodmiescie)第二税局局长。

申请必须在退税期间之后的每个公历年度的 9 月 30 日之前递交,申请所涵盖的期间不得少于 3 个月(除非该退税期间是一个公历年份剩余的时间)或者超过 12 个月。如果退税申请涵盖一整年期间或者在一个公历年度的剩余时间少于 3 个月,则申请的最少的退税金额是 50 欧元,如果申请期间超过 3 个月但少于 12 个月,则申请的最少退税金额是 400 欧元。

如果不要求提供进一步的额外资料,批准或拒绝申请的截止时间是 4 个月。如果需要额外的资料,从收到资料之日起需要增加 2 个月的受理时间。在任何情况下,税局应在收到申请之日起 8 个月内将决定通知申请人。

从收到决定通知之日起 14 日内可以将该拒绝退税的决定向华沙的税务法院主管提出申诉。

在波兰设立的纳税人可以利用电子方式通过其主管税局的局长为其在其他欧盟成员国缴纳的增值税申请退税。

25．联合缴纳和各自缴纳增值税的义务

25.1 "敏感商品"的购买者

从事营业活动并购买了"敏感商品"的纳税人,应共同和各自为销售产生的但是销售方并没有缴纳给税局的销项税额负责[①]。"敏感商品"是《增值税法》第 13 个附录所列举的商品,包括:入选的钢产品;燃油;数码相机和光学相机;摄影使用的感光乳剂;墨盒;塑料拉伸膜;HDD 和 SSD 磁盘;菜籽油。截至 2017 年 1 月 1 日,特定形式的金、银、铂金,用银、金或铂金包裹的金属,未完工或不完整的珠宝产品和可区分的金银珠宝配件或者镀有贵金属的可区分珠宝配件,已经被从《增值税法》第 13 个附录转移至第 11 个附录,即它们已经实行逆向收税机制而不是实行共同或各自缴税。

该义务只应用于满足以下条件的情形:从一个实体购买的"敏感商品"净值已

---

① Art. 105a(1) VATA.

经在给定月份超出50 000兹罗提;在购买"敏感商品"之时,纳税人知悉或者有正当的理由令纳税人假设销项税额的全部金额或者部分金额并没有缴纳给税局。并且,纳税人将被视为有正当理由推测销项税额将不会被缴纳给税局,如果伴随着销售的情境或者使销售得以完成的条件与在这类商品贸易中通常采用的条件存在差异,尤其是,如果销售给纳税人的商品价格在不存在任何经济理由的情况下低于它们的市场价值①。如果纳税人证明这些情境或者条件并不是导致未能缴税的原因,则该义务不适用②。如果纳税人并未参与不恰当的税款结算以获取财务利益,则该义务也不适用③。如果在销售日该销售方出现在财政部发布的已缴保证金实体名单上,则不发生该义务,保证金是一定数量的金额,取决于所销售"敏感商品"的种类以及这些商品的每月销售额④。截至2017年1月1日,为了不产生该义务,销售方销售燃油需要获得执照。在涉及燃油的情况下,如满足如下情形则不会发生该义务:它们是由购买该燃油的纳税人在加油站或者液体石油燃气站购买的,购买数量等于车辆的标准油箱的容量,用途是为了给车辆加油;煤气的供应是由纳税人通过自有的输送或配送网络完成的。

25.2 代理申报"积极"纳税人的增值税登记表

根据新实施的《增值税法》第96(4b)条款,如果代理人申报纳税人的增值税登记表,并且该纳税人随后被登记为"积极"增值税纳税人(即不豁免增值税的纳税人),则该代理人共同地和单独地为该纳税人自登记以来6个月内从事业务发生的税款欠缴负责。该代理人的义务被限制在500 000兹罗提以内。如果税收欠缴并非因为纳税人为了追求财务收益而参与不适当的税款结算而造成的,则该义务并不适用于代理人⑤。

26. 登 记

当纳税人的应税活动开始、变更或结束时,纳税人必须将情况向税局说明。

在波兰,纳税人在进行第一次应税活动之前,必须进行增值税登记(增值税登

---

① Art. 105a(2) VATA.
② Art. 105a(4) VATA.
③ Art. 105a(3).2 VATA.
④ See Art. 105a(3).3 and Arts. 105b and 105c VATA.
⑤ Art. 96(4c) VATA.

记为一个"积极的纳税人")①。必须注意,如果小企业适用免税待遇或者纳税人的所有销售都适用免税待遇,则这些纳税人没有登记的义务②。在此情形下,登记是可选择的(增值税登记为"免税纳税人")。如果纳税人仅进口货物且随后该货物以欧盟内部销售的方式被进一步销售给其他欧盟成员国,并且该纳税人已经指定了一名增值税代表,由该代表以该纳税人的名义并代表纳税人的利益代为行使纳税人的义务③。

如果纳税人已经终止从事纳税人活动,他必须将该事实告知税局局长,随后税局局长将会注销该纳税人④。

根据有关人士的申请,税局局长确认一个纳税人是否已经登记为增值税纳税人或者增值税免税纳税人⑤。有关人士可以是一个纳税人或者是一个因为存在法律利益关系而需要提交该申请的第三方。

如发现以下情形,则税局拒绝办理登记或者注销纳税人的登记:注册表内包含的数据是不真实的;纳税人不存在;尽管采取了一些努力措施并且有单据作证明材料,但也没有可能联系上纳税人或者他的代理人;纳税人或其代理人不遵从税局的约见⑥。在纳税人递交"零"增值税申报表的情况下(即没有销项税额和可抵扣进项税额的增值税申报表)或者连续6个月没有递交增值税纳税申报表或者连续2个季度没有递交纳税申报表,则税局局长注销其增值税登记。暂停经济活动超过6个月也会引发注销。有趣的是,如果发生以下情形,那么纳税人也会被注销:纳税人开具发票且该发票记录的是从未发生过的业务(即虚假发票或空头发票);当纳税人从事经济活动时,纳税人知道或者有正当的理由可以推测到他的供应商或客户,在同类货物或服务的销售中,为了财务收益,直接地或间接地参与了不适当的税务结算⑦。如果空白发票的开具是因为失误或者缺乏纳税人的知识,则不适用注销。

如果纳税人计划从事强制逆向收税机制所涵盖的欧盟内部货物销售或采购、欧盟内部B2B服务销售或采购⑧,那么在登记申请(增值税欧盟登记)中有义务通

---

① Art. 96(1) VATA.
② Art. 96(3) VATA.
③ See Art. 96(3a) and Art. 18d(2) VATA.
④ Art. 96(6) VATA.
⑤ Art. 96(13) VATA.
⑥ See Art. 96(4a),(9) VATA.
⑦ Art. 96(9a) VATA.
⑧ See Arts. 44 and 196 VAT Directive.

知税局局长①。它可以在登记的同时将此情况通知税局局长,也可以在这之后通知税局局长。登记的义务也同样适用于并非增值税纳税人但从事欧盟内部采购商品业务且应税商品的价值超过每年 50 000 兹罗提限额的法人。当已经办理欧盟增值税登记的纳税人连续 3 个月或 1 个季度递交"零"增值税纳税申报表,或者连续 3 个月没有递交概况说明,则税局局长注销其欧盟增值税登记。对纳税人登记的注销也会导致欧盟增值税注销。

财政部委派的税局局长或者组织机构负责人,根据有关人士的请求,确认一个给定的机构已经被识别为在其他成员国从事欧盟内部交易,或者通知有关人士不作出上述确认②。有关人士可以是从上述确认中获得法律利益的纳税人或者是不具有增值税纳税人身份的法人。

而且,新登记纳税人的代理人共同地和单独地为纳税人在从业之后的头 6 个月内的税收欠缴负责,但最高不超过 500 000 兹罗提。

27. 文 档 化

交易用增值税发票和现金登记簿来记录。

增值税发票由纳税人开具,以记录向其他纳税人和非增值税纳税人的法人销售的商品(包括欧盟内部销售和出口商品)和服务③。如果销售给不从事经济活动的自然人,那么根据买方的请求开具增值税发票。欧盟内部商品销售和远程销售的记录依据的是增值税发票,无论客户的身份如何。在免税销售的情况下,发票不是必须开具的,但免税的纳税人也有权开具增值税发票。

如果根据请求开具发票,则必须自销售商品或服务的当月月底起 3 个月内或自预付账款之日起 3 个月内提出请求。

波兰开票规则适用于其销售地点位于波兰境内的商品和服务销售,但不适用于未设立机构的销售方所进行的销售以及逆向收税机制所涵盖的销售④。这些规则也适用于由波兰纳税人进行的商品和服务销售,如果该销售地是位于其他成员国,但该交易是逆向收税机制所涵盖的,或者该销售地位于第三国境内。

---

① Art. 97(1)-(3) VATA.
② Art. 97(17) VATA.
③ Art. 106b VATA.
④ See Art. 106a VATA.

纳税人也可以开具增值税发票以记录在销售发生之前就已经收到的全部或部分款项，但不包括欧盟内部销售商品所收到的预付款，也不包括根据《增值税法》第19a(5).4条款产生税收义务的业务预收款（即销售电力、热能或冷气以及管道煤气；电信服务；"公用事业服务"；租佃、租赁、租用或者类似性质的服务；人身保护以及与财产相关的保安、监督和储存服务；常年法律和办公服务，电力配送服务，热能或冷气以及管道煤气服务）。

应包含在增值税发票中的数据已经在《增值税法》第106e条款中列明。增值税发票的金额应该在任何时候都用兹罗提来表示，不过其他要素可以用其他币种来表示。

电子发票等于纸质发票。一张"电子发票"意味着以任何电子形式开具和接收的电子表格①。

发票的开具应不迟于商品或服务销售当月的次月第15日或者收到预付款当月的次月第15日②。作为一个规则，发票开具是为了记录已经生效的交易，但发票也可以在销售发生之前开具，不得早于销售生效之前的30天或者不得早于收到款项之前的30天。这个30天的限制并不适用于《增值税法》第19a(5)4.所涵盖的销售，也不适用于定期结算货款的销售，如果该发票包含有结算期限相关信息。

当根据请求开具发票时，截止日是销售商品或服务当月的次月15日或者是收到款项当月的次月15日，如果该开票请求是直到销售当月的月末或销售商收到款项当月的月末才提出的。否则，发票应该在提出请求之日起15日内开具。

关于建造、安装和翻新服务，发票应从完成服务之日起在30日内开具。关于书籍、期刊和杂志的销售，发票应在发行刊物之日起60日内开具，如果是这些刊物的印刷服务，发票应在完成印刷服务之日起在90日内开具。如果存在未售出存货的退货协议，那么截止日从这些商品发行之日起延长至120日。

矫正发票的规则出现在《增值税法》第106j条款和第106k条款。纳税人可以出具发票副本来替代毁损或遗失的发票。

当法人、没有法人人格的组织机构或者自然人开具一张发票，该发票显示了增值税金额，或者显示的增值税金额高于实际应缴的销项税额，则他必须按发票上的金额缴纳③。这一项特别的负债与高估销项税的发票相关，也与记录非应税活动

---

① Art. 2(32) VATA.
② Art. 106i VATA.
③ See Art. 108(1)-(2) VATA.

或免税活动的发票相关,尤其是涉及未记录任何实际销售的"虚构"发票或"空头"发票。

现金登记簿用于记录针对不从事经济活动的自然人以及实行单一税率的农夫的销售①。当没有可能用现金登记簿(或现金登记簿的备份)来记录流转额以及销项税额时,该纳税人不可以进行该笔销售。作为一项反欺诈措施,财政部正在计划截至2018年1月1日引进一个可传递电子收据给客户的现金登记簿制度,除此以外还有传统的打印收据,同时将交易数据传输给财政部的中央数据库②。这项新的现金登记簿也可以与信用卡付款终端同时使用。

28. 增值税记录

除了仅从事增值税免税业务的纳税人或者享受增值税免税待遇的小企业以外,纳税人有义务保存记录,包括为了正确填报增值税申报表和正确撰写概况说明所必需的所有数据。这包括,比如说,为了决定课税目标和应税金额所必要的细节、销项税额、矫正的销项税额、用于抵扣销项税额的进项税额、矫正的进项税额、不能抵扣的进项税额、可抵扣进项税额的比例、应缴纳给税局的增值税额或者税局已退税款③。用于识别单一交易的数据也必须保存,尤其是保存交易各方的增值税识别码。有时必须增加额外的记录(比如,在提供波兰境外的应税服务时)。如果发现纳税人没有保存记录或者保存的记录并没有尽到合理的谨慎义务,以及销售价值不可能依据该文档确定时,那么税局局长或者税务稽查局局长通过估计应税销售的价值和该销售的销项税额来确定。如果无法确定销售客体,则应用基础税率23%来决定税款数额。

免缴增值税的小企业纳税人有义务将每日的销售金额输入一个简化的登记表。这个义务必须在次日开始销售商品或提供服务之前就履行完毕,纳税人还应保存这份简化的登记表④。

---

① See Art. 111 VATA.
② See a draft of 17 August 2016 of the regulation of the Minister of Development on the criteria and technical requirements for cash registers [Projekt z dnia 17 sierpnia 2016 r. rozporządzenia Ministra Rozwoju w sprawie kryteriów i warunków technicznych, którym muszą odpowiadać kasy rejestrujące], legislacja. rcl. gov. pl/projekt/12288904, accessed on 15.09.2016.
③ Art. 109(3) VATA.
④ Art. 109(1) VATA.

纳税人必须保管增值税记录和所有单据，尤其是与税款结算相关的发票，直至负有税收义务的受限制期限失效为止[1]。

所有纳税人，除了微型企业，均有义务在每个月将他们的销项税和进项税的增值税记录传输给税局——将标准化的文件格式（统一的审计文件，VAT-JPK）通过电子形式传输给税局。截至2018年1月1日，这一义务将应用于微型企业。

---

[1] Art. 112 VATA.

毛戈雅塔·显克博士(Dr. Małgorzata Sęk)

第六章

特种消费税

1. 总　　论

特种消费税(也称为消费税,英文为"excise duty")的法律依据是 2008 年 12 月 6 日《特种消费税法》①。消费税法(法规)规定了许多特别事项,包括:列举消费税的应税商品、经营保税(消费税)仓库的条件、消费税的免税、消费税应税商品的记录、允许的消费税应税商品的最高损失以及消费税应税商品的消费。

消费税收入是属于国家预算的收入,由海关和海关总署征收管理,海关和海关总署的负责人是主管消费税征收的行政长官②。

2. 应税商品和活动

消费税的课税对象是特种产品和汽车③。特种产品(根据欧盟法课征)包括:

---

① Ustawa z dnia 6 grudnia 2008 r. o podatku akcyzowym, Journal of Laws [Dz. U.] 2014, item 752, as amended; hereinafter: Excise Tax Act or ETA. In this chapter the following translation of the Act was extensively used: Centrum Tłumaczeń PWN. PL, updated as of 2015 by Centrum Tłumaczeń i Obsługi Konferencji LIDEX, Lex Omega, an online legal database by Wolters Kluwer.
② Art. 14(1) ETA.
③ Art. 1(1) ETA.

能源产品、电力、酒精饮料、烟草产品和晒干的烟草①。这些产品的详细清单包括在《特种消费税法》的附件1中。有关应缴消费税的汽车,它们包括汽车交通工具和CN编码8703涵盖的用于载人的其他机动车,而不是CN编码8702所涵盖的其他旅行车和赛车,也不包括摩托车和其他不需要依据道路交通法规进行登记的车辆②。

  应税活动包括③:①特种消费品的生产;②特种产品进入保税仓库;③进口特种产品,不包括在延期缴纳关税的安排下随后由登记的发货人(而非上述货物的进口商)从进口所在地发运的特种产品;④欧盟内部取得特种产品,不包括欧盟内部采购但发往保税仓库的产品;⑤从保税仓库出货,但并非在延期缴纳关税的安排之下,且该批出货商品并非由经营保税仓库的实体所有,并且该批商品也并非消费税的免税商品(依据其使用目的享受免税,免税的受益者是商品所有者);在延期缴纳关税的安排下将进口的特种产品从登记的发货人(而非这些货物的进口商)的进口地发运出去。

  更重要的是,如果从事上述活动之一并因此产生了缴纳特种消费税的义务,则随后从事其他特种消费税的应税活动将不会再有缴税的义务(条件是该特种消费税的金额是陈述或申报的金额并且已经完成了税款暂停缴纳的安排,除非《特种消费税法》另有规定)④。换言之,在发生第一次应税活动之后,特种消费税的相关法定纳税义务只发生一次⑤。但是,如果该活动对应的特种消费税尚未申报或者没有缴足税款,则随后发生的应税活动将发生特种消费税的应税义务直至税款足额缴纳。

  下列情形也需要缴纳消费税⑥:①使用特种消费税的免税商品,该免税待遇是因为免税商品的使用目的而给予的,或者使用因其使用目的而应按照一个特定税率缴纳特种消费税的商品,如果该使用与给予消费税免税的使用目的不兼容,或者与该商品应适用的税率不一致;②因其使用目的而享受免税的特种产品的交货方式不符合消费税免税的条件;③将特种产品的销售发生在延期缴税安排规定的地点以外,并且该产品的销售方式不符合所述税率所应满足的条件,则该销售应依据

---

① Art. 2(1).1 ETA.
② Art. 100(4) ETA.
③ Art. 8(1) ETA.
④ Art. 8(6) ETA.
⑤ 译者注:即类似于中国的消费税,只在一个课税环节征收消费税,不征收第二道消费税。
⑥ Art. 8(2) ETA.

其使用目的而按照对应的税率缴纳特种消费税;④特种产品的取得和加工发生在延期缴税安排规定的地点之外,如果该产品尚未缴纳应缴的特种消费税,并且采取的税收监控、监控程序或财政程序也不能证明该特种消费税已经完税。以下产品也需要缴纳特种消费税:特种产品的损失或者完全毁损①、使用享受延期缴税安排的特种产品、使用在保税仓库生产的半成品(即该产品将被用于生产第二种产品)或者由一个消费实体使用指定的酒精饮料(例如,变性乙基酒精、用来生产醋的酒精饮料、药用产品、精油、芳香类混合物、指定的食品品种)②。最后,销售或供货销售香烟或烟草,并且零售价款超出最高的零售价格,则需要缴纳特种消费税,包括香烟或烟草与其他商品或服务的捆绑销售,或者通过赠送其他商品或服务的形式给予消费者无偿奖励,有暂缓缴纳消费税的安排除外,在香烟和烟草贴有消费税和消费税票(approval duty stamps)标签的情况下也需要缴纳特种消费税,如果价款超出最高零售价格和1.30兹罗提之和,则构成消费税票的应税金额③。

《特种消费税法》也包含详细的条款来界定哪些应税活动与既定的消费税应税货物范围相关:电力(第9条),煤炭产品(第9a),干烟草(第9b条)以及燃气产品(第9c条)。例如,有关电力,下列情形应缴纳消费税:①最终消费者在欧盟内部购买电力;②在一个国家内部销售电力给最终的消费者,包含未获得电力生产、传输、分销或者交易许可的实体所生产的电力;③获得电力生产、传输、分销或交易许可的实体所消费的电力;④未获得电力生产、传输、分销或者交易许可的实体消费所生产出来的电力;⑤最终消费者进口电力;⑥最终消费者消费电力,如果所消费的电力未有缴足应缴消费税并且不可能确定是哪一个实体将电力销售给最终的消费者④。电力消费不包含电力传输、分销过程中发生的电力损耗,非法传输、分销和接收电力的过程中损耗的电力除外⑤。如果从事上述活动之一,则发生电力相关的消费税应税义务,不过,再从事上述活动的其他项目时不再产生消费税应税义务,前提是已经足额填写或申报应税金额,除非《特种消费税法》另有规定⑥。

当课税对象是汽车时,下列情形应缴纳消费税⑦:①进口汽车并且该汽车在这

---

① Art. 8(3) ETA.
② Art. 8(4) ETA.
③ Art. 8(5) ETA.
④ Art. 9(1) ETA.
⑤ Art. 9(2) ETA.
⑥ Art. 9(3) ETA.
⑦ Art. 100(1) ETA.

之前并没有根据道路交通法规在一个国家的境内办理过汽车登记手续；②在欧盟境内取得汽车，并且该汽车并没有根据道路交通法规在一个国家的境内办理过汽车登记手续；③第一次在一个国家的境内销售汽车，并且该汽车之前并没有根据道路交通法规办理过登记手续，并且满足两个条件，即汽车是在该国境内生产，第一段和第二段所提及应税活动的消费税并未缴纳。

如果一部汽车在销售之后根据上述第三段在一国境内办理汽车登记手续，但并未缴纳或未足额缴纳消费税，并且因为税收控制、控制或者财政程序的原因无法确定该消费税是否已经缴纳，那么该汽车再次在另外一个国家境内销售时需要缴纳消费税。有关汽车的应税义务在纳税人从事应税活动时相应产生，如果该消费税应税金额已经足额确定或申报，那么再次从事其他应税活动时不需再次缴纳消费税。

"汽车销售"包括：①1964年4月23日《民法典》条款所定义的销售；②1964年4月23日《民法典》条款所定义的换车；③用应收账款来抵债；④非现金形式的抵债；⑤1964年4月23日《民法典》条款所定义的赠与；⑥以履行约定活动的形式抵债；⑦为了代言或者广告的目的而转让汽车或者使用汽车；⑧为了消费税纳税人本人或其合伙人、股东、合作伙伴及其家庭成员、政府法人机构的成员、协会会员，以及纳税人的雇员或前雇员的个人目的而转让汽车；⑨为了从事经济活动的目的而使用汽车。

3. 纳 税 人

消费税的纳税人是从事应税活动的自然人、法人和不具有法人人格的组织单位[①]，也包括下列人（或实体）：①在暂缓缴税安排之外取得或占有消费税应税货物的人（或实体），如果上述货物的应缴消费税没有足额缴纳，以及实施的税收控制、控制或者财政程序未能证明消费税已经缴纳；②电力的最终消费者，如果电力的消费税未足额缴纳，并且无法确定是哪一个实体将电力销售给最终消费者；③干烟草的消费者或者所有者，以及非授权的仓库管理员、烟草贸易中间商或者生产干烟草的农场主，如果上述商品的消费税未足额缴纳且无法确定哪一个实体是干烟草的销售方；④消费税的应税商品在此人（或实体）所在地发生部分或全部毁损，也包括

---

① Art. 13(1) ETA.

当此人(或实体)并非上述货物所有者的情形;⑤税务代理人;⑥登记的收货人,但不包括取得授权作为注册收货人一次性取得消费税应税货物的实体——为其他实体从欧盟内部取得消费税应税商品;⑦登记的发货人,如果消费税的应税商品是在暂缓缴纳消费税的安排之下从进口地发送货物;⑧使用或销售通过违法犯罪的方式取得的煤炭产品;⑨消费干烟草的烟草交易中间商;⑩为了生产烟草产品以外的目的消费干烟草的经过授权的仓库管理员;⑪使用煤炭产品的煤炭交易中间商;⑫最终的煤炭和燃气消费者,如果在使用上述产品或燃气时发生下列情形:a) 为了取暖目的而以免税方式取得,但并非使用于使其获得免税的目的(译者注:即并非使用于取暖目的),b) 通过非采购方式取得,c) 如果无法确定是哪个实体将煤炭产品或燃气销售给最终消费者,并且税收控制程序、控制程序或者税收程序并未显示该税收已经足额缴纳;⑬使用燃气产品的燃气交易中间商。在汽车的案例中,消费税的纳税人是自然人、法人或者从事汽车相关应税业务的具有非法人人格的组织机构①。在汽车构成共同所有的客体时,消费税纳税人是全部的共同所有者并且他们的义务是连带的和单独的。

从事营业活动的纳税人的消费税登记必须在进行第一次应税活动之前完成②。

4. 纳税发生时间

纳税发生时间是应税活动发生的时点③。在一些案例中,纳税义务发生在开具发票之时,从发生该活动之日起不迟于 7 天。例如,如果煤炭产品的销售已经开具发票,纳税义务在开票之日产生,不迟于自交付煤炭产品之日起 7 日内④。进口消费税应税产品的纳税义务在海关法规所定义的海关债务发生之日起产生⑤。欧盟内部采购也有特殊规定,纳税义务一般发生在收到产品之时。特定的规则适用于电力⑥、干烟草⑦、燃气产品⑧。有趣的是,如果无法确定纳税义务是在哪一天产

---

① Art. 102 ETA.
② Art. 16(1) ETA.
③ Art. 10(1) ETA.
④ Art. 10(1b) ETA.
⑤ Art. 10(2) ETA.
⑥ Art. 11 ETA.
⑦ Art. 11a ETA.
⑧ Art. 11b ETA.

生，那么上述纳税义务发生在主管税局或财政主管部门宣称既定活动已经实施之日或宣称既定的实际状态存在之日①。

5. 税基和税率

税基和税率随着纳税对象的不同而存在差别。消费税率如下：按照税基（汽车）的百分比征收税款，每一件产品或特定数量的产品（燃料、石油、煤气或酒精）征收固定金额的税款，按照最高零售价格的一定百分比征收税款（烟草，用于自制香烟的除外），对每件产品或者固定数量的产品收取固定税额并按照最高零售价格的一定百分比收取税款（香烟）。

例如，能源产品的税基是以它们的计量单位表示的数量，取决于产品的类型，按照产成品在15℃下的公升数或者产品的千克数计量，或者用发热量（千兆焦耳）计量②。电力的税基是用千瓦时表示的数量。汽车的税基是：①在一个国家境内销售汽车的价款减去该车的货劳税和消费税；②消费税纳税人在欧盟内部购买汽车应支付的金额，但如果该实体在一个国家境内申请办理购入汽车的登记并且该实体并非汽车的所有者，则税基是汽车的平均市场价值减去货劳税和消费税金额；③汽车的海关价格加上关税金额——在进口上述汽车的情况下③。

如果适用百分比税率，则税基一般是供应消费税应税产品的价款，减去货劳税和消费税（对于进口产品——海关价格加上关税；对于欧盟内部采购——对等的价值）。例如，汽车的税率是：①税基的18.6%——适用于发动机超过2 000毫升的汽车；②税基的3.1%——适用于其他汽车④。财政部可以调低税率。

6. 纳税期间和税款缴纳

纳税期间是公历月份。必须在下个月的25日之前递交纳税申报表并缴纳税

---

① Art. 12 ETA.
② Art. 88 ETA.
③ Art. 104(1) ETA.
④ Art. 105 ETA.

款①。必须购买消费税的税票(excise banderols)并永久性地粘贴在一些类型的商品上(清单详见《特种消费税法》的附表3),或者粘贴在单一的包装上(比如在酒瓶或者香烟的包装上)②。这些税票确认缴纳的消费税等于税票的面值,该金额每个月从消费税额中扣减③。

---

① Art. 21 ETA.
② See Arts. 114-119 ETA.
③ Art. 21(7) ETA.

亚当·马里安斯基教授、博导(Prof. Dr. Adam Mariański)

第七章

所 得 税

1. 个人所得税

《个人所得税法》在 1991 年 7 月 26 日获得通过①,之后又修改了许多次。自从开征以来,《个人所得税法》从来都不是一部完整的法案,关于个人所得税的许多规则是以单独法案的形式规定的,比如 1998 年 11 月 20 日关于对个人取得的某些类型的收入课征一次总付税(lump sum income tax)的法案②。根据财政部收集到的数据,在 2015 年,依据《个人所得税法》征收到的税收收入达到 83 140 145 000 兹罗提,在 2016 年上半年个人所得税的税收收入达到 40 723 115 000 兹罗提。不过,并非所有的个人所得税收入都归属于国家财政,因为个人所得税也是地方政府单位的收入。在 2016 年,市级政府从个人所得税中获得的个人所得税收入份额达到 37.79%,而在 2017 年该份额达到 37.89%,比上年高出 0.1 个百分点。

1.1 征税主体范围

《个人所得税法》规定,个人所得税是对自然人课征③。"自然人"一词在波兰

---

① Ustawa z dnia 26 lipca 1991 r. o podatku dochodowym od osób fizycznych, Journal of Laws [Dz. U.] 2016, item 2032, as amended; hereinafter: Personal Income Tax Act or PITA.
② Ustawa z dnia 20 listopada 1998 r. o zryczałtowanym podatku dochodowym od niektórych przychodów osiąganych przez osoby fizyczne, Journal of Laws [Dz. U.] 2016, item 2180, as amended; hereinafter: Flat-Rate Income Tax Act.
③ Art. 1 PITA.

税法中并无定义,因此有必要应用 1964 年 4 月 23 日法案——《民法典》第 8 条的定义①。根据该规定,每个人从出生的一刻到其死亡的一刻,均有法定的能力,这意味着这个人可以成为权利和义务的主体。个人所得税是基于普遍性原则,根据该原则,无论是成年人还是未成年人均是个人所得税的课税主体,不存在纯粹的给予纳税主体的免税。但是,在个人所得税中未成年人的情形是很特定的,对未成年人课税取决于他们所产生的收入类型。一般来说,未成年人收入要加到其父母的收入当中。每个人均是单独课税的,不论其家庭关系或财务关系。但是,也有例外:夫妻可以联合课税,只要他们符合特定的条件。

作为一项规则,个人——波兰共和国居民,就他们的总收入课税,无论该收入实际来源于何地。

在波兰,没有居住地的个人只对其来源于波兰境内的收入缴税(在波兰的有限纳税义务)②。

直到 2006 年年底,承担无限纳税义务的唯一标准是在波兰共和国境内拥有居住地。在当时,该术语在税法上并无单独的定义。"居住地"的术语是从《民法典》第 25 条中引进的。后来,波兰立法机构承认,将来源于《民法典》的定义运用于税法目的是不准确的,也是不现实的,并且出台了居住地设立的规则专门用于税法目的。

从 2007 年开始,在波兰有居住地的个人承担无限纳税义务,这意味着他们的全部收入都要缴税,无论其收入来源于哪一个国家③。

个人所得税的居住地意味着:

(1) 波兰共和国的个人利益中心或者经济利益中心(重要利益中心);

(2) 在给定的一个公历年度内在波兰共和国的实际停留期间超过 183 天(实质停留测试)。

只要满足上述条件之一,就应承担无限纳税义务。波兰法律对"个人利益中心"这一术语并未作出定义。通常它被解释为一个地区或国家,此人在此有其主要的个人关系,比如家庭关系、社会生活、文化、宗教或政治活动的地点。其中需要考虑的一个最重要因素是纳税人的家庭停留地。根据华沙税务委员会总监在 2011

---

① Ustawa z dnia 23 kwietnia 1964 r. — Kodeks cywilny, Journal of Laws [Dz. U.] 2016, item 380, as amended; hereinafter: Civil Code.

② Art. 4 PITA.

③ According to Art. 3 PITA.

年4月8日出具的一份个人税务裁定①,如果纳税人的配偶和孩子陪伴其去海外并有意愿在海外永久停留,则纳税人和波兰共和国之间的个人联系被打断。

根据另外一份个人税务裁定,由税务委员会总监于2014年8月13日出具②,"经济利益中心"的术语意味着纳税人在一个国家从事经营活动和取得其大部分收入,纳税人在这里拥有不动产和动产,拥有银行账户或者负债以及应收账款等。

波兰立法机构使用的"个人或者经济利益中心"以及"主要利益中心"这两个术语是从OECD协定范本中引进的,关于这两个术语的解释也应该依据OECD协定范本的解释。

上述的第二个要素需要在一个公历年度内在波兰共和国境内停留超过183天。自然人在波兰共和国境内的税务年度与公历年度相同,这意味着它从每年的1月1日开始,于12月31日结束。但是,在一些国家,比如在美国或英国,税务年度与公历年度并不一致。

上述条款在运用的同时还会考虑到相关税收协定的条款。因此,即使根据波兰法律,一个人被认为是波兰居民,也必须应用某一给定的国际条约的恰当标准来决定此人在税收目的上的实际居住地位于哪一个国家。

根据《个人所得税法》,居住证明是一份为了税务目的而由纳税人居住地所在国的主管行政机关出具的居住地证明。该证明是根据纳税人的请求而开具的。

税务机关声称,为了税法目的而确认居住地的举证责任落在纳税人身上。居住证明创造了一个推定,即纳税人是其所持有证明所在国的居民。

自然人,如果他们的居住地不是位于波兰共和国境内,则只需要就他们在波兰共和国境内取得的收入课税(有限纳税义务)③。在波兰共和国境内取得的收入是特指来源于下列项目的收入④:

(1) 在波兰共和国境内开展工作所取得的收入,此项工作是基于服务关系、雇佣关系、对外和合作雇佣关系,无论其酬劳支付地是否位于波兰境内;

(2) 在波兰共和国境内提供的独立服务(个人开展的活动),无论其酬劳支付地是否位于波兰境内;

(3) 在波兰共和国境内开展的营业活动,包括一家公司的常设机构或非波兰

---

① No. IPPB4/415-43/11-2/SP.
② No. IPPB4/415-362/13-4/MP.
③ According to Art. 3(2a) PITA.
④ Art. 3(2b) PITA.

居民开展的活动；

（4）位于波兰共和国境内的不动产或不动产所有权，包括销售全部、部分不动产，或处置任何不动产权利所取得的收入；

（5）证券和衍生金融工具，但并非在波兰境内于指定的证券交易中心公开上市交易的证券，包括从这些证券或工具的销售中取得的收入，也包括行使这些证券或衍生金融工具的权利所取得的收入；

（6）处置公司股份、非法人公司股份，处置投资基金份额或集合投资机构份额，并且这些基金或集合投资机构至少有50%的资产是直接或间接由位于波兰境内的不动产或者不动产权利构成；

（7）规定的权利，包括由个人、法人或者在波兰境内拥有居住地、注册的办事处、管理机构的非法人，实体处置、缴纳或代扣代缴的权利，无论签订合同和交付服务的地点位于何地。

立法机构并没有提供一份详尽无遗的清单，而且当纳税人在波兰共和国境内拥有合法席位（居住地）时，在一些情况下也可能产生有限纳税义务，比如涉及版权收入、资本性收入、特许权使用费收入。这些规则的应用也需要依据避免双重征税的条约。

1.2 征税对象的范围

根据《个人所得税法》第9条，所得税的课税对象是各种收入，该条款所列举的收入类型除外。《个人所得税法》第10(1)条款建立了一个开放的收入类型目录：

（1）服务关系，雇佣关系，包括合作雇佣关系，农业生产合作社的成员或者其他与农业生产相关的合作社成员，农舍产业，退休金或其他退职金。

（2）个人从事的活动。

（3）非农业经济活动。

（4）农业生产的特别分支机构。

（5）（废除）。

（6）租赁、分租、租佃、租佃分租和其他类似性质的合同，包括农业生产分支机构和农场或者这些农场的一部分租佃、租佃分租出去用于从事非农业活动或者用于经营农业生产的分支机构，用于经济活动的部分组成资产的除外。

（7）货币资本和房屋产权，包括有偿转移房屋权利，不含下述（8）从a.至c.所规定的那些房屋产权。

(8) 有偿转让,根据上述(2),包括:

a. 不动产,部分不动产和不动产;

b. 合作社成员对住宅或商铺的所有权以及住房合作社中的单亲家庭住房产权;

c. 对土地的永久用益物权;

d. 其他权利。

当发生的有偿转让并不是在经济活动的范畴之内时,在上面a. 至 c. 所述的有偿转让不动产和动产的情况下,从不动产取得或建造所在年份的年末开始计算未满5年的,或者在其他情形下——从购买发生当月的月底开始计算未满6个月的情况下;在换房的情形下,这些期限应该从每一方参与换房开始计算。

(9) 外国受控公司所进行的活动。

(10) 其他来源。

总而言之,根据波兰法规,所有来源的收入都要征税,免税收入和不征税收入除外。

个人所得税不对下列收入课征[①]:

(1) 农业活动收入,来自农业生产特别部门的收入除外;

(2) 在林业法规定范围内的林业收入;

(3) 依据继承税和赠与税法需要缴税的收入;

(4) 无法受到合法有效的合同所规制的活动所产生的收入;

(5) 作为中止或者限制婚姻公共财产的结果而分割配偶共同财产所产生的收入,以及来源于中止配偶独立财产之后的清算所产生的收入或者配偶中的一方死亡所产生的收入;

(6) 根据2006年8月24日船舶吨税所规定原则课征船舶吨税的船运企业家的收入(所得)[②],受到《个人所得税法》第24a(1a)条款的约束(该条款规定这类免税并不适用于这类企业的,不能依据船舶吨税法来课税的收入来源);

(7) 依据2016年7月6日关于激励造船业及其配套产业法案的原则来课税的所得[③],受到《个人所得税法》第24a (1a)的约束;

---

① Art 2 PITA.

② Ustawa z dnia 24 sierpnia 2006 r. o podatku tonażowym, Journal of Laws [Dz. U.] 2014, item 511, as amended.

③ Ustawa z dnia 6 lipca 2016 r. o aktywizacji przemysłu okrętowego i przemysłów komplementarnych, Journal of Laws [Dz. U.] 2016, item 1206, as amended.

(8) 目的在于满足家庭需要的服务，这类服务参考的是《家庭和监护法案》第 27 条①，并且该服务是在配偶的共有房产中提供的。

就目前的情况而言，免税所得的范围很宽泛，涵盖超过 140 项的所得。最多元化和最广泛的类别是社保免税项目，比如家庭津贴或者出勤津贴。其他类别的免税包括，比如，雇员福利或者补偿福利。

个人所得税的免税包括，比如②：

（1）根据单独的给予战争伤残者或者伤残军人及其家属的退休金法律条款所发放的退休金。

（2）收到的赔偿金或补偿款，如果该金额或者确定赔偿金、补偿款的规则，是直接来源于单独的法案条款或者依据这些法案所颁布的实施条例，以及收到的赔偿金或补偿款，如果该金额或确定赔偿金、补偿款的规则是直接来源于某些协议、法规或者条例的条款，那么以下情形除外：

a. 因为缩短劳动法所规定的终止雇佣合同之前须提前通知的期限并为此支付的退职费和赔偿金；

b. 因为并非雇员本身而与雇员终止雇佣关系并为此依照特别规则中的条款支付的退职费；

c. 因为缩短提前通知期限而支付给保持服务关系的官员的退职费和补偿金；

d. 根据禁止竞争条款所给予的赔偿款；

e. 因为与开展经济活动相关的组成资产受到损坏而支付的赔偿金；

f. 因为与农业生产特定分支机构经营相关的组成资产受到损害而支付的赔偿金，依据税率表③或者依照规则④来源于这些经营的所得是应税收入；

g. 根据所签合同给予的赔偿金或者非法庭和解的偿付款。

（3）为了赔偿或赔偿那些为了波兰国家独立存在而开展运动，并受到镇压的人员，而依据宣告与这些人员相关的判决无效的条款而支付给他们的赔偿款或补偿款。

（4）在数码博彩、现金彩票、电话抽奖游戏、相互下注、促销彩票、音频文字彩票和奖项彩票活动中获得的奖金，如果这些奖项的一次性价值不超过 2 280 兹罗

---

① Act of 25 February 1964 — Family and Guardianship Code [Ustawa z dnia 25 lutego 1964 r. — Kodeks rodzinny i opiekuńczy], Journal of Laws [Dz. U.] 2015, item 2082, as amended.

② Art. 21 PITA.

③ As referred to in Art. 27(1) PITA.

④ Referred to in Art. 30c PITA.

提，并且这些活动是由授权的主体依据对欧盟成员国或者欧洲经济区成员国有约束力的概率游戏条款来组织和维持的。

（5）依据家庭福利条款获得的家庭福利，家庭和护理津贴，依据指定监护权和支付监护费条款而获得的监护津贴，因为生计费或赡养费的强制执行无效而收到的现金福利，以及依据单独的条款收到的产妇津贴。

（6）位于农村地区的农场屋舍出租给假日游客所获得的租金，以及为这些游客提供餐饮所取得的收入，假如所出租的房间不超过5间。

（7）无偿的或部分付费的福利，以及来源于以下项目的类似福利：

a. 研究生学习；

b. 培训课程和成年人的入职前培训；

c. 考试或者执照；

d. 体检或者心理检查；

e. 事故保险。

依据2004年4月20日关于促进就业和劳动市场机构的法案规定①。

1.3 从收入来源获得的所得

正如上面所述，从所有收入来源取得的所得均应课税。一般来说，从一项收入来源取得的所得应该是在一个给定的税务年度从该项收入来源取得的总收入减去为获取收入所发生的成本后剩下的盈余。

作为一项规则，收入应被视为在一个公历年度内纳税人收到的或者由纳税人处置的货币和货币价值，以及类似的福利价值与纳税人收到的其他无偿福利。

有关收入产生的时点，被称之为来源于"经济活动"的收入应用的是特别规则。依据《个人所得税法》第14条，来源于《个人所得税法》第10(1).3条款所指经济活动的收入应被考虑为应纳税收入，即使它们实际上没有收讫，并同时减去退货的价值、所给付的奖金和现金折扣。纳税人销售货物和劳务应缴纳商品和服务税，来源于这些销售的收入应被视为销售收入减去商品和服务税销项税额后的金额。

从参与合伙取得的收入，从共同所有取得的收入，从共同经营取得的收入，从共同占有或共同使用任何一个纳税人的物品或财产权所取得的收入，应被视为按

---

① Ustawa z dnia 20 kwietnia 2004 r. o promocji zatrudnienia i instytucjach rynku pracy, Journal of Laws [Dz. U.] 2016, item 645, as amended.

照他们对其上述权利的份额来按比例分配的利润,并且该收入应该与其他来源的需要按照税率表来课税的所得合并计算①。并且,这些收入应被看作是《个人所得税法》第10(1).3条款所述的经营活动收入。也需要强调的是,当一个纳税人已经选择将他的经营活动所得按照单一税率缴税②,则该项收入将不再与其他来源的依照税率表课税的所得合并计算纳税。

当纳税人从一个以上的来源取得所得,则在一个税务年度内的课税对象应是从所有收入来源取得的所得总金额。

1.4 可在税前扣除的费用

可在税前扣除的费用是指为了赚取收入、维持收入或保障收入的目的而发生的成本,《个人所得税法》第23条所列举的成本项目除外。

因此,为了被确认为可税前扣除的费用,成本项目须满足一定条件。首先,一项成本必须具有目的性,但是,依据波兰的税收管辖权,成本和收入之间不需要存在因果联系。其次,成本必须实际发生,这意味着该项成本必须成为纳税人的负担。一项成本被承认为可税前扣除项目,还须满足的最后一个要求是没有被列入不予扣除费用目录中③。

该条款包括了详尽无遗的超过60项的不予扣除费用。比如,以下项目被作为不予扣除费用项目:

(1) 购买土地/土地永久用益权的支出(不含土地永久用益权的收费)或者购买/建造纳税人自己的有形/无形资产但不包括土地/土地永久用益权(包括那些购入的产业或者产业的组成部分),或者对有形资产的改良支出,改良支出的价值增加了这些有形资产的初始价值,成为折旧计算的依据——不过,这些支出可能被承认为可税前扣除的成本,即在出售这些资产的时候,只要特定的条件得到满足;

(2) 债务豁免以及向纳税人建立的各种基金的付款;

(3) 所得税,继承与赠与税;

(4) 偿还贷款(信贷)的支出;

(5) 合伙人在一个合伙企业中的资本份额利息;

(6) 纳税人自身工作的价值,他或她的配偶以及未成年孩子工作的价值,以及

---

① Provided for in Art. 27 PITA.
② Referred to in Art. 30c PITA.
③ Art. 23 PITA.

在以合伙形式从事活动的情况下,也是该合伙的合伙人配偶或未成年孩子的工作价值;

(7) 任何形式的捐赠和赠与;

(8) 因为没有遵守环保法规或者违反了安全和卫生工作的条款,且没有执行主管当局或监管当局出具的命令而发生的罚金、费用和赔偿款以及这些债务的利息;

(9) 支付给组织的会员费,而这些会员资格并非纳税人的法定义务;

(10) 社会保险费和应缴纳给劳动基金的缴费以及其他依据单独法案设立的专项基金缴款,在税后收入中以现金或证券来支付的奖励和奖金;

(11) 使用某个机构的社会设施所发生的维护成本,仅限于从该机构的社会福利基金中支付的部分;

(12) 个人及其随从人员从事经济活动所发生的商务差旅日常补贴——超出提供给雇员的日常津贴金额的部分,后者在主管部门出台的单独法律法规中有定义;

(13) 有形资产或有形资产权利的转让价值及其发生的支出,提供服务所发生的支出并且该服务按照有关法规不可以成为具有法律约束力的合同标的。

不过,在上述的许多例子中,波兰立法者还规定了特定的条件,在这些条件之下,这些成本项目可以被承认为允许税前扣除的费用。此外,需要说明的是,没有在该条款中被列示为不予税前扣除成本,并不等同于该项成本被承认为允许税前扣除的成本。为了税前扣除的目的,成本必须总是满足以下三个条件:

(1) 它必须是实际发生的;

(2) 它必须是为了满足特定的目的(为了赚取、维持或保障收入来源的目的而发生的);

(3) 它不能被包括在《个人所得税法》第23条所列举的不予税前扣除费用项目清单中。

1.5 税基

正如前所述,在个人所得税中,税基是纳税人在一个税务年度发生的总所得。作为一项规则,它是将产生纳税人所得的所有来源的收入加总。不过,在一些情况下,有特定的规则来规定应税所得。这些特定的规则主要是适用于非农业经济活动产生的所得。

上述规则所确定的所得并不是在所有情况下都与税基一致。在一些特定情况下,有可能会减少所得——这个可能性适用于发生亏损的纳税人以及从个人所得税法第 26 条规定的税务扣除中获得的好处。当赚取收入所发生的成本超出总收入,此项差额将构成该项收入来源的亏损①。

纳税人可以在随后的 5 年内扣除所产生的亏损从而减少应税所得。每年减少的金额不能超过所产生亏损的 50%。

计税基础被定义为在扣除下列金额之后的评估收入②:

(1) 在《社会保险制度法案》中规定的社会保险费③:

a. 在一个给定年度内直接支付的,用于支付纳税人或与纳税人合作的其他人的退休保险、其他退职保险,以及疾病保险和工伤保险;

b. 在一个给定的年度内,由税款汇款人从纳税人的基金中扣除。扣除金额不适用于保险费,该保险费的评估基数在个人所得税法下是免税所得(收入),依据《一般税法》的条款,该保险费的评估基数是不用再缴纳个人所得税的④。

(2) 在一个税务年度由纳税人自己缴付的保险费,缴费是为了纳税人或者他的合作伙伴参加的强制性社会保险,所依据的是在波兰以外的欧盟成员国、欧洲经济区成员国或者在瑞士联邦中有约束力的强制社会保险条款。

(3) 纳税人在一个税务年度内缴付给个人退休金保障账户的款项,不超过个人退休金保障账户条款所规定的最高限额。

(4) 在一个税务年度内因为不恰当的执法而在之前增加了应税所得额所导致的退税,退税金额包括已经征收的所得税额,如果上述退税并没有被税款汇款人扣除。

(5) 身为残疾人的纳税人或者支持残疾人的纳税人在一个税务年度内为康复目的发生的费用,以及为了方便履行日常职责所发生的费用。

(6) 纳税人为使用互联网而发生的费用,在一个给定纳税年度内的金额不超过 760 兹罗提。

(7) 发生的捐赠(仅限于不超过纳税人所得的 6%):

---

① Art. 9 PITA.

② Art. 26 PITA.

③ Act of 13 October 1998 on the Social Insurance System [Ustawa z dnia 13 października 1998 r. o systemie ubezpieczeń społecznych], Journal of Laws [Dz. U.] 2016, item 963, as amended.

④ General Tax Act of 29 August 1997 [Ustawa z dnia 29 sierpnia 1997 r. — Ordynacja podatkowa], Journal of Laws [Dz. U.] 2015, item 613, as amended.

a. 为了《公益活动法案》第 4 条所规定的目的[①]，捐赠给该法案中所规定的特定组织或者波兰以外的欧盟成员国、在其他欧洲经济区成员国已生效的公益活动条款所规定的类似公益组织，捐赠款被用于这些组织在公共职责领域从事公益活动并实现上述目的；

b. 为了宗教活动的目的；

c. 为了自愿献血者的献血活动。

1.6 税率

作为一项规则，在波兰的自然人应按照超额累进税率计算个人所得税。税率变化取决于纳税人挣到的所得金额。

在 2017 年个人所得税按照下列税率表（见表 5）计算[②]：

表 5 个人所得税税率表

税基（兹罗提）		税　额	
超过	不超过		
	85 528	18%	减去减税金额
85 528		15 395.04 兹罗提＋32%的超出 85 528 兹罗提的部分	

减税金额为：

(1) 在税基不超过 6 600 兹罗提的情况下，减税金额为 1 188 兹罗提；

(2) 在税基超过 6 600 兹罗提但不超过 11 000 兹罗提时，减税金额为 1 188 兹罗提减去依据下列公式计算出来的金额：631.98 兹罗提×(税基－6 600 兹罗提)÷4 400 兹罗提；

(3) 在税基超过 85 528 但不超过 11 000 兹罗提时，减税金额为 556.02 兹罗提；

(4) 在税基超过 85 528 但不超过 127 000 兹罗提时，减税金额为 556.02 兹罗提减去按照下列公式计算出来的金额：556.02 兹罗提×(税基－85 528 兹罗提)÷41 472 兹罗提。

[①] Act of 24 April 2003 on public benefit activity and volunteering [Ustawa z dnia 24 kwietnia 2003 r. o działalności pożytku publicznego i o wolontariacie], Journal of Laws [Dz. U.] 2016, item 1817, as amended.

[②] Art. 27(1) PITA.

正如前所述,从事经营活动的自然人根据税率表课税。这些个人可以请求按照19%的单一税率对他们的所得进行计税。

在满足特定条件的情况下,可视纳税人营业规模的大小,纳税人可以请求采用简化征税的方式:

(1) 按照登记的收入缴税(计税时不扣除可税前扣除的成本);

(2) 固定税率(由税局按照营业类型决定税款)。

特定所得的类型也是按照特别税率来课征的。比如,特别税制适用于:

(1) 股息(19%单一税率);

(2) 储蓄利息(19%单一税率);

(3) 从资本资金(capital funds)取得的利得(19%所得税税率);

(4) 从证券的销售中获得的所得(19%所得税税率);

(5) 销售私人物业(作为一项规则,19%所得税税率);

(6) 从竞赛、博彩和保单销售中获得的奖金(10%单一税率);

(7) 私人租赁(应纳税人的请求——按照登记的收入乘以8.5%的税率);

(8) 外国受控公司的所得(19%所得税);

(9) 从未披露的收入来源中取得的所得或者无法从已经披露的来源获得正当性的收入(按照所得金额的75%课税)。

1.7 税收的征管

计算税款和预缴税款的义务由缴款人(或者在一些情形下由纳税人)承担(译者注:这里的缴款人类似于中国的个人所得税代扣代缴人)。根据波兰税收规则,缴款人是将应税所得支付给纳税人的实体(译者注:类似于中国的纳税人的单位发放工资并代扣个人所得税),比如说雇主、银行或者代为托管养老金的机构。

纳税人有义务填写纳税申报表。递交年度纳税申报表的截止日是税务年度的次年4月30日。该项规则不适用于根据登记所得缴税的情形,也不适用于采用单一税率缴税的情形。

如前所述,纳税人单独递交纳税申报表并缴纳税款。不过,若夫妻均是波兰税收居民,在满足一定条件的情况下,可以依据税率表和应税收入递交联合纳税申报表。

下列个人也允许联合申报[①]:

---

① Art. 6(3a) PITA.

（1）夫妻在欧盟成员国、欧洲经济区成员国或者瑞士拥有居所；

（2）其中的一个配偶在波兰负有无限纳税义务，另外一个配偶在波兰之外拥有居所，但该居所是位于另外一个欧盟成员国、欧洲经济区成员国或瑞士，如果（在两种情形下）他们的总所得金额在波兰已经达到应税收入的起征点，并且至少总收入的75%是由夫妻俩在一个税务年度内取得的，而且有居住证来证明其税收意义上的居住地。

征税的特别规则也适用于单亲父亲或单亲母亲的个人申报纳税以及意图在递交年度纳税申报表之前离开波兰的非波兰税收居民的申报纳税。

1.8 单一税率所得税和对所登记的收入课征一次性总额税

《单一税率所得税法案》规定了个人挣到的某些收入（所得）的课税[1]：

（1）涉及非农业经营活动；

（2）从租金、转租、租赁和分租或者具有类似性质的其他合同中挣到的收入，前提是这些合同的签订并不是作为非农业经营活动的一部分；

（3）牧师。

《单一税率所得税法案》区分了三种类型的课税[2]：

（1）对登记的收入课征一次性总额税，这类登记的收入适用于从经营活动或租金中取得收入的人员；

（2）适用于某些企业的"税卡"计划；

（3）牧师所取得的收入课征一次性总额税，该税款由牧师缴纳。

对于从事经济活动或者从租赁一项物业中获得收入的个人，一般的规则是课征个人所得税。但是，如果他们满足某些条件，他们可以选择缴纳一次性总额税。

对于登记的收入课征的一次性总额税款是为了个人从非农业经营活动所取得的个人收入而缴纳，包括个人以民事合伙和一般个人合伙的形式开展的活动。

对于登记的收入课征的一次性总额缴税，可以由开始经营活动并选择一次性总额税方式的个人缴纳，而且，如果他们满足以下条件也可以选择下列缴税模式：他们在以前年度从事积极的经营活动，而且他们的上一年度经营收入不超过250 000欧元的等值金额。

---

[1] Art. 1 of the Flat-Rate Income Tax Act.
[2] Art. 2 of the Flat-Rate Income Tax Act.

1.9 固定数额税("税卡")

"税卡"是在波兰从事经营活动的应税个人能够获得的最简单的课税方式。

使用"税卡"的应税个人会收到由税局局长出具的注明每月税额的一份税务决定。税额主要取决于活动的类型、从事经营活动的地点以及雇员的数目。

1.10 社会保障

雇员有义务就其总的受雇收入缴纳社会保障缴款。该制度涵盖雇员、自我雇用的人员和佣金承包商以及中介承包商。此外,还需要缴纳健康保险缴款。

缴款按照下列费率计算(见表6),计算基数是雇员的毛薪酬。

表6　　　　　　　　　　　社会保障缴款费率

缴款类型	费率
退休保险	19.52%
残疾保险	8.00%
疾病保险	2.45%
工伤保险	0.4%~8.12%(费率取决于雇主的经营活动类型)

退休保险缴款由雇主和雇员各缴纳一半。残疾保险的雇主缴款费率为6.5%,雇员缴款费率为1.5%。雇员须自己缴纳全部的疾病保险缴款,雇主须缴纳全部的工伤保险缴款。计算退休保险缴款和残疾保险缴款的每年最高缴费基数是预测的全国当年平均月薪酬的30倍(在2017年为127 890兹罗提)。

对健康医疗支付的缴款是按照雇员的评税基数的9%的费率课征,该评税基数是毛薪酬扣除雇员的退休缴款、残疾和疾病保险缴款之后的净额。一般来说,健康医疗缴款在计算个人所得税时是部分可扣除的(即健康医疗缴款基数的7.75%)。

2. 企业所得税

2.1 《公司所得税法》实施条例的课征对象

波兰企业所得税的课税规则是在1992年2月15日的《公司所得税法》中规定

的①。这个税种对法人取得的所得以及筹建过程中的公司所得(即在公司注册成为法人之前取得应税所得)课税。而且,该税种还对下列实体课税②:

(1) 没有法人人格的组织单位和没有法人人格的合伙除外(比如说基金会或合作组织);

(2) 注册的办事处或管理地位于波兰共和国境内的股份合伙;

(3) 没有法人人格的合伙、波兰的非居民,前提是根据适用的税收法规这些合伙在他们的居住国是被当作法人来看待的,并且承担无限纳税责任。

税收资本集团,由法人创造的,自身也可以作为企业所得税的纳税人。

至少由两个法人组成的资本税收集团自身可以被当作纳税人,只要它满足下列条件③:

(1) 一个税收资本集团仅由有限责任公司或者公共有限责任公司组成,后两者均是波兰居民,只要它们符合下列的标准:

a. 在该税收资本集团中,归属于每家公司的平均股权资本不少于 100 万兹罗提;

b. 这些公司中的其中一家(母公司)直接控股持有其他公司(各家子公司)股权资本的至少 95%;

c. 每家子公司均未持有该税收资本集团的其他公司的股权资本;

d. 该税收资本集团的各家公司均未延迟缴纳构成国家预算收入的任何税种的税款;

(2) 母公司和各家子公司已经以公证契约的形式达成了一项协议,即他们在至少 3 年的期限内组成一家税收资本集团,并且该协议随后已经由税局局长作了登记。

(3) 在税收资本集团成立之后,各家公司应满足下列条件:

a. 各家公司没有从所得税法以外的其他法律法规实施的任何所得税免税中获得好处;

b. 税收资本集团的每家公司均与集团以外的任何实体没有关联关系,即不存在涉及转移定价规则应用的关联关系;

---

① Ustawa z dnia 15 lutego 1992 r. o podatku dochodowym od osób prawnych, Journal of Laws [Dz. U.] 2016, item 1888, as amended; hereinafter: Corporate Income Tax Act or CITA.

② Art. 1(3) CITA.

③ Art. 1a CITA.

(4) 税收资本集团有义务取得净所得(即在收入中参与所得分配),其金额至少在一个税务年度内占到该税收资本集团收入的3%。

重要的是,代表着税收资本集团的母公司应在本集团选择的税务年度开始之前至少提前3个月向税务局报告该协议。在办理协议登记之后,该协议不能扩大至其他公司。其他责任,即母公司应承担的责任,是计算、征收和汇出预付款以及集团税款给税局。值得注意的是,构成税收资本集团的每家公司均应对在协议有约束力的期间发生的集团应交所得税负责。

《公司所得税法》的条款规定了详尽无遗的课税主体豁免清单。作为纳税主体免于缴纳公司所得税的实体包括,比如,财政部国库、波兰国家银行、预算单位、国家特别预算基金和其他在《公司所得税法》中规定的由国家设立的实体。而且,还有几个私人实体也免于缴纳公司所得税,比如,依据国家相关法律运作的国内投资和养老基金。应该注意的是,《公司所得税法》规定,截至2016年12月31日,依照2004年5月27日关于投资基金和替代投资基金的管理法律法规进行运作的所有国内投资基金享受完全的课税对象豁免待遇[1]。不过,自2017年1月1日开始,课税对象豁免已经被限定为仅限于按照《投资基金法》设立的开放型投资基金和专业的开放型基金,例外的情形是使用封闭型投资基金的准则和投资约束条件来经营的专业开放型投资基金。因此,封闭型投资基金没有从《公司所得税法》所规定的课税对象豁免中受益[2],但它仍然有可能适用《公司所得税法》第17(1).57条款规定的税收豁免。依据该条款,封闭型投资基金或运用封闭型投资基金的准则和投资约束条件来运作的专业开放型投资基金均按照《投资基金法》设立,这两类基金所取得的所得(收入)享受所得税豁免,以下情形除外:

(1) 参与没有法律地位的公司和没有法人人格的组织单位所取得的所得(收入),这些公司的注册办事处或管理地点是位于波兰共和国境内或者位于其他国家境内,根据波兰的法律条款或者根据这些公司、实体的合法席位所在国、管理机构所在国的法律,这些实体并没有被当作法人实体,同时也没有被该国就他们所取得的全部所得课税,无论这些收入是在何地形成的;

(2) 给上述 a 分段所提及的实体提供贷款所产生的利息带来的所得(收入),

---

[1] Ustawa z dnia 27 maja 2004 r. o funduszach inwestycyjnych i zarządzaniu alternatywnymi funduszami inwestycyjnymi, Journal of Laws [Dz. U.] 2016, item 1896, as amended; hereinafter: Investment Funds Act.

[2] Art. 6 CITA.

以及这些实体的其他负债所产生的利息;

(3) 参与上述 a 分段所指的实体的股权所产生的股权收益所得(收入);

(4) 上述 a 分段所指实体所作捐赠或者这些实体提供的其他无需付款的福利或者仅需部分付款的福利;

(5) 上述 a 分段所指的实体出具的证券利息(贴现)产生的所得(收入);

(6) 上述 a 分段所指的实体出具的证券或者这些实体的股份销售产生的所得(收入)。

外国投资和养老基金也可以享受企业所得税的豁免,只要它们符合《公司所得税法》所提出的要求(这些要求自 2017 年 1 月 1 日起也发生了变化),并且基金所在的居住国也与波兰共和国签订有两国之间相互交换税收情报的协议。

2.2 《公司所得税法》实施条例的课税主体

在波兰,企业所得税的纳税人可以应用两个基本原则中的一项原则来缴税,即无限纳税义务原则(居住地原则)和有限纳税义务原则(来源地原则)。遵循这两项原则,纳税人,波兰的居民(在波兰有注册的办事处或者有管理机构所在地)应就其全部所得在波兰缴纳企业所得税,无论它的收入来源位于波兰境内还是境外。非波兰纳税人仅需要就其在波兰境内取得的所得在波兰缴纳企业所得税。

企业所得税的课税范围受到限制,原因在于不予征税范围和免税范围的应用。从农业活动或林业活动取得的所得,从事那些无法成为有法律约束力的协议内容的活动所取得的所得,或者从船运企业取得的所得,后者是吨税的课税对象,均被排除在课税范围之外[①]。

而且,《公司所得税法》也包括了一份详尽无遗的免税清单。这些免税项目主要具有混合性质,即一项特定类别的免税仅可给予特定的群体。这些免税主要与社会目标相关,诸如纳税人取得的免税所得,这些纳税人的法定目的是科学、教育、文化活动、体育文化运动、环境保护、慈善、健康和社会救济,给予的免税额仅限于纳税人为了这些目的所实际发生的金额;或者公共福利机构取得的所得,这些福利机构依据公共福利活动和志愿活动的法律从事活动,可予免税的金额仅限于纳税人从事其法定活动时实际取得的收入,从事营利活动所取得的收入不计入免税金额。

---

① Art. 2 CITA.

《公司所得税法》第 17 条也规定了其他性质的免税,比如居民纳税人在波兰境外取得的所得享受免税,其免税需要满足的条件是波兰作为签约国一方的国际协定规定此项收入不需要在波兰课税。

2.3 在《公司所得税法》条款下的收入概念

2.3.1 应税收入

企业所得税的课税对象是可能取得所得的任何来源的所得①。所得被定义为纳税人在给定的税务年度内产生的收入减去可以税前扣除的成本之后的盈余。为了能够恰当地确定所得金额,关键是要明确说明应税收入是什么。《公司所得税法》第 12 条规定了收入的开放式定义。它规定应税收入是,举例来说,尤其是收到的金钱和货币价值,包括外汇汇率差异、非货币福利的价值,以及收到的类似于收入的款项、已经被赎回或已经被规定的债务价值、已经清偿的债务价值,这些债务在这之前作为不可恢复或无法赎回的债务已经被勾销或者被赎回,并且被承认为可税前扣除的成本,或者在公司备忘录或公司章程中指明的注入资金的市场价值,以及在没有公司备忘录或公司章程的情况下,在另一份具有类似性质的文件中所指明的注入资金价值——在向公司或合作单位注资的情况下,以及类似的注资但采取的形式不同于向公司注资或者向公司的组成部分注资(产生的应税所得分给该公司的股东)。

值得注意的是,纳税人参与其他法人的利润分配所取得的所得应该缴纳所得税,但区别于从其他来源取得的所得。《公司所得税法》第 10 条规定,参与其他法人的利润分配所取得的所得被定义为从该股份实际取得的所得,包括,比如,从赎回股份(股票)取得的所得,清算法人或清算公司所收到的资产价值,因为股份资本增加而分配的公司所得,或者公司的未分配利润价值以及转移至转型公司账上资本公积的利润价值——在公司转型为合伙企业的情况下,这时合伙企业不是公司所得税的纳税人,收入的确定是以转型之日为准。

值得注意的是,除了上述的不予课税和免税情形,《公司所得税法》还规定了不视为应税所得的收入清单。不予课税的收入②是,例如:①已经发生但未实际收到的应收账款利息金额,包括贷款(信贷)利息;②合伙企业的合伙人从该合伙企业清算中收到的现金,该合伙人不是公司所得税的纳税人;③除了上述②所述以外的资

---

① Art. 7 CITA.
② According to Art. 12(4) CITA.

产价值,包括合伙企业的合伙人通过合伙企业的清算而收到的应收账款(但是该清算也是需要缴税的,如果该合伙企业的资产处置收到了钱款或者分得的应收账款收回了钱款),该合伙人不是公司所得税的纳税人;④转移资产所有权因此所收到的收入,并且该转让的目的是将该资产当作对合伙企业的出资,该合伙人不是公司所得税的纳税人;⑤为了创建企业或增加股份资本而收到的收入。

2.3.2 纳税义务开始发生的时点

有关纳税义务发生的时点,如果收到的收入是与纳税人从事的营业活动相关,则纳税义务发生在约定的收款日期①。这与纳税人是否实际收到款项不相关。《公司所得税法》第12(3a)规定了约定的收款日期是送货日期、产权销售的日期或者提供或部分履行劳务的日期,但不迟于开发票日期或者收讫款项的日期。

而且,如果合同各方同意分期结算劳务款,则收入发生的日期被认为是合同指定的收款期间的最后一日或者开票日期,但1年不得少于一次。该规则非常适用于电力、热力和管道煤气的供应。但是,如果上述规则不适用,则假定收入产生于付款日期。

值得注意的是,上述条款也适用于合伙企业的收入,而合伙企业并非公司所得税的纳税人。如果营业活动是由不构成公司所得税纳税人的合伙企业从事的,并且该收入是在合伙人的层面上予以征税,则该收入被视为从事营业活动所取得的收入②。

2.3.3 按照公允合理的原则确定收入

所取得收入的金额,以货物销售为例,应该与该货物的市场价值一致。《公司所得税法》第14条对规定销售动产或不动产所收到应税收入的一般规则作了修改。

这些规则阐明在合同中指定的价格构成所得税的税基并享受该价格被视为公允价格的假设。但是,如果该价格显著偏离动产或不动产通过资产销售所实际收到的市场价格,并且没有合理的正当性来解释该价格偏差,则税局有权决定按照市场价值确定收入的价值。收入金额与市场原则不一致的威胁通常出现在关联方之间的交易中。《公司所得税法》第11条指出,履行这些条款将赋权给税局使其可以估计关联方之间所签合同产生的收入金额。这些条款遵从的是2010年OECD通

---

① Art. 12(3) CITA.
② Art. 5(3) of the CITA.

过的《跨国公司转移定价指引和税收征管》①，与之相配套的还有欧盟委员会于2011年1月25日发给欧洲议会、欧洲理事会和欧洲经济与社会委员会的"关于欧盟转移定价联合论坛"成果的通讯②。

从2001年起，纳税人有义务将某些交易的适当文件提交给税局。如果所递交的文件在实质上是准确的，税局可以承认这些交易遵从了自由市场交易的条件。

自2017年税务年度以来，基本的规则已经变成：准备上述文件的义务落在每个税务年度总收入或总支出（即递交文档当年的上一年度）超过200万欧元的纳税人身上。《公司所得税法》所提出的最低限额是用欧元标价，因此收入或支出应该依据波兰国家银行在当年最后一个工作日的平均汇率换算成波兰兹罗提——以2016年为例，汇率大约是4.42兹罗提兑换1欧元。

而且，需要准备税务文档的另外一个构成条件是给定协议的总金额或者以尚未偿付的利益（outstanding benefits）作为支付手段在某一财政年度的实际支付价格超出以下金额的同等价值③：

（1）从200万欧元至2 000万欧元——限额从5万欧元开始，每增加100万欧元的收入/支出则增加5 000欧元；

（2）从2 000万欧元至10 000万欧元——限额从140 000欧元开始，每增加1 000万欧元的收入/支出则增加45 000欧元；

（3）超过10 000万欧元——限额为50万欧元。

值得注意的是，即使交易金额未超出上述规定的价值，当税局有合理的理由怀疑纳税人为了逃避准备税务文档的义务而故意减少交易金额时，税局也有权要求纳税人提供税务文档。

此外，如果纳税人的收入或支出超过一定限额，《公司所得税法》的条款还要求

---

① The OECD Transfer Pricing Guidelines for Multinational Enterprises and Tax Administrations, 22.07.2010, available at http://www.ilsole24ore.com/pdf2010/SoleOnLine5/_Oggetti_Correlati/Documenti/Norme%20e%20Tributi/2011/02/istruzioni-uso-societa-perdite-fiscali/ocse-linee-guida-2010-prezzi-trasferimento.pdf? uuid=3d4ba2c4-3c0b-11e0-9341-61eb1896ac2b%26quot%3B%26gt%3BParagraph%201.63%20of%20the%20OECD%20Guidelines%202010%26lt%3B/core:url%26gt%3B, accessed on 23.01.2017.

② Communication from the Commission to the European Parliament, the Council and the European Economic and Social Committee: The work of the EU Joint Transfer Pricing Forum in the period April 2009 to June 2010 and related proposals. Guidelines on low value adding intra-group services and potential approaches to non-EU triangular cases, COM(2011) 16 final, 25.1.2011.

③ Art. 9a(1d) CITA.

纳税人准备不同类别的文档,例如①:

(1) 对于 200 万欧元以上——在当地递交文档,这是转移定价的基本文档;

(2) 对于 1 000 万欧元以上——在当地递交文件,并附上可比性分析(与关联方的主要交易);

(3) 2 000 万欧元以上——在当地递交文件,附上可比性分析和一份主要文件,这份主要文件是对集团的情况进行描述的转移定价文档;

(4) 75 000 万欧元以上——在当地递交文件,附上可比性分析和一份主要文件以及一份"国别"报告。

而且,应该留意的是,某些纳税人有义务向税局提交一份被称为"简化报告"的文档,并附上他们的纳税申报表,以及他们已经为以前年度准备了税务文档的声明。

而且,《公司所得税法》的条款还规定,按照税局要求提交税务文档的义务也适用于合伙企业合同的订立(该合伙企业并非公司实体)、合作经营协议的订立或者类似协议的订立。这些文档应该将合伙人分享利润和分担损失的规则写入其中。不过,这些义务并非适用于该类型的所有合同,而是仅适用于合伙人出资的价值超过 5 万欧元的情形。

而且,这些义务适用于纳税人与从事有害税收竞争的国家的居民签署合同的情形。如果发生这种情形,那么当在一个给定财政年度内未清偿利益总金额超过等值 2 万欧元时才需要提交税务文档。

值得关注的是,这些条款既可以适用于波兰居民,也可以适用于波兰的非居民,无论这些交易是发生在居民之间,还是发生在居民与非居民之间。该条款规定了哪些类型的关联方允许税局运用转移定价规则。一般来说,包括下列关联方:

(1) 所得税纳税人,作为波兰居民,直接或间接地参与位于海外的公司的管理、控制或出资;

(2) 个人或公司实体,作为非波兰居民,直接或间接地参与国内实体的管理、控制或出资;

(3) 同样的个人或公司实体同时直接或间接地参与国内实体和外国实体的管理、控制或出资。

应该注意的是,纳税人有权申请出具预约定价协议(APAs)。预约定价协议的

---

① Art. 9a CITA.

角色在《公司所得税法》第11(3)条款中有说明,该条款规定当税局批准纳税人对于转移定价方法的选择以及运用转移定价方法的方式并为此出具了一份决定时,税局有义务运用其在该份决定中提出的方法(依据该决定所规定的程度)。这些协议的目的是消除纳税人和税局之间的纷争,鼓励外国投资者在波兰做生意。这些条款规定纳税人可以签订三种预约定价协议,即单边、双边和多边预约定价协议。

2.4 所得的确定

《公司所得税法》第7条将所得定义为收入金额减去税前可扣除成本金额。这条基本规则指的是从任何来源取得的所得,除了《公司所得税法》第21条和第22条特别列举的收入来源以外。在这些情形中,所得的金额等于收入金额本身,这意味着不允许纳税人用任何可税前扣除成本来扣减收入。

值得注意的是,亏损发生在可扣除总成本超过总收入金额之时。产生的亏损可以从纳税人在随后的5年内取得的收入中扣除。但关键的一点在于纳税人不能扣除超过给定税务年度所发生亏损额的50%。

税务可扣除成本是为了产生收入、维持收入或保障所得来源所发生的成本,除了不可扣除的成本项目以外,其详尽无遗的清单详见《公司所得税法》第16(1)条款①。

而且,根据对合伙企业所得的课税(该合伙企业不是公司所得税的纳税人)②,从参与合伙所取得的收入(该合伙也不是公司所得税的纳税人),以及从共同合伙、合资企业、共同持有或共同使用资产或财产权利所取得的收入,并连同其他来源的所得一起,按照合伙人在合伙企业利润分成中所占的比例计算确认。如果无法定义合伙企业分配利润给合伙人的确切份额,那么假定所有合伙人在该合伙企业中所分配的利润份额是相等的。该规则既适用于纳税人以税前可扣除成本来扣减收入的权利,也适用于在合伙人之间分配不可扣除成本和应用税收豁免和税收扣除额,还适用于所得扣减、税基或者税额本身。

可扣除成本可以被视为直接成本或非直接成本。核算期间成本的基本规则是税前可扣除的直接成本、发生在税务年度之前的成本以及发生在税务年度之内的成本,均可在产生收入的税务年度当年扣除。而且,如果可税前扣除的直接成本发生在给定税务年度结束之后,这些成本可以在相应收入产生的所在税务年度扣除,

---

① Art. 15(1) CITA.
② Pursuant to Art. 5 CITA.

只要这些成本项目的发生日期不迟于下列日期:

(1) 财务报表的编制日期,但不迟于法定条款所规定的编制报表的截止日;

(2) 纳税申报表的递交日期,但不迟于递交这些纳税申报表的截止日,除非纳税人有义务编制和提交财务报表。

如果可税前扣除的成本发生在上述截止日之后,那么纳税人可以在编制和提交财务报表或纳税申报表所属税务年度的次年用这些成本去扣减该年收入。

可税前扣除的非直接成本可以在纳税人发生这些成本的日期予以扣除。不过,如果这些成本所对应的是超过一个税务年度的期间并且不可能决定这些成本的哪一部分是与给定税务年度相对应,则这些成本可以依据它们所对应的期间按比例扣除。

此外,《公司所得税法》也规定,依据收付实现制(即发票/账单收付)[1],成本发生之日即是纳税人依据所收到发票或账单将该项成本记入会计账簿之日。如果缺少发票(账单),则成本发生之日即是纳税人依据其他证明将该项成本记入会计账簿之日。

应该注意的是,购置有形资产或无形资产的成本(如建筑物、汽车、机器、商标、专利权等)只可以依据《公司所得税法》的特定条款采用摊销或者折旧的方式进行扣除。

正如前面所强调的,为了说明某一项成本可以税前扣除,需要满足的条件还有该项成本没有被列举为不可扣除成本[2]。被明确列举为不可扣除的成本项目,举例来说,主要是为了购置或建造有形资产和无形资产所发生的费用,包括:属于被购买企业或被购买企业组成部分的资产(但是,在处置这些资产的时候这些资产是可扣除成本);为了取得或购买股份/股票所发生的费用(但是在出售这些股份/股票的时候这些费用是可以作为税前可扣除成本的);未能履行义务时所承担的强制执行成本;罚款和刑事诉讼所发生罚金;合同罚款以及为了补偿已交付货物的瑕疵或者补偿已经履行的工作和劳务的不足之处所支付的补偿款;勾销不可收回的应收账款,在《公司所得税法》中所规定的例外情形除外;代理成本,尤其是在招待服务中发生的食品和饮料购买成本,包括酒水成本。

在讨论税收可扣除成本的原则时,应该注意的是,在波兰国内税法中存在限制资本弱化现象的条款。《公司所得税法》没有规定从利息支付所得转化为股息支付

---

[1] Art. 15(4e) CITA.
[2] According to Art. 16 CITA.

所得涉及的法律资格变更。简言之,上述条款是适用的,如果依据实体集团所拨付的贷款来支付利息,尤其是按照《公司所得税法》的条款以及按照超过1∶1的债务-权益比例所支付的利息,根据法律规定(即公司对主要股东的债务金额与公司权益资本的比例,该债务是建立在任何合法所有权的基础之上)应该注意,债务-权益比例的核定是按照支付利息所在月份的前1个月的最后1天为准。

资本弱化规则适用于拨付给公司的贷款,这些贷款是由以下实体提供的:

(1) 直接或间接持有该公司不少于25%股份/股票的实体;

(2) 共同直接或间接持有该公司不少于25%股份/股票的实体集团;

(3) 另外一家公司(这里称之为C公司),如果集团中的A公司发放贷款给B公司,且C公司直接或间接持有这两家公司(A公司和B公司)的股份不少于25%。

核实债务-权益比率时所参考的不是一家公司对所有实体集团的债务,而是仅限于这家公司对《公司所得税法》所特别规定的实体集团的债务。为了明确债务是否已经超过公司权益资本的金额,关键是确定公司对下列实体的债务金额:

(1) 直接或间接持有该公司股份/股票不少于25%的实体;

(2) 满足以下条件的一家公司:A公司直接或间接地持有B公司不低于25%的股份,A公司同时还直接或间接持有C公司的不低于25%的股份,即B公司和C公司是"姐妹"公司,A公司是B公司和C公司的共同母公司(直接或间接的股东),在此股权结构下,B公司提供贷款给C公司。

反之,如果是由第三方发放贷款给一家公司,而且第三方不是该公司的股东或者第三方持有的该公司股份(股票)比重少于25%,则资本弱化规则将不适用。按照《公司所得税法》第16(6)条款,25%的股份(股票)比例将由股东拥有的投票权数量来决定。如果涉及的是共同持股的合伙企业,无论股份的实际价值有多大,股东持有足够比重的股份这一条件也必须满足。

而且,相对于上述资本弱化法规而言,《公司所得税法》第15c条款规定了一个替代方案。只有在财政年度的第一个月末递交一份书面通知给税局局长才有可能实行该替代方案。根据上述条款,贷款利息,包括第三方发放的贷款利息,可以被承认为税前可扣除成本,但只有当贷款利率比该财政年度的上一年度最后1天的波兰国家银行参考利率仅高出1.25个百分点时才可以,并且资产价值的计量符合会计准则的规定,包括按照贷款名义价值确认的资产价值、无形资产除外。这些资产价值的确定以税务年度最后1天为准。

2.5 实施欧盟指令的所得税豁免

《公司所得税法》第 22(4) 条是实施 2011 年 11 月 30 日欧盟理事会 2011/96/EU 指令关于不同成员国母公司和子公司案例适用的共同税制条款①。如果满足以下条件,则可以适用上述的税收豁免:

(1) 收到收入的实体是在波兰负有无限纳税义务的实体;

(2) 分配收入的实体是在欧盟其他成员国的公司、欧洲经济区的公司或者瑞士联邦的公司;

(3) 一个母公司,同时也是波兰居民,在它的子公司直接持有最少 10% 的股权,该子公司是欧盟另一成员国的居民、欧洲经济区的居民或者瑞士联盟的居民;

(4) 一个母公司不间断地直接持有其子公司最少 10% 的股权至少 2 年,即使这里的 2 年期间最后 1 日迟于收到所得的日期;

(5) 母公司的总收入没有取得公司所得税的豁免,无论其收入来源是什么。

不过,如果不间断地持有分派股息子公司的股份至少 2 年的条件最后没有得到实现,则收到股息的公司,依据其他条款,有义务校正其享受免税待遇所属年度的纳税申报表并递交给主管税务局。

而且,《公司所得税法》的条款在效力上优于获得税收豁免的实体清单,例如,作为瑞士联邦居民的子公司,前提是这些子公司是在居住国负有无限纳税义务的实体;但是,为了应用这些免税,国内的母公司必须将其在子公司(这些子公司是瑞士联邦的居民)的持股份额保持在不低于 25% 的水平。

同时应该注意的是,《公司所得税法》第 22c 条款是对(欧盟)理事会 2015/121 指令的第 1(2) 条款的应用,该指令是对不同成员国母子公司案例中适用的共同税制指令——2011/96/EU 指令的修订②。2011/96/EU 指令的一个条款规定:"成员国不应该将本指令的优惠给予某项安排或一系列安排,如果构建该项安排或一系列安排的主要目的或主要目的之一是为了获得偏离本指令目的或目标的税收优惠,并且在考虑了所有相关的事实和情形之后发现该项安排或一系列安排是不真实的。"《公司所得税法》第 22c 条款于 2016 年 1 月 1 日生效。

与上述免税类似的是对纳税人取得的来源于利息、版权或者类似权利、专利权、商标权或者外观设计的所得,包括这些权利的销售所得等给予的税收豁免。关

---

① OJ L 345/8 of 29.12.2011; hereinafter: Parent-Subsidiary Directive.
② OJ L 21/1 of 28.01.2015.

于不同成员国关联公司之间收付利息和特许权使用费所适用的共同税制指令——2003年6月3日的2003/49/EC理事会指令①的第21(3)~(8)条款于2005年7月1日被纳入波兰的《公司所得税法》并于同日开始在波兰实行该指令。从2013年7月1日开始,在利息和特许权使用费的付款源头给予免税已经完全落实,只要这些所得满足相应的条件(与欧盟指令中设定的条件一致)。

根据2011年1月1日引进波兰税制的《公司所得税法》第22b条,上述产生于欧盟指令的免税可以运用于从上述来源取得所得的公司,如果该公司的居住国与波兰签订了相互交换税收情报的协议,或者支付上述来源所得的公司所在居住国与波兰签订了相互交换税收情报的协议。

而且,在《公司所得税法》第21(1)或者第22(1)条款所规定的利润分配豁免企业所得税的待遇适用需要满足一个条件:即收款方应提交居民证明给主管税局以确认其税收意义上的注册办事处或者通过递交恰当的证明来确认外国常设机构的存在②。

也应该指出的是,波兰已经实施了2009年10月19日理事会指令的条款,该指令是关于不同成员国的公司合并、分立、部分分立、资产转让和换股以及成员国之间的SE③或SCE④的注册办事处转让所适用的共同税制⑤。通过实施合并指令,《公司所得税法》第10(2).1条款和12(4).12条款规定了在公司合并或公司分立情形下合并公司或者新公司所享受的税收豁免。而且,这些条款在应用时所涉及的反避税规则也已经实施,并且从2017年1月1日开始这些反避税规则也适用于换股。

2.6 受控外国公司规则

《公司所得税法》第24a从2015年1月1日开始生效。波兰条款规定了居民从本国居民控制的外国公司获得所得的课税税率为税基的19%。该税基是依据该居民在受控外国公司所拥有的参与分配利润的权利份额所对应的受控外国公司所得来决定的,并扣减该居民已经从受控外国公司收到的股息以及该居民处置其

---

① OJ L 157/49 of 26.06.2003;hereinafter:Interest and Royalties Directive.
② According to Art. 26(1c) CITA.
③ 译者注:SE是一种欧盟法律的公司组织形式,该公司是依据欧盟法设立的。它是一间欧洲公司(Societas Europea)。这里的欧洲并非地理意义上的欧洲,而是指该公司的法律地位是源于欧盟法。
④ 译者注:SCE类似于SE,是一种欧盟的合作组织形式。
⑤ OJ L 310/34 of 25.11.2009;hereinafter:Merger Directive.

在受控外国公司的股权所取得的金额。当同时满足以下条件时,则确认为对外国公司构成控制①:

(1) 居民不间断地至少在 30 天的时间内直接或间接持有资本的至少 25% 份额,或者在主管机构或组成机构至少持有 25% 的投票权,或者持有至少 25% 的与参与利润分配权利相关的份额;

(2) 在一个财政年度内取得的至少 50% 的外国公司所得被认可为股息所得或者其他资本利得、售出股权(股票)取得的利润、债务追索、任何类型贷款的利息及其任何利益、证券、担保、版权所得、工业产权(包括处置这些权利获得的任何利得)以及从金融衍生品的处置和行权中取得的任何利得;

(3) 外国公司取得上述的至少一种所得在外国公司的居住国需要缴税并且法定公司所得税率比纳税人居住国的公司所得税率至少低 25% 或者享受免税,或者被排除在公司所得税之外(除非这些所得依据母公司—子公司指令在外国公司的席位或者在其管理机构所在地享受免税)。

而且,尽管有上述条款,这些规则适用于其居住国被认为是实施有害税收竞争的居民公司以及与波兰尚未签订有国际协定(尤其是税收协定)的国家的居民公司,或者与欧盟尚未签订有国际协定的国家的居民公司。

如果受控外国公司负有无限纳税义务且在欧盟成员国内或者在欧洲经济区的成员国内应对其全部所得缴纳税款,则这些条款也不适用。而且,如果该受控外国公司在给定的财政年度内收到的收入不超过 25 万欧元,则这些条款也不适用。如果受控外国公司在欧盟以外或欧洲经济区以外从事实际的经济活动并且在该国负有无限纳税义务,而且它的利润不超过在该国从事实际经济活动所取得的全部所得金额的 10%,那么这些规则也不适用。当波兰或欧盟与第三国签订有税务情报交换协议,这个第三国即是受控外国公司在该国负有无限纳税义务的国家,则上述免税条款将适用。

同时应该注意到,居民应该获得一项权利,即用归属于居民的子公司所持有的受控外国公司股份去扣减该居民在受控外国公司所持有的股份。如果在《公司所得税法》第 24a(11) 条款所特别规定的条件得到满足,则可以获得扣减的权利。

应该强调的是,《公司所得税法》第 24a 条款规定了这些条款也适用于在某些条件下通过常设机构从事营业活动的居民。

---

① Art. 24a(3). 3 CITA.

2.7 税基确定和恰当税率的应用

在应用恰当的税率之前,纳税人得到允许用《公司所得税法》第 18 条所规定的扣减额去扣除所得的金额。该所得金额减去扣减额之后,即得到税基,纳税人有义务将恰当的税率应用于该税基。该扣减额,举例来说,包括对公益机构的捐赠,以及为了宗教信仰所作的捐赠,但最高不得超过所得的 10%。而且,依据《公司所得税法》第 18d 条款所规定的要求,纳税人获准以实际发生的研发活动成本扣减税基。

根据《公司所得税法》第 19 条,适用的税率是税基的 19%,依据上述规则计算,税基包括来自所有应税所得来源的所得。根据最新的修订条款,从 2017 年 1 月 1 日开始,也有一档税率对应的是 15% 的税基,它适用于"小纳税人"或者刚刚开始营业的纳税人(适用于营业活动开始的纳税年度)。该条款的第二段列举了哪些纳税人不能在开业所在的税务年度及其次年使用上述调低后的税率。例如,这些纳税人不能是假设的因为转型、合并或分立的原因形成的纳税人。

但是,应该注意的是,某些类型的所得是单独课税的。基本的规则是股息以及参与法人利润分配所取得的其他所得应该按照 19% 的单一税率缴纳所得税,并且不能与其他来源的所得合并计算税额①。

而且,《公司所得税法》第 21 条还引进了其他两种税率,它们适用于从特定来源取得所得的非居民。税率是税基的 20%,这种税率适用于非居民取得的所得,举例来说,包括以下所得:

(1) 利息,版权或者相关权利,专利权,商标或者外观设计,包括这些权利的出售等;

(2) 在营业地点提供服务发生的收费,由居住在波兰领土以外的法人承办的娱乐活动或者体育活动;

(3) 咨询,会计,市场调研,法律服务,广告,管理和控制,数据加工,招募与供给服务,担保和类似的服务。

另外一种税率 10% 适用于非居民取得的来自外国航运企业在波兰港口出口货物和接收客运乘客的应收费用,不含货物和旅客本身,或者外国空运企业在波兰取得的应收费用。

---

① Art. 22 CITA.

应该注意的是,《公司所得税法》第 21 条和第 22 条应该依据波兰共和国所签订的避免双重征税的条约进行运用,这意味着上述所得的适用有效税率将会大大降低。

所得税是按年征收,但是,纳税人有义务在给定年度按月计算和预缴税款。税法条款允许纳税人按季预缴税款,但是这一特权仅给予在给定年度开始营业的纳税人和小纳税人(即纳税人在上一纳税年度的销售收入,含货劳税额,不超过 120 万欧元)。已经选择按照季度预缴税款的纳税人有义务在税务年度的第二个月的 20 日之前将他们按照季度预缴税款的计划通知税局局长。

在一个税务年度内已经作为预缴税款缴纳的税额随后可以从年度所得税中扣减,该扣减额是在每个给定税务年度结束之后递交给税务局的纳税申报中计算。

年度纳税申报表应在纳税申报表所属的税务年度结束之后的第三个月的月底之前递交给相关的税局局长,并按照纳税申报表所计算的年度所得税额扣减在该税务年度已经预缴的税款,然后按照净额缴纳年度所得税额。还应注意的是,有义务准备财务报表的纳税人应按照要求将财务报表递交给税局局长,并在相关的公司权力机构(比如股东大会)批准财务报表之日起 10 日内附上有权审核财务报表的机构的意见(如果有要求)。同时还要提交批准财务报表的决议。

应该注意的是,按照《公司所得税法》第 21 条和第 22 条,应缴税款并不是由纳税人计算和缴纳的,而是由缴税人来计算和缴纳的。根据《公司所得税法》第 26(1)条款,依据《公司所得税法》第 21 条和第 22 条规定的法定头衔进行税款缴纳的实体,有义务代扣税款,在付款当日按照恰当的适用税率计算税款。而且,这些实体有义务在付款所在月份的次月第 7 日之前将代扣的税款缴纳给主管税局。

瑟莫维·库古斯基教授、博导(Prof. Dr. Ziemowit Kukulski)
毛戈雅塔·显克博士(Dr. Małgorzata Sęk)
米豪·维克博士(Dr. Michał Wilk)

第八章

其他税种

1. 不动产税(Dr. Malgorzata Sek)

不动产税是波兰最重要的财产税。它的法律依据是 1991 年 1 月 21 日的《地方税法》①。以不动产为课税对象的其他税种包括农业税,其课税依据为 1984 年 11 月 15 日的《农业税法》②；此外还有森林税,其课税依据为 2002 年 10 月 30 日的《森林税法》③。

不动产税是一种地方税,由市政府管理和征收,它也是市政府的重要收入来源。

纳税人是持有不动产所有权或者占有土地永续使用权的个人、法人和组织单位,包括不具有法人资质的合伙企业④。应税不动产包括土地、建筑及其组成部分,以及用于商业目的的固定装配物(即不属于建筑物类别的结构)及其组成

---

① Ustawa z dnia 12 stycznia 1991 r. o podatkach i opłatach lokalnych, Consolidated version: Journal of Laws [Dz. U.] 2016, item 716, as amended; hereinafter: Local Taxes and Duties Act or LTDA.

② Ustawa z dnia 15 listopada 1984 r. o podatku rolnym, Consolidated version: Journal of Laws [DZ. U.] 2016, item 617, as amended; hereinafter: Agricultural Tax Act or ATA.

③ Ustawa z dnia 30 października 2002 r. o podatku leśnym, Consolidated version: Journal of Laws [Dz. U.] 2016, item 374, as amended; hereinafter: Forestry Tax Act or FTA.

④ Art. 3(1) LTDA.

部分①。

准确地说,应税对象不是不动产本身,而是所有权、对不动产的自动占有权,以及永续的土地使用权②。

一般来说,占有一定会自动地产生纳税义务,但是,在不动产被国库或者地方政府单位占有的情况下(不包括不构成单独不动产的且被自然人持有的住宅),仅占有不动产本身也会产生纳税义务③。如果一个课税对象被自动占有,纳税义务由自动的占有者履行,而不是由所有者履行④。

如果一个不动产由共同合伙持有或者两人、两人以上共同持有,那么它构成单独的课税对象,所有共同所有者、共同占有者共同地或者分别地负责履行相关的不动产纳税义务⑤。共同纳税义务或分别纳税义务并不适用于住宅楼里的有多个停车位的停车场;业主的纳税义务取决于他们在停车场所有权中所占的份额⑥。如果个人住宅物业的所有权是独立产权,那么土地和建筑物的共同所有部分所对应的纳税义务将由这些物业的业主根据其在该建筑物所占的份额来分别承担,每个业主所占份额计算方法是用每户住宅的可使用面积除以整栋楼宇的总使用面积⑦。

以下情形不纳入课税范围:农业用地、林业用地(除非用于商业目的)、水体下面的土地(河流和运河)以及公共道路所占土地⑧。以下情形享受免税:进行农业活动和林业活动所使用的建筑物及其附属构筑物,公益组织从事慈善活动所使用的不动产,学校和大学从事教育事业所使用的不动产,被登记为文物古迹的土地和建筑物,实行严格、积极保护措施的地段或景观保护区(详见《地方税法》第7条,该条款列举了许多免税情形)。在《地方税法》第7条没有提及的其他免税情形,可以由市议会通过批准的决议予以免税。

税基依据不动产的类型不同而有所区别,包括:土地面积、建筑物及其附属构筑物使用面积(可使用面积)、用于商业目的的固定构筑物及其附属组成部分的价

---

① Art. 2(1) LTDA.
② Art. 3(1) LTDA.
③ Art. 3(1), 2, 4 LTDA.
④ Art. 3(3) LTDA.
⑤ Art. 3(4) LTDA.
⑥ Art. 3(4a) LTDA.
⑦ Art. 3(5) LTDA.
⑧ Art. 2(2)(3) LTDA.

值①。有关固定构筑物的价值,是参考所得税法规的金额,在所在财政年度的1月1日决定,等于用来计算固定资产折旧的建筑物原值(不含累计折旧);如果该建筑物已经计提了全部折旧,那么该建筑物的价值等于最后一次账面计提折旧时所属年度的1月1日的建筑物原值(不含累计折旧)。如果未曾计提过任何折旧费用,那么税基等于纳税义务发生之日纳税人所确定的市场价值。如果固定构筑物或其组成部分未曾被计提过折旧费用并且已经被重新修葺,或者根据适用的所得税法规被重新评估其价值,那么税基等于修葺发生或价值重估的所在年度的下一个财政年度1月1日所确定的市场价值。

税率是每单位面积对应的固定金额,或者依据百分比税率对构成固定营业场所的构筑物课征。税率由市议会在其法定权限内通过市议会决议来决定②。物业类型及其使用模式显著影响着税率(商用物业适用更高税率,住宅适用较低税率)。市议会对不同类型的物业运用不同的税率,会对物业的地段、经济活动的类型、预期使用目的以及土地的使用给予特别考虑。对非居住用途的建筑物、其附属构筑物以及对商业用途的固定构筑物使用不同税率时,必须将经济类型纳入考虑范围。值得一提的是,为了演示税率的差异,当对土地课征不动产税时,用于从事经济活动的土地的法定最高税率为每平方米0.89兹罗提,对于大多数类型的土地,其税率为每平方米0.47兹罗提。对于住宅楼宇的最高法定税率为每平方米0.75兹罗提,但是商用楼宇的最高法定税率为每平方米22.86兹罗提。固定构筑物的最高法定税率为2%。

纳税期间是一个公历年度,但年度纳税义务是根据取得应税的所有权、占有权或永续使用权的月份数按比例计算年度纳税义务③。当纳税义务产生、变更或者终止的情形出现时,纳税义务从这些情形发生的次月1月1日开始才产生、变更或终止④。但是,如果该纳税义务涉及一栋楼宇及其附属构筑物或其组成部分,那么纳税义务自该楼宇完工年度的次年1月1日开始产生,或者纳税义务从该楼宇及其附属构筑物或者其组成部分被实际占用(在最后完工之前)的年份之次年1月1日开始产生⑤。

法人和组织单位,包括没有法人资质的合伙,应在每个纳税年度的1月31日

---

① Art. 4(1) LTDA.
② Art. 5(1) LTDA.
③ Art. 6(5) LTDA.
④ See Art. 6(1)(3)(4) LTDA.
⑤ Art. 6(2) LTDA.

之前递交自我评税的年度纳税申报表①。如果纳税义务是在该纳税期限之后才发生,那么纳税申报表应在该纳税义务发生之日起 14 日递交。不动产税款在每个月的 15 日之前分月缴纳按比例计算的年度税款,不过,对于 1 月份应交的不动产税款,其当月缴税日期可截至 1 月 31 日。自然人纳税人只需要在纳税义务发生、变更和终止之日起 14 日内报告他们的不动产所有权、占有权和永续使用权的变更②。他们的纳税义务在出具和送达纳税决定通知书之日起产生。税款应分四期缴纳:3 月、5 月、9 月和 11 月的 15 日之前。如果不动产被自然人和法人或者非公司组织单位或者非公司合伙企业所共同所有、共同占有,那么这些纳税人应依据适用于法人的条款递交纳税申报表和缴纳不动产税,但购买公寓的法人和自然人业主不包括在内③。

2. 民法交易税(资本税)(Dr. Michał Wilk)

2.1 总论

民法交易税在 2000 年被引进税制,其课税依据是 2000 年 9 月 9 日的《民法交易税法》④。民法交易税具有直接税的性质,但它在税制中的地位是不清晰的⑤。一方面它具有财产税的特征(当它对资本收益课税时),另一方面它又具有印花税的特点,印花税在过去是对交易(买卖)的课税。不过,必须强调的是,民法交易税的性质更像是一种印花税(资本税),它补充了流转税的课税范围。必须留意的是,当一个给定的交易只被课征增值税(至少交易的一方被课征增值税,或者享受增值税免税)时,则该交易不构成民法交易税的课税对象(不动产交易除外,也不包括商业公司的股权和股份销售协议,因为这些情形的增值税免税并不能豁免民法

---

① Art. 6(9) LTDA.
② Art. 6(6) LTDA.
③ Art. 6(11) LTDA.
④ Ustawa z dnia 9 września 2000 r. o podatku od czynności cywilnoprawnych, Journal of Laws [Dz. U.] 2000, No. 86, item 959, as amended; hereinafter: Tax on Civil Law Transactions Act or TCLTA. It has to be noted that tax regulations on capital duty were previously provided for in the Stamp Duty Act of 31 January 1989 [Ustawa z dnia 31 stycznia 1989 r. o opłacie skarbowej], Journal of Laws [Dz. U.] 1989, No. 4, item 23.
⑤ Cf. K. Koperkiewicz-Mordel, *Podatek od czynności cywilnoprawnych*, [in:] *Polskie prawo podatkowe*, W. Nykiel (ed.), Difin 2015, pp. 354.

交易税)。

民法交易税作为一种资本税应与欧盟内部的税制协调。这意味着,民法交易税的法规应该与2008年2月12日的关于筹集资本的间接税2008/7/EC指令[1]和在这之前颁布的有关筹集资本的直接税1974年69/335/EEC指令保持一致。在2008/7EC指令下,欧盟一致认为资本税引发税收歧视和双重征税问题,干预资本的自由流动。因此,建议在欧盟成员国废除这些税种。但是,资本税是国家财政收入的组成部分,立即废除这些税种是不可能的,所以2008/7EC指令通过一个重要的保留条款允许成员国保留这类税种。正如2008/7EC指令序言的第六节所论述的:"一旦一个成员国已经选择不再对这个指令所涵盖的全部或者部分交易课征资本税,那么它以后应该不可能重新引进该税种。"这个引言性质的条款经常产生有关资本税的课税范围是否可以予以考虑的问题。必须留意的是,波兰法律在这方面是否符合欧盟法律的问题已经在近年来被质疑了几次。不符合欧盟法律的地方包括[2]:

(1) 提供给公司的贷款在实行债转股时被双重征税(第一次征税是在提供贷款时,第二次征税是将贷款转换成持有债务人的公司股份之时)[3];

(2) 在分公司拨款给总公司时对拨款课税,以及对筹集公司资本的行为课税[4];

(3) 当公司股东发放贷款给公司时,对这一贷款课税[5];

(4) 公司的概念(关于有限的股份制合伙"limited joint-stock partnership"[6]以及有限合伙[7]是否可以被视为"公司"以及享受民法交易税的优惠条款)[8]。

---

[1] OJ L 46, of 21.2.2008, pp.11–22, hereinafter: Directive 2008/7.
[2] Cf. A. Olesińska, A. Zalasiński, *Podatek od czynności cywilnoprawnych — polski aspekt harmonizacji podatków pośrednich od gromadzenia kapitału*, [in:] *Polskie prawo podatkowe a prawo unijne. Katalog rozbieżności*, B. Brzeziński, D. Dominik-Ogińska, K. Lasiński-Sulecki (eds), Wolters Kluwer 2015.
[3] See the ECJ Judgment of 12 November 2009 in the case C-441/08 *Elektrownia Pątnów II*, EU:C: 2009:698.
[4] See the ECJ Judgment of 16 February 2012 in the case C-372/10 *Pak-Holdco sp. z o.o.* (EU:C: 2012:86) which generally approved taxation of such activities in the TCLT.
[5] See the ECJ Judgment of 16 June 2011 in the case C-404/11 *Lobster ROR Polska*.
[6] *Spółka komandytowo akcyjna*.
[7] *Spółka komandytowa*.
[8] See the ECJ Judgment of 22 April 2015 in the case C-357/13 *Drukarnia Multipress sp. z o.o.*, EU:C:2015:253.

2.2 课税范围

民法交易税的实际(实质)范围主要包括《民法交易税法》中明确列举的民法交易协议的签订(协议、设立按揭贷款的意向声明书)。必须留意的是,民法交易的纳税义务不仅需要符合民法协议和声明的要求(以及这些交易协议的修订),还需要遵从法院的决议但只适用于当这些法院决议的法律效力等同于《民法交易税法》所列举的交易的情形。

如上文所述,《民法交易税法》规定了应缴纳民法交易税的交易类型清单。重要的是,它是一份列举了所有应予课税情形的清单。换言之,如果存在一个其性质与《民法交易税法》所列举课税情形相类似的交易但是《民法交易税法》并没有明示将其纳入课税范围,签署此类协议或发生具有同类法律效力的行为并不会产生民法交易税的义务。

根据《民法交易税法》第1条第1款第1段,下列交易应缴纳民法交易税：

(1) 销售合同、有形资产交换合同和财产权利交换合同；

(2) 货币贷款协议或涉及有形资产的贷款协议且这些有形资产是根据它们本身的类别来定义的；

(3) 赠予协议,即受赠人接受赠予人的债务、负担或义务；

(4) 终身财产协议；

(5) 不动产分割协议和终止共同所有协议,只要它涉及付款或者额外的付款；

(6) 按揭合同；

(7) 并非无偿的土地永续使用权,包括不定期的土地使用权和并非无偿的地役权；

(8) 不规范的存款协议；

(9) 公司章程。①

关于课税的地域范围,必须强调的是,首先,当上述列举的交易涉及的财产是位于波兰境内或者其财产权是在波兰境内行使的,则应缴纳民法交易税。其次,如果涉及的有形财产位于波兰境外(或者财产权是在境外行使),但购买财产的一方是波兰居民并且交易是在波兰境内进行,那么这些民法交易应在波兰境内缴税。

这些课税的地域范围引发了一些关于行使财产权所在地点的疑问,例如：贷

---

① The translation of the TCLTA is based on LEX 2016 by Centrum Tłumaczeń PWN. PL.

款课税的问题。不清楚是指货币的地点(这个是决定性的)还是指其他因素。有关贷款课税这个问题,存在三种主要的立场①:

(1) 将货币视为一种独特的资产,如果发放贷款之时该货币存于波兰的银行账户内,这样的协议应缴纳民法交易税;

(2) 当贷款协议涉及财产权行使时,以发放贷款的机构所在地为准;

(3) 贷款协议涉及财产权行使时,以运营该银行账户的所在地为准。

有关公司章程及其条款的修订(包含公司资本的筹集)所对应的民法交易税地域范围的确定也有特别的规定。《民法交易税法》的第1条第5款简化了该情形适用的课税地域范围决定程序。根据该条款,如果一个合伙实体将其办公室注册在波兰境内,或者一家公司将其席位注册在波兰或者将其有效管理机构设立在波兰境内,则这些民法交易协议或行为应缴纳波兰民法交易税。

2.3 税基、税率、纳税义务和税款的征收

民法交易税的税率主要是比例税率或单一税率,税率从0.1‰~2%。税基依据有形资产或《民法交易税法》所列举的行使财产权利的市场交易价值计算(对于设立公司或者筹集公司资本,税基是依据公司股本的金额计算或者对合伙的资金投入价值计算)。

纳税义务通常在缔结民法交易之时产生,由买方承担(销售合同)、由借款人承担(贷款合同)、由合伙人承担(建立民法意义上的合伙)、由设立公司章程的公司承担,或者由商业合伙企业承担。

作为一般规则,民法交易税在纳税义务产生之后14天内由纳税人计算、申报和缴款。但是,当既定的民法交易以一种公证书的形式缔约,则税款由公证人征收。而且,只要纳税人缴纳了税款,公共公证人就有义务执行既定的民法交易。

民法交易税可以退税②,比如:当意愿声明的法律效力被废除时(例如由于交易一方的错误引起),假定该民法交易是有条件的并且所需条件未得到满足,或者公司或公司资本没有被法院注册。

2.4 免税

《民法交易税法》规定了广泛的免税清单。它包括,如外币销售、农业地产销

---

① According to the analysis: H. Filipczyk, *Podatek od czynności cywilnoprawnych. Komentarz*, Wolters Kluwer 2015.

② Article 11 TCLTA.

售、动产销售(如果动产的价值不超过 1 000 兹罗提)、国债和证券销售,构成特定金融工具的财产权利的转让,在法定条件下特定类型的贷款和在特定情形下(例如,当需要避免双重征税时)的公司章程(比如,设立公司、合伙,以及筹集资本①)。

3. 其他与企业相关的税种(Prof. Dr. Ziemowit Kukulski, Małgorzata Sęk)

3.1 总论

下面的税种从商业的视角来看并不太重要,因为它们的税收收入并不显著,所涉及的纳税人也比较有限。但是,从当地公共社区的角度来看,它们所起的作用是显著的;它们构成了公共社区的收入(地方税)。这些税种包括:继承和赠与税,农业税和林业税。这些税种的征收管理,除了继承和赠与税,均由地方税务局负责。

3.2 继承和赠与税

继承和赠与税的依据是 1983 年 7 月 28 日的《继承和赠与税法》②。该税是对纳税人取得在波兰境内的财产(不动产和动产)以及在波兰境内通过继承、赠与、捐赠或长期占有(逆权侵占,adverse possession)而执行的财产权利③。假如被继承人死亡时或者签署捐赠协议时受益人是波兰公民(国民)或者居民,那么它还适用于取得位于波兰境外的财产以及取得在境外执行的财产权利④。如果在死亡之时无论被继承人还是受益人均不是波兰国民或者未取得波兰永久居住权,那么取得位于波兰境内的动产和在波兰执行的动产不纳入课税范围。

纳税人仅包括个人(自然人)和缴纳公司所得税的法人。

税基是取得财产或者财产权利的市值减去债务价值和其他负担⑤。税率从 3%~20%,取决于受益人、被继承人、捐赠人之间的家庭亲疏程度⑥。最低税率和

---

① See the above-mentioned ECJ judgment in the case C-441/08 *Elektrownia Pątnów II*.
② Ustawa z dnia 28 lipca 1983 r. o podatku od spadków i darowizn, Journal of Laws [Dz. U.]2016, item 205, as amended; hereinafter: Inheritance and Gift Tax Act or IGTA.
③ Art. 1 IGTA.
④ Art. 2 IGTA.
⑤ Art. 7(1) IGTA.
⑥ Arts. 14 and 15 IGTA.

最高税率保留给属于"第一类纳税群体"的纳税人，包括配偶、后代、长辈、兄弟姐妹、继子女、继父母、儿媳女婿、公公婆婆和岳父岳母。而且，第一类纳税群体的成员获得财产或财产权利，除了儿媳女婿、公公婆婆和岳父岳母以外，均可以享受免税，只要他们从法院判定他们取得继承权的判决生效之日起1个月内向税局申报。其他的免税情形包括取得农场、登记为文物古迹的不动产或者屋内家私。如果是取得住宅或者住宅的一部分，则可以享受减免，通过从税基中减去最大不超过110平方米可用面积所对应的价值。

纳税人有义务从纳税义务产生之日（在纳税义务产生之时税务局会决定应缴纳的税款金额并出具一份税局决定书）起1个月内递交包含相应情况说明的纳税申报表，除非是在以公证形式赠与财产的情况下该税款已经被公证人代扣代缴给税局[①]。

3.3 农业税

农业税的课税依据是1984年11月15日的《农业税法》[②]。该税是对农业土地的所有权、共同所有权、占有、共同占有和永久承包权课税[③]。免税的情形包括贫瘠的农地和农业用地上的林地和灌木地[④]。大学的农业用地也享受免税[⑤]。进一步的客体免税（和减税）可以通过主管县议会的决议来批准实行[⑥]。纳税人是个人、法人和组织机构，包括所有、占有或者永久使用农业土地的合伙[⑦]。

税基根据土地是否属于农场而有所差异。当土地构成农场的组成部分时，税基是"可计算公顷数"（依据实际面积、土地的类别和性质、土地在四类税收区域中的位置，以及农业生产的经济和气候条件来决定）；对于其他类型的土地，税基则是以"公顷"为单位的实际面积[⑧]。属于农场的土地适用较低税率，其他土地则适用较高税率。税率被设定为每一"可计算公顷"或每一个公顷缴纳与特定数量黑麦等价的金额[⑨]。减税在《农业税法》第13-13d条款中有规定，并且它们包括投资减免

---

① Arts. 17(1), 17(2) and 18(1) IGTA.
② Journal of Laws [Dz. U.] 2016, item 617; ATA.
③ Arts. 1 and 3 ATA.
④ Art. 12(1) ATA.
⑤ Art. 12(2) ATA.
⑥ Art. 13e ATA.
⑦ Art. 3 ATA.
⑧ Art. 4 ATA.
⑨ See Art. 6 ATA.

和由于生产条件恶化而给予的减免(在山区或者自然灾害之后)。

纳税期间是一个公历年度,但是年度纳税义务按照拥有应税的土地所有权、占有应税土地或者拥有应税土地永久用益权的月份按比例折算成年度计算。①

纳税人,包括法人、组织单位以及没有法人身份的合伙,应在 1 月 15 日之前递交纳税申报表,报告当年的应缴纳税额,如果随后发生纳税义务的变更,那么纳税人还应该修正该纳税申报表②。在该纳税期限之后如发生纳税义务,则应在 14 日内递交纳税申报表。农业税按比例每季度缴纳一次:在 3 月 15 日、5 月 15 日、9 月 15 日和 11 月 15 日之前缴纳税款。

自然人纳税人并不需要计算他们的应缴纳税额。他们只需要在产生、改变或者终止纳税义务的情形发生之日起 14 日内将自己所有或占用的农地报告给税务局③。当税务局出具或提供一份本年度应缴税额的决定书给纳税人之时,纳税人才发生纳税义务④。税款按季度分期缴纳。

3.4 林业税

林业税的课征依据是 2002 年 10 月 30 日的《林业税法》⑤。该税是对林地的所有权、共同所有权、占有权、共同占有权和永久承包权课税⑥。免税的情形包括 40 年树龄的森林、入选文物古迹的森林、属于学校和大学的森林⑦。进一步的客体免税可以由市议会出具的决议来实施⑧。纳税人是个人、法人和组织机构,包括所有、占有或者永久使用林地的合伙⑨。

税基是以"公顷"为计量单位的林地面积⑩。税率设定为每公顷林地缴纳与固定数量木材等值的金额⑪。在国家公园和自然保护区的森林适用减半税率⑫。市

---

① See Art. 6(1) and Art. 6a(1)-(4) ATA.
② Art. 6a(8) ATA.
③ Art. 6a(5) ATA.
④ Art. 6a(6) ATA.
⑤ Journal of Laws [Dz. U.] 2016, item 374, as amended; FTA.
⑥ Art. 1(1) and Art. 2 FTA.
⑦ Art. 7(1) and (2) FTA.
⑧ Art. 7(3) FTA.
⑨ Art. 2(1) FTA.
⑩ Art. 3 FTA.
⑪ Art. 4 FTA.
⑫ Art. 4(3) FTA.

议会可以实行其他减免措施①。

纳税期间是一个公历年度,但是年度纳税义务依据当年所有、占有或拥有永久承包权的实际月份数按比例计算②。

纳税人,包括法人、组织单位和没有法人人格的合伙,应在每年的1月15日之前递交纳税申报表,申报本年度的应缴税额,并根据之后纳税义务的变更而修正它们的纳税申报表③。如果纳税义务是在这个纳税日期之后才发生的,则纳税申报表应在15日内递交。林业税是每月按比例分期缴纳。

自然人纳税人不需要计算他们的应缴税额。他们只需要在他们的纳税义务产生、变更和终止之日起14日内将他们拥有林地所有权和占有林地的情况报告给税局④。纳税人的纳税义务在税局出具或提供的本年度应缴税额的决定书送达纳税人之时产生⑤。税款按季度分期缴纳:在3月15日、5月15日、9月15日和11月15日之前缴纳。

---

① Art. 4(5) FTA.
② See Art. 4(1) and Art. 5 FTA.
③ Art. 6(5) FTA.
④ Art. 6(2) FTA.
⑤ Art. 6(3) FTA.

瑟莫维·库古斯基教授、博导(Prof. Dr. Ziemowit Kukulski)

第九章

波兰税收条约实践中的避免双重征税协定

1. 波兰税收条约实践中的避免双重征税协定

波兰通过单边、双边和多边措施来消除法律意义上的所得和资本双重征税。在没有其他方法可依据的情况下(没有生效的条约),波兰为其居民纳税人提供单边的普通税收抵免方法。同样的方法也适用于有税收条约的情形,即当外国来源所得(资本)是波兰税收居民在某一特定财政年度取得的唯一应税所得时[1]。免税法由企业所得税法单方面规定,适用于在以下欧盟指令的实施范围内涉及的股息、利息和特许权使用费的支付:2011/96/EU 母公司-子公司指令、2003/49/EU 利息和特许权指令[2]。当具有波兰居民身份的母公司从它们的非欧盟、非欧洲经济区和非瑞士子公司收到股息时,波兰实行普通抵免方法并给予抵免,其目的是为了消除在法律和经济层面对该所得的双重征税。

在波兰条约实践中避免双重征税的多边措施比较罕见。波兰是有限的若干多

---

[1] See Art. 27(9a) of the PITA of 26 July 1991, Journal of Laws [Dz. U.] 2015, item 73 as amended; Z. Kukulski, *Taryfa podatkowa (Tax scale)*, [in:] *Komentarz do ustawy o podatku dochodowym od osób fizycznych*, W. Nykiel, A. Mariański (eds), ODDK, Gdańsk 2015, pp. 917-927.

[2] See Arts. 20, 21 and 22 of the CITA of 15 February 1992, Jornal of Laws [Dz. U.] 2014, item 851; Z. Kukulski, *Dochody spoza terytorium Rzeczypospolitej Polskiej*, [in:] *Komentarz do ustawy o podatku dochodowym od osób prawnych 2015*, 10th edition, W. Nykiel, A. Mariański (eds), ODDK Gdańsk 2015, pp. 959-971 and T. Kardach, *Należności licencyjne* and *Udział w zyskach osoby prawnej*, [in:] *Komentarz do ustawy o podatku dochodowym...*, pp. 988 and 1012-1020.

边税收条约的缔约方。它们包括：比如，2010年5月27日在巴黎以签订议定书方式修订的《税收事项多边税收协助公约》[①]，波兰为了自动交换情报而在2014年10月29日签订的《多边主管当局协定》(Multilateral Competent Authority Agreement，简称 MCAA)以及为了消除关联公司因为转移定价调整产生的双重征税而签订的90/436/EEC公约[②]。上述的多边税收条约均没有涉及对法律意义上的双重征税的消除。但是，波兰在税收条约实践中曾经作为缔约国之一参与签订旨在消除法律意义上的双重征税的多边避免双重征税公约，即与经济互助委员会签订的若干税收条约，包括1977年签订的有关个人所得税的米什科尔茨条约(Miskolc条约[③])以及有关法人所得的1978年乌兰巴托条约[④]。这两个多边税收条约均没有正式终止。根据这些条约所规定的终止程序，意图终止条约的缔约国必须将终止通知递交给经济互助委员会秘书，该秘书负责履行这些条约的受托人职责。经济互助委员会在1991年正式解体，即在波兰税局递交任何通知给经济互助委员会秘书之前。在经济互助委员会解体之后，波兰已经与所有的经济互助委员会成员国(古巴除外)以及所有苏联的加盟共和国(土库曼斯坦除外)签订了全面的避免双重征税协议。人们可能会质疑在波兰与古巴、波兰与土库曼斯坦的双边关系中是否仍然应用经济互助委员会税收条约。在这方面并没有报道相关的税收案例。

波兰是120个双边税收协定的缔约国。波兰税收条约实践中形成的双边税收协定包括以下类型：

(1) 为了消除所得和资本双重征税和打击逃税所签订的全面双边税收协定；

(2) 为了避免某些类型个人所得的双重征税而订立的避免双重征税协定；

(3) 为了避免国际交通中船舶和飞机运营企业的双重征税而订立的协定；

(4) 为了避免继承和赠与税的双重征税而订立的协定；

---

① Convention on Mutual Administrative Assistance in Tax Matters, signed on 25 January 1988 in Strasbourg, [Konwencja o wzajemnej pomocy administracyjnej w sprawach podatkowych, sporządzona w Strasburgu dnia 25 stycznia 1988 r.], Journal of Laws [Dz. U.] 1998, No. 141, item 913.

② OJ C 160 of 30.6.2005 pp. 11—22; hereinafter: Arbitration Convention.

③ 米什科尔茨(匈牙利东北部城市)。

④ The Council of Mutual Economic Assistance (COMECON) was an economic organization existing from 1949 until 1991 under the leadership of the USSR that comprised the countries of Eastern Block along with a number of communist countries elsewhere in the world. The COMECON Member States included the SovietUnion, Bulgaria, Czechoslovakia, Hungary, Poland, Romania, East Germany, Albania/withdrew in 1961, Cuba, Mongolia and Vietnam.

(5) 以利息形式取得的储蓄收入征税协定；

(6) 税收情报交换协定。

为了避免所得和资本双重征税和避免逃税所签订的全面税收协定是波兰税收条约实践的主体。目前波兰已经与 87 个国家签订了 86 个全面避免双重征税协定[1]。从 20 世纪 70 年代和 80 年代至今，波兰的税收条约实践是基于《关于资本和所得的 OECD 税收协定范本》(简称《OECD 范本》)。但是，在《发达国家与发展中国家之间避免双重征税协定的联合国范本》(简称《联合国范本》)中所推荐的条款对波兰条约实践也产生清晰可见的影响，无论这些条约是在波兰成为 OECD 成员国之前还是之后签订的[2]。

有关在国际交通中经营船舶和飞机的个人和企业特定所得避免双重征税的双边税收协定(包括波兰税收条约实践中签订的上述第二类和第三类条约的数目)的数目是有限的。波兰只与 Guernsey(根西岛)、Jersey(泽西)和 Isle of Man(马恩岛)这三个地方缔结过这类税收协议。由于这些条约涉及的"人"数目有限(只涉及在国际交通中经营船舶和飞机的个人和企业)并且课税范围(避免发生双重征税的所得)有限，这些条约仅仅被当作全面避免双重征税协定的类型之一，因为一般来说这些条约遵循《OECD 范本》所推荐的格式条款[3]。

有关消除继承和赠与税双重征税的双边税收协定在波兰税收实践中也很罕见。在其他 OECD 成员国的税收协定实践中也观察到同样的趋势[4]。波兰只与奥地利、捷克、格但斯克的自由城(Danzig)和匈牙利签订过 4 个税收条约[5]。所有这些税收条约都是在第二次世界大战之前缔结的并且目前仍然有效，除了与格但斯

---

[1] In the case of Serbia and Montenegro, the two last members of the former Federal Republic of Yugoslavia, named in the years 2003—2008 the Republic of Serbia and Montenegro, the DTA between Poland and theFederal Republic of Yugoslavia, signed on 12 June 1997, with respect to elimination of double taxation of income and capital is applicable.

[2] Z. Kukulski, *Konwencja Modelowa OECD i Konwencja Modelowa ONZ w polskiej praktyce traktatowej*, Lex a Wolters Kluwer business, Warsaw 2015, pp. 355-367.

[3] Z. Kukulski, *Umowy o unikaniu podwójnego opodatkowania niektórych kategorii dochodów osób fizycznych*, Kwartalnik Prawa Podatkowego 2014, No. 1, pp. 17-43; and Z. Kukulski, *Umowy o unikaniu podwójnego opodatkowania w odniesieniu do przedsiębiorstw eksploatujących statki morskie lub statki powietrzne w transporcie międzynarodowym w polskiej praktyce traktatowej*, Kwartalnik Prawa Podatkowego 2014, No. 3, pp. 7-22.

[4] M. Lang, *Introduction to the Law on Double Taxation Conventions*, IBFD, Linde Verlag, Vienna 2013, 2nd edition, p. 158.

[5] D. Mączyński, *Międzynarodowe prawo podatkowe*, LEX a Wolters Kluwer business, Warsaw 2015, p. 24.

克自由城签订的税收条约因为格但斯克在战后重新并入波兰领土而终止失效以外。

关于以利息支付形式取得的储蓄所得的双边税收协定在波兰税收条约实践中是比较新鲜的事物,这类措施等同于关于以利息支付形式取得的储蓄所得课税的2003年6月3日欧盟委员会2003/48/EC指令[①]。波兰已经签订了这种类型的11个双边税收协定,与波兰签约的另一方分别是:Anguilla(安圭拉)、Aruba(阿鲁巴)、the British Virgin Islands(英属维尔京群岛)、the Cayman Islands(开曼群岛)、the Dutch Antilles(荷属安地列斯)、Guernsey(根西岛)、the Isle of Man(马恩岛)、Jersey(泽西岛)、Montserrat(蒙塞拉特)、San Marino(圣马力诺)、Turks & Caicos(特克斯和凯科斯群岛)。双边税收情报交换协议(简称TIEAs)可以视为波兰税收条约实践中出现的新趋势。波兰已经依据《关于税收情报交换的OECD协议》与之前被认为造成"有害税收竞争"的税收管辖地签订了14个双边税收情报交换协议,这些税收管辖地包括:Andorra(安道尔)、the Bahamas(巴哈马)、Belize(伯利兹)、the Bermuda(百慕大)、the British Virgin Islands(英属维尔京群岛)、the Cayman Islands(开曼群岛)、Dominica(多米尼加)、Gibraltar(直布罗陀)、Grenada(格林纳达)、Guernsey(根西岛)、the Isle of Man(马恩岛)、Jersey(泽西)、Liberia(利比里亚)和San Marino(圣马力诺)。而且,波兰在2014年10月7日签署和批准了与美国订立的《外国账户税收遵从法》(简称FATCA)。

2. 波兰税收条约实践的不同时期

全面避免双重征税协定是波兰税收条约实践中数量最多的条约。截至目前,波兰已经与86个国家签订了85个税收条约[②]。从波兰条约实践发展的角度来看,可划分为三个时期:

(1) 第一个时期涵盖波兰在1989年启动政治经济转型之前所签订的税收条约[③];

(2) 第二个时期涵盖在1989年12月31日之后以及1996年11月22日波兰

[①] OJ L 157/38 of 26.6.2003; hereinafter: Savings Directive.

[②] DTA with the former Federal Republic of Yugoslavia applies to the elimination of double taxation of income and capital with Serbia and Montenegro.

[③] For the analysis purposes, the date of 31 December 1989 is selected as the starting point of the transformation of the Polish tax treaty practice after the communist regime era.

成为 OECD 成员国之前所签订的避免双重征税条约或者通过修改议定书来修订的避免双重征税协定；

（3）第三时期涵盖的是波兰从 1996 年 11 月 22 日成为 OECD 成员国之日至目前所签订的避免双重征税协定或者通过修改议定书来修订的避免双重征税协定。

在 1989 年启动政治经济转型之前，避免双重征税协定的作用相当有限，因为在中央计划经济时代商品和服务的国际交流、资本和新技术的引进以及公民的自由流动都受到许多限制。但是，波兰从 20 世纪七八十年代开始签订它的税收协定，即上述的第一个时期的条约。波兰签订的第一个全面避免双重征税协定是在 1972 年 12 月 18 日[1]与联邦德国签订的税收条约，并在 2003 年 5 月 14 日签订了新协定来替代该协定[2]。除了与联邦德国签订的税收条约，波兰在其税收条约实践的第一阶段还与下列国家签订有税收协定：奥地利[3]、比利时[4]、加拿大[5]、中国[6]、丹麦[7]、芬兰[8]、法国[9]、希腊[10]、印度[11]、意大利[12]、日本[13]、马来西亚[14]、荷兰[15]、挪威[16]、巴基斯坦[17]、西班牙[18]、斯里兰卡[19]、泰国[20]、英国[21]、美国[22]、南

---

[1] Journal of Laws [Dz. U.] 1975, No. 31, item 163, with Protocol signed on 24 October 1979 (Journal of Laws [Dz. U.] 1982, No. 1, item 1).

[2] DTA singed on 14 May 2003, Journal of Laws [Dz. U.] 2005, No. 12, item 90.

[3] DTA concluded on 2 October 1974, replaced by the new treaty of 13 January 2004.

[4] DTA concluded on 14 September 1976, replaced by the new treaty of 20 August 2004.

[5] DTA concluded on 4 May 1987, replaced by the treaty of 14 May 2012.

[6] DTA concluded on 7 June 1988.

[7] DTA concluded on 4 April 1976, replaced by the new treaty of 6 December 2001.

[8] DTA concluded on 26 October 1977, replaced by the new treaty of 8 June 2009.

[9] DTA concluded on 20 June 1975.

[10] DTA concluded on 20 November 1987.

[11] DTA concluded on 21 June 1986, amended by the protocol of 29 January 2013.

[12] DTA concluded on 21 June 1985.

[13] DTA concluded on 20 February 1980.

[14] DTA concluded on 16 September 1977, replaced by the new treaty of 8 July 2013 (to be ratified).

[15] DTA concluded on 20 September 1979, replaced by the new treaty of 13 February 2002.

[16] DTA concluded on 24 May 1977, replaced by the new treaty of 9 September 2009.

[17] DTA concluded on 25 October 1974.

[18] DTA concluded on 15 November 1975.

[19] DTA concluded on 25 April 1980, to be replaced by the new treaty of 6 October 2015.

[20] DTA concluded on 8 December 1978.

[21] DTA concluded on 8 October 1974, replaced by the new treaty of 20 July 2006.

[22] DTA concluded on 8 October 1974, replaced by the new treaty of 13 February 2013, ratified by the Polish Parliament on 21 June 2013, to be ratified by the Senate of the United States.

斯拉夫①。

上述大部分的税收条约已经被取代或者很快将要被新的税收条约所取代,除了与中国、法国、希腊、意大利、日本、巴基斯坦、西班牙和泰国签订的税收条约。关于波兰与印度签订的条约,2013年10月29日通过签订修改议定书对条约作了重大的改动。波兰的第一个避免双重征税条约遵循的是1963年和1977年《OECD范本》的初始版本,在大多数情况下都不利于维护波兰的税收利益,比如:有关消极投资所得的课税、有关消除双重征税的方法;例外的情况是波兰与中国、印度、马来西亚、巴基斯坦和斯里兰卡签订的避免双重征税协定,遵循的是1980年《联合国范本》的建议。在分析波兰于税收条约实践第一阶段所采取的解决方案之后,可以得出结论,波兰负责谈判和签订税收条约的人员并没有意识到在缔约国之间正确分配税收管辖权以及选择消除双重征税的方法对财政收入造成的影响,也没有认识到促进双边税务合作的政策工具的实际重要性。20世纪七八十年代签订的税收条约若是在目前依然有效,则依然能够从中看出波兰作为缔约方在上述事项上的缺乏经验。下面将在第六节详细讨论波兰税收条约中对消极投资所得的课税。

在1989年12月31日之后以及1996年11月22日之后,波兰签订了它的大部分避免双重征税条约。这一时期签订的条约包括波兰与下列国家签订的税收条约:阿尔巴尼亚、阿尔及利亚、澳大利亚、白俄罗斯、保加利亚、克罗地亚、塞浦路斯、捷克共和国、埃及、爱沙尼亚、印度尼西亚、爱尔兰、以色列、匈牙利、哈萨克斯坦、科威特、拉脱维亚、立陶宛、卢森堡、马耳他、摩洛哥、摩尔多瓦、菲律宾、葡萄牙、罗马尼亚、俄罗斯联邦、新加坡、斯洛伐克、斯洛文尼亚、南非、韩国、瑞士、突尼斯、土耳其、乌克兰、阿联酋、乌拉圭、乌兹别克斯坦、越南、赞比亚、津巴布韦。大多数的条约依然生效,除了与捷克共和国②和新加坡③签订的条约以外,也有一些条约在近年来通过修改议定书的形式进行税收条约的重新谈签,比如波兰与塞浦路斯④、匈牙利⑤、卢森堡⑥、

---

① DTA concluded on 10 January 1985 with the Federal Socialist Republic of Yugoslavia, still in force between Poland and Bosnia and Herzegovina, to be replaced by the recently signed and ratified treaty of 14 June 2014 (entry into force on 1 January 2017).

② DTA concluded on 24 June 1993, replaced by the new treaty of 13 September 2011.

③ DTA concluded on 23 April 1993, replaced by the new treaty of 4 November 2012.

④ DTA concluded on 4 June 1992, changed by the amending protocol of 22 March 2012.

⑤ DTA concluded on 23 September 1992, changed by the amending protocol of 27 June 2000.

⑥ DTA singed on 14 June 1995, changed by the amending protocol of 7 June 2012.

马耳他①、斯洛伐克②、韩国③、瑞士④、阿联酋⑤签订的税收条约。《OECD 范本》和《OECD 范本》注释的影响在波兰税收条约实践第二阶段的发展中清晰可见。但是,《联合国范本》的建议也影响了波兰在加入 OECD 之前所签订的一些税收条约。因此,在这方面并没有观察到税收条约政策态度方面的显著变化⑥。但是,在政治经济转型开始之后,税收条约的作用和实际重要性相比起 1989 年 12 月 31 日之前已经显著提升。税局、法院对税收条约的应用,涉及特定税收管辖权的税收筹划实务以及需要解释的税收问题,都促进了波兰税收条约实践在这之后几十年的发展。

波兰在 1996 年 11 月 22 日加入 OECD。为了比较研究波兰作为非 OECD 成员国和作为 OECD 成员国所签订税收条约的差异并据此评估《OECD 范本》和《联合国范本》对波兰税收条约实务的影响,这个日期可能是一个标志性的日期。在 1996 年 11 月 22 日之后,波兰签订新税收条约或者通过修改议定书来修正已有税收条约,并通过该方式系统地、持续地扩展它的税收条约网络。加入 OECD 之后,波兰已经与 37 个国家或地区签订了税收条约:亚美尼亚、奥地利、阿塞拜疆、孟加拉国、比利时、波斯尼亚和黑塞哥维那、加拿大、智利、捷克共和国、丹麦、埃塞俄比亚、南斯拉夫联邦共和国(塞尔维亚和黑山共和国)、前南斯拉夫马其顿共和国、芬兰、格鲁吉亚、德国、伊朗、冰岛、约旦、吉尔吉斯斯坦、黎巴嫩、马来西亚、墨西哥、蒙古、荷兰、新西兰、尼日利亚、挪威、卡塔尔、沙特阿拉伯、斯里兰卡、瑞典、叙利亚、中国台湾地区、塔吉克斯坦、英国、美国。波兰已经重新谈判了一些目前仍然生效的条约,特别是与重要的税收条约伙伴重新谈判,并在一些地方引进了重要的改动以反映波兰税收条约政策的发展,比如通过修改议定书来减少税收筹划的机会。这方面的条约包括波兰与下列国家签订的税收条约:奥地利⑦、比利时⑧、塞浦路斯、

---

① DTA concluded on 7 January 1994, changed via the amending protocol of 6 April 2011.
② DTA concluded on 18 August 1994, changed by the amending protocol of 1 August 2013.
③ DTA concluded on 21 June 1991, changed by the amending protocol of 22 October 2013.
④ DTA concluded on 2 September 1991, changed by the amending protocol of 20 April 2010.
⑤ DTA concluded on 31 January 1993, changed by the amending protocol of 11 December 2013.
⑥ Z. Kukulski, *Konwencja Modelowa ONZ w sprawie unikania podwójnego opodatkowania między państwami rozwiniętymi a rozwijającymi się a polska praktyka traktatowa*, D. J. Gajewski (ed.), Krajowa Izba Gospodarcza, Warsaw 2015, pp. 101-112.
⑦ DTA concluded on 31 January 2004, changed by the amending protocol of 4 February 2008.
⑧ DTA concluded on 20 August 2001, changed by the amending protocol of 14 April 2014.

丹麦①、匈牙利、印度、伊朗②、冰岛③、卢森堡、马耳他、挪威④、斯洛伐克、韩国、瑞士、阿联酋。波兰税收条约实践的最新发展将在本节之后继续探讨。

3.《OECD 范本》和《联合国范本》对波兰税收条约实践的影响

波兰税收条约实践从初始阶段即受到《OECD 范本》的影响。一些 OECD 推荐的条款在波兰缔结的税收条约中未经修改或仅仅作了微小的改动即被采纳。这些条款包括下列《OECD 范本》的条款：第 6 条（不动产所得），第 9 条（关联公司），第 10 条（股息），第 11 条（利息），第 15 条（雇佣所得），第 17 条（演员和运动员），第 19 条（政府服务），第 20 条（学生），第 22 条（资本）。上述条款应对的是在缔约国之间征税权的分配，除了第 9 条的关联公司条款。波兰税收条约实践也受到 OECD 推荐条款的影响，当它需要应对以下问题时：消除双重征税的方法（第 23A 条——免税法和第 23B 条——税收抵免法），非歧视条款（第 24 条），双边协商程序（第 25 条），情报交换（第 26 条），征税的协助（第 27 条），外交使团成员和领事职位（第 28 条），条约地域的延伸（第 29 条）以及最后的条款——生效（第 30 条）和条约的终止（第 31 条）。而且，条约对人的定义范围（第 1 条——涵盖的人）和条约适用的税种（第 2 条——涵盖的税种）是基于《OECD 范本》推荐的条款。下列关于《OECD 范本》的一些条款亦是如此：第 3 条（一般定义）和第 4 条（为了税收条约的应用而对于居民所作的定义，以及解决个人和其他纳税人双重征税问题的决定胜负规则）。

《联合国范本》包括 30 个不同于 OECD 模板的条款⑤。一些条款被运用于波兰的税收条约实践，不论该税收条约是在哪一个时期签订，也无论另一方缔约国是否为

---

① DTA concluded on 6 December 2001, changed by the amending protocol of 7 December 2009.
② DTA concluded on 2 October 1998, changed by the amending protocol of 15 December 2004.
③ DTA concluded on 19 June 1997, changed by the amending protocol of 16 May 2012.
④ DTA concluded on 9 September 2009, changed by the amending protocol of 5 July 2012.
⑤ W. Wijnen, J. de Goede, *The UN Model in Practice 1997—2013*, Bulletin for International Taxation 2014, No. 3, pp. 119-120; see also: W. Wijnen, J. de Goede, A. Alessi, *The Treatment of Services in Tax Treaties*, Bulletin for International Taxation, 2011, Vol. 66, No. 1, p. 27 and W. Wijnen, J. de Goede, A. Alessi, *The UN Model* ..., pp. 119-120.

OECD成员国①。在波兰税收条约实践中对《联合国范本》不同条款的使用具有显著的差异②。自从1980年《联合国范本》产生以来,在以下的14个《联合国范本》条约在超过20%的波兰已缔结税收条约中被采纳:①第12条第1款和第2款——分享特许权使用费的课税权;②第14条第1款第a点——专业服务;③第12条第3款——为使用工业、科研和商用设备而支付的特许权使用费的定义;④第12条第3款——为使用或取得电台、广播的使用权而支付的特许权使用费的定义;⑤第13条第4款——不动产份额条款;⑥第5条第3款第a点——建筑工地、建筑物、装配和安装项目相关的监理活动;⑦第14条第1款第b点——专业服务停留期间的长短(183天门槛);⑧条款第18A(2)和第18B(3)——关于社保制度下的社保收入应给予来源国独占课税权;⑨第5条第3款第b点——服务的提供,包括常设机构定义所涵盖的咨询服务;⑩第5条第3款第3点——在建筑工地、建筑物、装配或安装(在一些案例中还包括相关的监理活动)持续6个月之后构成常设机构;⑪第21条第3款——来源国的其他收入;⑫第7条第3款——在决定常设机构的利润时不允许扣除管理费、利息、特许权使用费;⑬第5条第7款——有委托人的代理人;⑭第5条第5款第b点——存货代理人。

上述《联合国范本》的推荐条款构成了波兰税制实践的常见要素。

4. 波兰签订的税收条约中的常设机构概念

波兰税收条约实践中的常设机构概念依据的是《OECD范本》所推荐的条款。但是,波兰签订的许多条约,无论是与OECD成员国还是与非OECD成员国缔约,均包含《联合国范本》第5条特有的要素特征。这些特征包括:建筑工地、建筑、安装和装配工程条款中所包含的监理活动(详细见《联合国范本》第5条第3款第a点)以及比《OECD范本》所推荐的不少于12个月的最短期限还要短的持续期间(即超过该期限则该建筑工地或建筑物构成在另一个缔约国的常设机构)③。监理活动条款出现在超过43%的波兰税收条约中,通常是与非OECD国

---

① Z. Kukulski, *Konwencja Modelowa ONZ w sprawie unikania podwójnego opodatkowania*..., pp. 101-112.

② *Ibid*, pp. 101-112.

③ Cf. M. Zasiewska, A. Oktawiec, J. Chorazka (eds), *Umowy o unikaniu podwójnego opodatkowania*, ABC a Wolters Kluwer business, Warsaw 2011, pp. 111-114; K. Prazuch, *Poland*, [in:] *Recent tax treaty developments around the globe*, M. Lang (ed.), Vol. 59, Vienna 2009, pp. 331-335.

家签订的,其中86个税收条约中就有22个税收条约包含了上述涉及建筑工地的6个月期限(或者期限长于6个月但短于《OECD范本》所推荐的12个月期限)[1]。在这类条约中,波兰与非OECD国家签订的税收条约占大多数,除了波兰与墨西哥和挪威签订的税收条约。

  类似于其他国家的税收条约实践,波兰签订的税收条约也包含着许多差异——有关建筑工地、建筑活动等构成常设机构的最短期限标准或者少于《联合国范本》所推荐的6个月,或者超过6个月。最短期限低于6个月的条约包括波兰与尼日利亚签订的条约(3个月);最短期限长于6个月的条约包括波兰与爱沙尼亚、希腊、拉脱维亚、立陶宛、罗马尼亚、塔吉克斯坦、赞比亚签订的条约(9个月)。期限最长的条约包括:24个月的条约,它是波兰与波斯尼亚和黑塞哥维那签订的税收条约(该条约是波兰在1985年与南斯拉夫签订的,在2017年1月1日被一个依据《OECD范本》起草的新条约所取代);与新加坡签订的条约(365天);与奥地利签订的条约、与黑山共和国和塞尔维亚签订的条约(18个月)。而且,有关波兰与白俄罗斯、摩尔多瓦、俄罗斯、乌克兰、乌兹别克斯坦签订的税收条约,上述最低期限可以延长,其依据是由建筑工地、建筑等活动所在地的国家主管税局针对个别案例出具的征收决定书。除了上述条款偏离《联合国范本》以外,对于《OECD范本》第5条第3款所用措辞的细微改动也可以在波兰与澳大利亚、丹麦、新西兰和突尼斯签订的税收条约中找到。

  另外一个典型的《联合国范本》下的常设机构概念——条款第5(3)(b)所规定的提供劳务条款,在波兰签订的税收条约中经常见到,这些条约主要是与非OECD国家签订的(超过波兰税收条约总数的30%)[2]。而且,在这方面,有些条约与《联合国范本》的第5(3)(b)条款所用的措辞存在细微的差别,比如波兰与亚美尼亚、阿塞拜疆、克罗地亚、科威特、印度尼西亚、黎巴嫩、新加坡、塔吉克斯坦、挪威、阿联酋的税收条约。

  在《联合国范本》下,有若干条款扩大了常设机构这一概念的范围(相比起《OECD范本》而言),但这些条款在波兰签订的税收条约中比较罕见。这些条款包括:①条款5(4)(a)和(b)——分销活动;②条款5(5)(b)——存货代理人;③条款5(6)——保险活动;④条款5(7)——有委托人的独立代理人和非独立代理人;⑤条款5(8)——2001年版本的《联合国范本》——受到合理价格规则约束的独立

---

[1] Z. Kukulski, *Konwencja Modelowa OECD i Konwencja Modelowa ONZ . . .* , pp. 319-327.
[2] *Ibid*, pp. 323-324.

代理人和非独立代理人①。在上述所有的情形中,波兰的税收条约实践,就如同其他 OECD 国家的税收条约实践一般,均受到《OECD 范本》的启发。

5. 波兰签订的税收条约在法律和经济意义上对营业活动所得的课税

在波兰的条约实践中对营业所得双重征税的消除是基于 OECD 范本所推荐的方法(第 7 条)②。与美国所签订的税收条约是在 2013 年 2 月 14 日签订(尚未得到美国国会参议院的批准),它是波兰税收条约实践中很独特的一个条约,它遵循的是 2010 年《OECD 范本》所推荐的关于营业利润的做法。波兰最近与波斯尼亚和黑塞哥维那(2014 年 6 月 4 日),埃塞俄比亚(2015 年 7 月 13 日)和斯里兰卡(2015 年 10 月 6 日)遵循的是 OECD 范本在 2010 年版本更新之前的模板。

不同于《OECD 范本》——无论是它在 2010 年更新之后的版本还是更新之前的版本——《联合国范本》中课税权分配的规则是基于常设机构的有限引力。根据《联合国范本》条款 7(1)(b)和条款 7(1)(c),常设机构所在地的国家不仅可以对外国企业来源于常设机构的利润课税,还可以对外国公司在常设机构所在国从事与常设机构所销售的货物和商品相同或类似的货物和商品销售所取得的利润课税,或者对外国公司在常设机构所在国从事与常设机构相同或类似的其他营业活动所取得的利润课税。这种典型的《联合国范本》的条款通常出现在波兰与其他非 OECD 成员国所签订的税收条约中(比如波兰与亚美尼亚、爱沙尼亚、印度尼西亚、印度、哈萨克斯坦、拉脱维亚、立陶宛、蒙古、乌兹别克斯坦、越南)。在波兰加入 OECD 之后,波兰所签订的税收条约中减少了对《联合国范本》条款 7(1)(b)和条款 7(1)(c)的使用。这种趋势顺应了当今 OECD 成员国典型的税收条约实践③。

波兰税收条约实践中的外国公司(总部)和常设机构之间的利润分配条款用明示的方式不准扣除所支付的款项(不是通过实际费用的报销),这个做法是基于 2010 年之前的《OECD 范本》的版本[条款 7(3)(4)和(5)]。在波兰签订的税收条

---

① See W. Wijnen, J. de Goede, *The UN Model in Practice ...*, pp. 123-126. See also: A. L. Yaffar, M. Lennard, *An Introduction to the Updated UN Model (2011)*, Bulletin for International Taxation 2012, Vol. 66, No. 11, pp. 225-230.

② Cf. M. Zasiewska, A. Oktawiec, J. Chorązka (eds), *Umowy o unikaniu ...*, pp. 135; K. Prazuch, *Poland*, [in:] *Recent ...*, M. Lang (ed.), pp. 331.

③ Cf. W. Wijnen, J. de Goede, *The UN Model ...*, p. 126.

约中,只有部分条约包括《联合国范本》扩充版中的条款 7(3),该条款只允许扣除企业(总部)直接或间接为常设机构代为支付的具有报销性质的款项[见条款 7(3)的第二句]。在《联合国范本》条款 7(3)的第三句话一以贯之地规定将总部支付给常设机构的利润排除在外,这个做法在波兰的税收条约实践中很少被采纳①。并且,《联合国范本》没有包括《OECD 范本》在 2010 年更新之前的版本所包含的条款 7(5),该条款 7(5)规范的是常设机构为外国企业从事的仅仅是代为采购货物和商品的活动时其相关利润是否应该归属于常设机构的问题。在这个方面,波兰税收条约实践是基于 2010 年之前《OECD 范本》的版本,即条款 7(5)还没有从范本中被删除的版本②。

根据《OECD 范本》,经营船舶和飞机交通运输的利润以及从事内陆水道运输的利润只应该在从事这些业务的企业实际管理机构所在地所属的缔约国一方缴税。波兰签订的税收条约遵循《OECD 范本》所建议的第 8 条款,消除对船运、内河运输和航空运输所得的双重征税。《联合国范本》在条款 8(2)的可选择方案 B 中——在一定条件下对该所得实行来源地课税。波兰签订的税收条约中只有 5 个税收条约遵循《联合国范本》的建议:波兰与澳大利亚、孟加拉国、加拿大、新西兰和菲律宾。但是,这 5 个条约均没有完全采纳《联合国范本》中条款 8B(2)所用的措施。与《联合国范本》所提供建议存在偏差的地方包括以下几点:①存在对国际运输的定义;②用"居住"标准来取代"实际管理机构"标准;③列举了允许适用来源地课税规则的利润类型③。并且,波兰与澳大利亚、加拿大和新西兰签订的税收条约规定:如果利润仅仅是来源于该国限定地点的船运和空运业务,则来源于国际船运或航空运输的利润可以在来源国课税。波兰与孟加拉国签订的税收条约对来源国产生的利润规定了有限的课税权(应纳税额减征 50%)。波兰与菲律宾签订的条约也有类似条款。

自从《OECD 范本》在 2000 年发布它的更新版本以来,并没有包括一个特定的

---

① *Ibid*, p. 127.

② See H. Üzeltürk, *The Impact of the OECD and UN Model Tax Conventions on Turkish Tax Treaties*, Intertax 2011, Vol. 39, No. 8-9, p. 439; B. Yang, Ch. Ping Song, *A Comparative Study of the OECD Model and UNModel and China's Treaties with Respect to Rights to Tax Income and Capital*, eJournal of Tax Research 2011, Vol. 9, No. 3, https://www.business.unsw.edu.au/research-site/publications-site/ejournaloftaxresearch-site/Documents/full_edition_v9n3.pdf of 15 May 2016, pp. 257-260.

③ See M. Zasiewska, A. Oktawiec, J. Chorążka (eds), *Umowy o unikaniu ...*, pp. 174-176; K. Budasz, W. Komer, *Umowy o unikaniu podwójnego opodatkowania. Opodatkowanie płatności od odbiorców zagranicznych*, Difin, Warsaw 2012, pp. 110-115.

条款来规范有关独立专业服务所得的课税权分配事宜,而之前版本的第 14 条款对此事项是有规定的。2000 年版本的《OECD 范本》所作的改动已经限制了它对波兰税收条约实践的影响。该特定条款仍出现在波兰已经签订的所占比例为 86% 的税收条约中①。但是,可能也察觉到了新的趋势。条款第 14 条并没有包括在波兰 2000 年之后与一些 OECD 成员国缔结的税收条约中,比如波兰与加拿大、丹麦、芬兰、挪威、新西兰、卡塔尔、英国和美国的税收条约,或者通过修改议定书的形式删除(比如波兰与马耳他的税收条约)。在这种情形下,前面讨论的《OECD 范本》所包含的第 7 条款规定的一般规则应予实施。在其他方面,波兰与塞浦路斯的修改议定书,于 2012 年 3 月 22 日签署,不仅从条约中删除了第 14 条款,还通过增加 183 天规则改变其措辞,在这方面很明显是受到《联合国范本》建议的启发。

仍然保留独立专业服务条款的税收条约通常遵循的是 1997 年的《OECD 范本》——也同样参考了《联合国范本》条款第 14(1)(a)的措辞。波兰仍然有很多税收条约依然保留着《联合国范本》的条款第 14(1)(b)。这个独特的联合国范本条款出现在波兰与 OECD 成员国(比如墨西哥和土耳其)和非 OECD 成员国所缔结的 30 个税收条约中②。根据《联合国范本》的条款 14(1)(b),如果提供独立专业服务的人停留在另外一方缔约国的时间在任何 12 个月内(在所涉及的财政年度内开始计算或结束计算)等于或超过累计 183 天,则来源国获得允许对独立专业服务所得课税。在这方面,并不需要满足 1997 年《OECD 范本》第 14(1)条款或者《联合国范本》第 14(1)(a)条款所规定的固定基地要求。一些税收条约将 183 天的标准缩短至 91 天(比如波兰与印度尼西亚的税收条约)或者 120 天(比如波兰与孟加拉国、菲律宾和乌兹别克斯坦的税收条约)。例外的是,波兰与新加坡签订的税收条约规定停留期间为任何 15 个月内的 365 天。并且,波兰与约旦和黎巴嫩签订的税收条约不仅仅包括了与《联合国范本》第 14(1)(b)条款相同的条款,还将课税权分配给来源国,前提是独立专业服务的酬劳来源于该国居民或者该酬劳由一个并非该国居民的人在该国设立的常设机构所负担。

波兰的税收条约均没有包含《联合国范本》的第 14(1)(c)条款——2001 年从《联合国范本》中删除——根据该条款,如果酬劳是由该国居民支付或者由位于该国的常设机构负担,并且该酬劳的金额超出双边谈判所规定的数额,则来源国获得

---

① *Ibid*, pp. 110-112.
② See: H. Üzeltürk, *The Impact of the OECD . . .* , pp. 432-434.

许可对独立专业服务所得课税。这个规则很少在其他国家的税收条约实践中被使用①。

波兰的税收条约包含关联公司条款,与俄罗斯联邦签订的税收条约除外,这是《OECD 范本》第 9 条所建议的条款,其目的在于消除经济性的双重征税②。但是,在 20 世纪七八十年代所签订的许多税收条约中,也包括波兰在加入 OECD 之前所签订的税收条约,并没有包含与《OECD 范本》第 9(2)条款相同的条款。税收条约中所包含的转移定价规则并非自动生效的准则。它们的应用取决于国内税制中存在的相关法规。波兰在 1990 年年初将转移定价条款(重大调整事项)引进国内税制③。允许对关联公司利润作出相应调整的规则在 2008 年 11 月 6 日实行新的《个人所得税法》和《公司所得税法》之后才开始生效④。

这就是为什么《OECD 范本》的第 9(2)条没有出现在波兰加入 OECD 之前所签税收条约中的原因。在重新谈判条约的过程中,波兰在新条约里引进了相应的调整条款,或者通过修改议定书来变更旧条约的相关条款。这些条约包括:与韩国签订的新条约⑤,或者与印度⑥、斯洛伐克⑦修改的条约议定书。这是当前波兰税收条约实践中的新趋势之一⑧。

---

① W. Wijnen, J. de Goede, *The UN Model in Practice* ..., pp. 140-143.
② See A. Biegalski, T. Borejko, M. Kucewicz, K. Lasiński-Sulecki, F. Świtała, *Artykuł 9*, [in:] *Model konwencji OECD. Komentarz*, B. Brzeziński (ed.), Oficyna Prawa Polskiego Wydawnictwo wiedza i praktyka 2010, pp. 641-657.
③ Primary adjustment of profits of associated enterprises is provided for in Art. 25 PITA and Art. 11 CITA.
④ Act of 6 November 2008 on amendment of the Act on personal income tax, the Act on corporate income tax and some other acts [Ustawa z dnia 6 listopada 2008 r. o zmianie ustawy o podatku dochodowym od osób fizycznych, ustawy o podatku dochodowym od osób prawnych oraz niektórych innych ustaw], Journal of Laws [Dz. U.], No. 209, item 1316. See: W. Nykiel, A. Mariański (eds), *Komentarz do ustawy o podatku dochodowego od osób fizycznych*, ODDK, Gdańsk 2015, pp. 209-235; A. Biegalski, T. Borejko, M. Kucewicz, K. Lasiński-Sulecki, F. Świtała, *Artykuł 9* ..., [in:] *Model* ..., B. Brzeziński (ed.), pp. 660-665.
⑤ See Art. 4 of the amending protocol to the DTA between Poland and South Korea, signed on 22 October 2013.
⑥ See Art. 5 of the amending protocol to the DTA between Poland and India, signed on 29 January 2013.
⑦ See Art. 1 of the amending protocol to the DTA between Poland and Slovakia, signed on 1 August 2013.
⑧ A. Biegalski, T. Borejko, M. Kucewicz, K. Lasiński-Sulecki, F. Świtała, *Artykuł 9* ..., [in:] *Model* ..., B. Brzeziński (ed.), p. 655; J. Banach, *Polskie umowy o unikaniu podwójnego opodatkowania*, C. H. Beck, Warsaw 2000, pp. 201-203.

在波兰的税收条约实践中,有一些税收条约与 OECD 的建议存在偏差。这些差异包括:①可能调整关联公司利润时所对应的时间限制(比如:波兰与加拿大、塞浦路斯、埃及、印度尼西亚、瑞士),通常是从该利润所属年度的 12 月 31 日起 5 年之内,税务欺诈或蓄意拖欠的案例除外;②应用缔约国的有关任何法律以确定一个人的纳税义务,包括识别一些案例,在这些案例中,税局所掌握的情况不足以判定应归属于关联公司的所得(比如波兰与澳大利亚和马耳他签订的税收条约)。

只有一些波兰签订的税收条约包含《联合国范本》第 9(3)条款,该条款排除了第 9(2)条所规定的相应调整,即当司法、行政或者其他法律程序已经产生了最终的裁定,这些裁定认为通过其调增利润的行为,所涉及的关联公司之一应该为其进行的欺诈、重大疏忽或蓄意拖欠行为受到惩罚。这样的条款出现在波兰与加拿大、捷克、埃及所签订的税收条约中。

6. 波兰所缔结税收条约中的消极投资所得课税

尽管在 1996 年加入 OECD 和在 2004 年加入欧盟,波兰目前仍然是一个资本和技术的输入国,而非资本和技术输出国。在已签订的税收条约中采取的解决方案清晰地体现了这一特点。

波兰税收条约遵循《OECD 范本》中第 10(1)条和第 10(2)条的有关消除股息所得双重征税的做法。考虑到来源国适用的预扣税税率,波兰所签订的税收条约可以划分成两类。第一类包括遵循《OECD 范本》第 10(2)条的建议实行两档预提税税率:毛收入的 5% 和 15%[①]。预扣税的低税率 5% 适用于实质的公司股东。在这种情况下,要求直接持股不低于 25%。支付给其他股东的股息,包括给个人股东的股息,在来源国课税,税率不得超过毛股息的 15%。第二类涵盖了那些限制来源国课税税率的税收条约,无论收款人的状况如何,股息预提税税率均不得超出毛股息的 5% 或 10%,甚至 15%,具体税率取决于条约的规定。在这两类条约中,对来源国征税权的限制取决于收款人是不是所收股息的真正受益人。

但是,最近签订的一些税收条约或者通过议定书修订过的税收条约规定了股息预提税的免税情形。这些免税适用于由受益人收到的股息所得,如一家持有一

[①] M. Zasiewska, A. Oktawiec, J. Chorazka (eds), *Umowy o unikaniu ...* , pp.193-194.

家公司(并非合伙)至少10%的股份(主要持股的标准可能因为不同税收条约而有所差别)并且连续持有不少于24个月(选择性的条件)。该解决方案在波兰所缔结的一些税收条约中被采纳,比如波兰与塞浦路斯、丹麦、爱尔兰、卢森堡、马耳他、挪威、斯洛伐克、瑞士、英国签订的税收条约①。

波兰遵循《OECD范本》关于消除利息所得双重征税的条款,包括作为一个规则——《OECD范本》第11条所规定的建议实行预提税的低税率10%②。但是,在波兰签订的许多税收条约中,通常是与OECD成员国签订的条约,规定的是5%的税率。波兰与瑞典、瑞士的条约规定在来源国实行利息全额免税③,而波兰与墨西哥签订的税收条约规定了两档税率10%和15%。波兰在1989年之前签订的税收条约没有规定利息预提税税率,比如:波兰与法国、巴基斯坦、西班牙的税收条约。

波兰税收条约实践中常见的特点之一,是许多税收条约包含特殊条款,这些特殊条款规定对某些类型的利息给予来源国免税的待遇。这一条款既不是依据《OECD范本》也不是依据联合国范本。这些免税通常适用于支付给另一缔约国政府或者由另一缔约国政府支付的利息,包括隶属于另一缔约国政府的任何政治组织机构或者地方政府,或者另一缔约国政府所有或者控制的中央银行或任何金融机构④。

一些税收条约也将免税范围扩大至由另一个缔约国居民取得并实际受益的利息所得,并且该利息所得是由该税收条约中所列举的特定机构所发放的贷款或者由其担保的贷款所产生的⑤。在一些税收条约中,此类免税还适用于为了促进出

---

① See M. Wilk, *Klauzula rzeczywistego beneficjenta (beneficial owner) w międzynarodowym prawie podatkowym*, LEX a Wolters Kluwer, Warsaw 2015, pp. 286-292.

② For example, the DTA between Poland and Georgia reduces the withholding tax rate on interest up to 8%, while some DTAs fix the minimum withholding tax rate at the level not exceeding 12% (DTAs with Egypt and Tunisia) or 15% (DTAs with Chile and Uruguay).

③ See Article IV(1) of the amending protocol of 20 April 2010 to the DTA between Poland and Switzerland, Journal of Laws [Dz. U.] 2011, No. 255, item 1533, providing that interest paid by a company which is a resident of a Contracting State to a resident of the other Contracting State shall be taxable only in that other State, if the beneficial owner is a company (other than partnership) associated with the company paying the interest.

④ See the DTAs between Poland and e.g. the Czech Republic, Cyprus, Egypt, Estonia, Hungary, Iran, Mongolia, Nigeria, Romania, the Russian Federation, Slovakia, Slovenia, Syria, Tajikistan, Ukraine, the United Arab Emirates, Uruguay and Uzbekistan.

⑤ See the DTAs between Poland and e.g. Iceland, India, Latvia, Lithuania, Malaysia, Mexico, the Philippines, Portugal, Singapore, South Korea and the US.

口而由公立机构所发放、提供保险或担保的任何类型贷款所产生的利息收入,或者为了销售任何工商业设备或者科学设备而提供信贷所产生的利息所得,以及由银行提供的任何种类的贷款①。在波兰税收条约实践中,只有一些条约未包含任何利息所得的来源国免税条款。这些条约包括波兰与阿尔巴尼亚、澳大利亚、智利、黑山共和国、新西兰、塞尔维亚、突尼斯、越南、津巴布韦、赞比亚的税收条约。

波兰的税收条约遵循的是《OECD范本》关于消除特许权使用费双重征税的做法。波兰与白俄罗斯的税收条约是波兰唯一的将征税权完全分配给收款人居住国的条约。波兰与瑞士的税收条约也规定了一个有趣的解决方案,依据2010年4月20日修订的议定书,如果特许权使用费的收款人是一家公司(并非合伙),并且这家收款公司又是特许权使用费付款方的关联公司,则不得实行来源课税。《联合国范本》并没有提供任何建议来限定特许权使用费预提税的税率上限。作为一个规则,税收条约规定特许权使用费预提税的税率不得超过10%或5%。

波兰遵从联合国范本建议的特许权使用费定义。《联合国范本》第12(3)条款扩大了特许权使用费的范围,这些特许权使用费的支付是为了使用或者取得电影、电台磁带和电视广播的使用权,或者为了使用或者取得工业、商业和科技仪器设备的使用权。这个典型的联合国范本条约出现在波兰签署的80%以上的税收条约②。

7. 波兰签署的税收条约中对资本利得和不动产所得的课税

在波兰税收条约实践中对资本利得消除双重征税的做法均受到《OECD范本》和《联合国范本》的影响。波兰与OECD成员国签订的大部分税收条约都包含"不动产条款"。不动产条款规定,如果一家公司所直接或间接持有的资产主要是由该来源国的不动产组成,则由来源国对处置该公司股份所获得的资本利

---

① See the DTAs between Poland and Austria, Belgium, Denmark, Ireland, Finland, Germany, Norway and the UK. See also: Z. Kukulski, *Klauzula zwalniająca odsetki w związku z pożyczką udzieloną przez bank zagraniczny w umowach o unikaniu podwójnego opodatkowania zawartych przez Polskę*, Kwartalnik Prawa Podatkowego 2009, No. 3, pp. 49-68.

② Z. Kukulski, *Konwencja Modelowa OECD i Konwencja Modelowa ONZ ...*, pp. 357-358. See also: W. Wijnen, J. de Goede, *The UN Model ...*, pp. 130-131.

得课税。该条款的目的是限制避税实践。OECD 直到 2003 年才采纳了对销售不动产份额所获资本利得课税的条款("不动产条款")①。相反,该条款在 1980 年就已经出现在同年发布的联合国范本的初始版本里②。正因为如此,这可以看作是《联合国范本》对《OECD 范本》的发展产生影响的一个例子。该不动产条款在 OECD 成员国的税收条约实践中很受欢迎③。波兰于 1989 年之前签署的所有税收条约均未包括此条款。

但是,《联合国范本》(2001 年版本)扩大了不动产条款的应用范围,将不动产合伙、信托和遗产所包含的权益被处置时所取得的资本利得也纳入应税范围。波兰签订的税收条约很少将不动产条款的应用范围扩大至此项所得。但是,此项所得出现在波兰与下列国家签订的税收条约中:阿塞拜疆、加拿大、中国、丹麦、伊朗、爱尔兰、哈萨克斯坦、摩尔多瓦、菲律宾、沙特阿拉伯、乌克兰、英国、美国。《联合国范本》第 13(5)条款规定了来源国可对处置股份所取得的资本利得课税,这并非第 4 段所提及的内容(并未被不动产条款涵盖),代表了一定比例的参股(比例通过双边协商确定)在波兰税收实践中并不受欢迎。该规定出现在波兰与智利、中国、墨西哥、沙特阿拉伯、阿联酋、美国签订的税收条约中。

波兰签订的税收条约中包含的不动产条款的措辞与《OECD 范本》和《联合国范本》有很多差异,但是这些条款的实质仍然保留不变④。并且,为了限制避税实践,比如实际逃税,一些与 OECD 国家签订的税收条约包括了允许运用"退籍税"的额外条款。这些条款出现在波兰与奥地利、加拿大、丹麦、德国、荷兰、英国签订的税收条约中。

波兰签署的税收条约采用了《OECD 范本》的第 6 条款(不动产所得),措辞略有不同。在一些税收条约中,该条款的规定也涵盖了处置不动产的所得(例如,与加拿大、拉脱维亚和立陶宛的条约)。并且,与芬兰、叙利亚和阿塞拜疆的条约允许

---

① W. Wijnen, J. de Goede, *The UN Model* ..., p. 131. In the OECD Model Convention, Article 13 (4) states as follows: "Gains derived by a resident of a Contracting State from the alienation of shares deriving more than 50 per cent of their value directly or indirectly from immovable property situated in the other Contracting State may be taxed in that other State". See: http://www.oecd.org/ctp/treaties/2014-model-tax-convention-articles.pdf, accessed on 24.4.2016.

② The UN Model Double Taxation Convention between Developed and Developing Countries, the UN Department of Economic and Social Affairs, United Nations, New York 2011, pp. 235-236.

③ W. Wijnen, J. de Goede, *The UN Model* ..., p. 131.

④ See the DTAs between Poland and Australia, Belgium, Finland, Georgia, Ireland, Iran, Kyrgyzstan and Singapore.

将第 6 条应用于直接使用、租赁或者以任何形式的享用权使用坐落在缔约国境内的不动产(所在国)。在一些税收条约中,比如与奥地利和中国的条约中,第 6 条款还包含了来源于农业和林业的所得。与葡萄牙签订的税收条约规定第 6 条适用于动产所得,或者与不动产的使用或使用权相关的服务所得,缔约国国内的不动产所得。

8. 波兰签署的税收条约中有关雇佣所得课税和个人其他所得课税

波兰签署的税收条约一般是遵循《OECD 范本》对雇佣所得①、董事费②、艺术家和运动员所得③、政府服务④,以及涉及学生、培训生或学徒付款⑤的课税建议。其做法与《OECD 范本》大同小异,并且不会对税收政策问题产生影响。波兰只有两个税收条约(与印度和卡塔尔的条约)采用了《联合国范本》所建议的第 16(2)条款,该条款涵盖的是董事费和高层管理人员的薪酬、工资和其他类似的酬劳。但是,波兰与比利时和印度尼西亚的税收条约将《OECD 范本》第 16 条的应用范围扩大至公司监事会成员或类似委员会成员因为履行监事职责而获得公司支付的酬劳。波兰与德国的税收条约通过同样的方式将公司支付给公司代表(律师)的酬劳视为董事费。

根据波兰与印度尼西亚的税收条约第 16(2)条款,一个董事或管理委员会成员因为履行日常的管理职能或技术职能而从公司获得的酬劳并不是依据董事费条款缴税,而是依据独立个人劳务条款(第 15 条)缴税。通过在 2012 年 3 月 22 日的修改议定书,波兰与塞浦路斯的税收条约采用了一个独特的解决方法⑥。该条约的第 16 条规定,董事的居住国对该董事取得的董事费收入拥有唯一的征税权,而不是依据《OECD 范本》或《联合国范本》所建议的做法将课税权给予支付董事费的公司所在居住国。在实施上述变更之前,波兰和塞浦路斯税收条约的第 16 条款被

---

① Article 15 of the OECD Model Convention.
② Article 16 of the OECD Model Convention.
③ Article 17 of the OECD Model Convention.
④ Article 19 of the OECD Model Convention.
⑤ Article 20 of the OECD Model Convention.
⑥ M. Zdyb, M. K. Wiśniewski, *Zmiany w polsko-cypryjskiej umowie o unikaniu podwójnego opodatkowania*, Przegląd Podatkowy 2012, No. 10, pp. 10-12.

广泛运用于税收筹划实务。值得一提的是,塞浦路斯正在实行的国内法对这类酬劳并不征税(其结果是造成双重不征税),这一政策正在被波兰居民滥用,其目的在于从欧盟内部市场允许自由设立公司的政策中受惠。人们不能期望波兰与塞浦路斯的税收条约中所采纳的解决方法成为波兰税收条约实践的常见特征。

9. 波兰税收条约实践中有关退休金课税的规定

在波兰税收条约实践中,有关退休金或具有相同性质报酬的征税权分配并没有统一的做法①。与一些OECD成员国的税收条约形成对比的是,仅有少量的波兰税收条约遵循的是《联合国范本》的建议②。《联合国范本》引进的是来源国课税——分享[第18B(2)]条款或者独占[第18A(2)和18B(3)]——作为来源国社会保障制度组成部分之一的社保计划下支付的退休金(其他类似的酬劳)的课税权,而不是依据OECD的建议由居住国课税。就出现频次而言,这个条款出现在10.1%的波兰已缔结的所有税收条约中,令人惊奇的是,大部分是出现在波兰与OECD成员国所签署的税收条约中③。

10. 波兰已缔结的税收条约中的其他收入和资本所得

波兰所缔结的税收条约也遵从《OECD范本》关于其他所得课税的规定,即税收协定的上述条款中未曾提出课税办法的其他所得项④。《联合国范本》也允许来源国对其他所得课税⑤。这些条款谨慎地出现在波兰所缔结的税收条约中,特别是与其他非OECD成员国缔结的条约⑥。波兰与德国、英国签订的税收条约运

---

① Article 18 of the OECD Model Convention.
② W. Wijnen, J. de Goede, *The UN Model* ..., pp. 139-140.
③ Z. Kukulski, *Konwencja Modelowa OECD i Konwencja Modelowa ONZ* ..., pp. 349-352. For example, the DTA between Poland and Hungary was concluded on 23 September 1992 before both states joined the OECD. After Poland and Hungary joined the OECD, the amending protocol to the treaty was signed on 27 June 2000 changing only Article 18according the UN Model Convention recommendations.
④ Article 21 of the OECD Model Convention.
⑤ Article 21(3) of the UN Model Convention.
⑥ Article 21(3) of the UN Model Convention is present in the DTAs concluded by Poland with: Armenia, Azerbaijan, Bangladesh, Canada, Chile, China, Denmark, Egypt, the Former Yugoslav Republic of Macedonia, India, Indonesia, Mexico, Mongolia, the Netherlands, New Zeeland, the Philippines, Saudi Arabia, Singapore, Vietnam and the UK.

用了特别条款。如果由于纳税人之间特殊的关系(关联公司),该所得(即其他所得)的金额超出了在不存在该特殊关系的情况下所能同意的金额,则每个缔约国都获准对其他所得课税。在此情况下,缔约国双方可以根据国内税法对超出部分的其他所得课税。该条款应被视为第9条款(关联公司)的特别法条款。波兰与英国缔结的税收条约规定了一个特殊的反避税规则①。

消除资本的双重征税通常是依据《OECD范本》的第22条。但是,在波兰签订的许多税收条约中,对资本的课税并没有被包括在条约的课税范围内。在这种情况下,在这些条约中并没有与上述第22条相同的条款②。

11. 在波兰税收实践中消除双重课税的方法

波兰目前仍然是资本和新兴技术的进口国。根据我们的观点,波兰的税收条约政策的目的在于保留收入来源国给予前来波兰投资的投资者的税收优惠,这些实现方案取决于波兰已签订税收协定中规定的具体解决办法。

在考虑消除双重征税的适用方法时,波兰签订的税收条约可分为两类。第一类是提供抵免方法的税收条约,比如波兰与美国、英国、瑞典、俄罗斯、亚美尼亚、格鲁吉亚、丹麦、马其顿、哈萨克斯坦、摩尔多瓦签订的税收条约。第二类是将免税法作为消除双重征税的主要方法,同时对一些特定类型的所得给予税收抵免(对企业所得税的纳税人实行全额免税,对个人所得税纳税人实行累进免税)。这些解决方案应用于奥地利、比利时、荷兰、德国、法国、西班牙。

在上述第二类的税收条约中,抵免方法只适用于或通常适用于可在来源国课税的消极所得。

但是,不对称地使用《OECD范本》所建议的消除双重征税的方法是波兰税收条约实践的特征之一。该解决方案在波兰与下列国家所签订的税收条约中被采纳:阿尔巴尼亚、塞浦路斯、中国、克罗地亚、爱沙尼亚、希腊、荷兰、爱尔兰、加拿

---

① According to the DTA between Poland and the UK, the provisions of Article 21 shall not apply if it was the main purpose or one of the main purposes of any person concerned with the creation or assignment of the rights in respect of which the income is paid to take advantage of this article by means of that creation or assignment.

② See the DTAs concluded by Poland with: Bangladesh, Canada, China, the Czech Republic, Finland, India, Indonesia, Ireland, Israel, Italy, Malaysia, Malta, Mexico, the Netherlands, New Zeeland, Nigeria, Norway, the Philippines, Portugal, Qatar, Singapore, the Republic of South Africa, South Korea, Sweden, Syria, Tunisia, the UK, the US and Vietnam.

大、马耳他、蒙古、墨西哥、尼日利亚、挪威、葡萄牙、南非、罗马尼亚、斯洛文尼亚、乌克兰、土耳其、意大利、阿联酋、津巴布韦、新加坡、斯洛伐克、越南、立陶宛、日本、科威特。根据这些税收协定,在波兰国内普通抵免法适用于股息、特许权使用费和利息,累进免税法适用于其他类型的所得,在上述提及的国家中,普通免税法适用于来源于波兰的所有类型的所得。

波兰所签订的税收条约包含一些直接影响到消除双重征税方法应用的条款。最重要的是税收抵免条款(比如波兰与美国、澳大利亚、立陶宛和亚美尼亚签订的税收条约)以及税收饶让抵免方法(与摩洛哥和菲律宾签署的税收条约)。并且,《OECD范本》第23A(4)条的转换条款仅出现在波兰与卢森堡和斯洛伐克签订的两个税收条约中(后者在2013年8月1日签订的修改议定书中将该条款引进税收条约)。

12. 在税收事务上的双边合作,阻止逃税,波兰签订的税收条约中使用的《OECD范本》和《联合国范本》的第25、第26条款和第27条款

波兰税收条约的实践一般遵循《OECD范本》有关双边协商程序[①]、税务情报交换[②]和协助征税[③]的做法。但是,《OECD范本》(2008年版本)第25(5)条和《联合国范本》(2011版本)第25B(5)条规定的仲裁条款很少出现在波兰作为一方缔约国的税收条约中[④]。该仲裁条款只出现在波兰与两个OECD成员国缔结的税收协定中:荷兰、瑞士[⑤]。波兰和智利的税收条约也包含了仲裁程序。但是,该条约采用的解决方案并非依据《OECD范本》。它规定如果出现任何缔约国双方都无法解决的关于条约解释或条约应用方面的困难,在缔约国双方税局都同意的情况下,该案例可以提交给第三方仲裁。冲裁程序的设立应该由缔约国双方通过外交途径交换注释来设立。但是,这样的仲裁程序至今未曾设立过。

---

① Article 25 of the OECD Model Convention.
② Article 26 of the OECD Model Convention.
③ Article 27 of the OECD Model Convention.
④ W. Wijnen, J. de Goede, The UN Model ..., pp. 140-143.
⑤ Cf. M. Zasiewska, A. Oktawiec, J. Chorązka (eds), *Umowy o unikaniu ...*, pp. 556.

过去几十年以来,波兰税局参与的双边税务情报交换依据的是以《OECD范本》第26条推荐的模式为基础的全面避免双重征税协定[①]。税收情报交换协议(TIEAs),即与实施有害税收实践的税收管辖地缔结的税收情报交换协议,在波兰的税收实践中是比较新颖的解决方案。迄今为止,波兰已经缔结了14个税收情报交换协议,还和美国签署了《外国账户税收遵从法》(FATCA)。表8(见本章结尾附表)列示了波兰所缔结的税收情报交换协议。波兰已经签署了《多边主管当局协议》(简称MCAA),加入该协议的目的是实施税局之间的税收情报交换,从2017年1月1日开始实施。并且,波兰最近还和它的战略税收条约伙伴们签署了一些全面税收协定,其目的在于减少那些允许滥用税收条约的条款(比如,波兰与塞浦路斯、马耳他、捷克共和国、斯洛伐克、卢森堡、印度、新加坡、阿联酋),而且它还依据目前《OECD范本》第26条的措辞引进了一些复杂的税务情报交换条款并且这些条款优先于银行保密条款[②],这是最近波兰税收条约实践中越来越受到关注的现象。

2003年以来,协助征收税款的条款(第27条)已经成为《OECD范本》的一部分,不过包含该条款的波兰税收条约并不多(仅有8个条约)。包含协助征收税款的条文既出现在波兰与OECD成员国签订的税收条约中,也出现在波兰与非OECD成员国签订的税收条约中,包括波兰与下列国家签署的税收条约:阿尔及利亚、亚美尼亚、比利时、印度、德国、马其顿、荷兰、新西兰、瑞典。

13. 并非以OECD范本和联合国范本为依据的特别条款

在波兰缔结的许多税收条约中,其中大部分是与非OECD国家签订的税收条约,有一个特别条款专门用来消除教师、教授和研究人员所取得酬劳的双重征税问题。一般来说,教师、教授或研究人员的所得在东道国享受一定期间内的免税,通常来说只要该期间不超过2年(从第一天开始计算)并且满足下列条件:①此人来到该东道国的目的是为了教学或者在该国的大学、学院或其他被认可的教育机构从事科研活动;②此人目前是另一缔约国的居民,或者此人在访问该东道国之前即是另一缔约国的居民。该免税并不适用于那些并非为了公共利益而主要为了某个

[①] Cf. D. Mączyński, *Międzynarodowa współpraca w sprawach podatkowych*, LexisNexis, 2009, p. 249. See also D. Mączyński, *Międzynarodowe prawo ...*, pp. 113-121.

[②] Article 26(5) of the OECD Model Convention.

特定的人或某些人的私人利益开展的研究。

而且,波兰与马来西亚的税收条约包含一个并非由《OECD 范本》或《联合国范本》所建议的特别条款,该条款是用来消除特许权使用费收入和第 13 条款所涉及技术服务费的双重征税问题。波兰与罗马尼亚所签订的税收协定也包含一个关于在两个缔约国之间分配佣金所得的特别条款(第 13 条)。

另外一个波兰税收条约实践中的规定既不是基于《OECD 范本》也不是基于《联合国范本》,该规定就是在最近签订的一些税收条约中或者根据修改的约定书(这方面的例外是波兰与以色列在 1991 年 5 月 22 日签订的税收协定)进行修订的有限受益条款(LOB)。这些条款出现在波兰与比利时[1]、印度[2]、以色列[3]、沙特阿拉伯[4]、斯洛伐克[5]、韩国[6]、瑞典[7]、中国台湾地区[8]、阿联酋[9]签订的税收条约中,并且还出现在波兰与美国在 2013 年 2 月 13 日签订的但是没有获得美国参议院批准的税收条约[10]。这些条约出现在波兰税收条约实践中,其正面影响值得进行评估,至少是从"OECD 的税基侵蚀和利润转移"的第六个行动计划(OECD BEPS Action Plan 6)的角度进行评估[11]。

除了上述特别条款,波兰所签订的税收条约还包括一些其他的杂项条款,这些杂项条款所涉及的范围不尽相同,所依据的模板并非《OECD 范本》或《联合国范本》。这些条款通常是受到除波兰以外的另一缔约国的国内税法的启发并且反映另一缔约国的财政利益。这些例子包括:波兰与荷兰税收条约的第 24 条,波兰与挪威税收条约的第 20 条,主要目的是消除在另一个国家开展离岸业务的企业所得

---

[1] Article 22A added by virtue of the amending protocol signed on 14 April 2014.
[2] Article 28 added by virtue of Article 16 of the amending protocol signed on 29 January 2013.
[3] Article 25 of the DTA of 22 May 1991.
[4] Article 27 — Miscellaneous provisions of the DTA signed on 22 February 2011.
[5] Article 28A added by virtue of the amending protocol signed on 1 August 2013.
[6] Article 22A added by virtue of the amending protocol signed on 22 October 2013.
[7] Art. 27 of the DTA of 19 November 2004.
[8] Art. 23 of the DTA of 21 October 2016 (effective as of 1 January 2017; Act of 15 December 2016, Journal of Laws [Dz. U.] of 29 December 2016, item 2244).
[9] Article 23A added by virtue of the amending protocol signed on 11 December 2013.
[10] Article 22.
[11] See H. J. Ault, W. Schöen, S. E. Shay, *Base Erosion and Profit Shifting: A Roadmap for Reform*, BIT 2014, Vol. 68, No. 6-7, pp. 275-279, http://papers.ssrn.com/sol3/papers.cfm? abstract_id =2459646,accessed on 14. 5. 2016. See also M. Dahlberg, B. Wiman, *General Report*, [in:] *The Taxation of Foreign Passive Income for Group of Companies*, Cahiers de Droit Fiscal International 2013, Vol. 98a, pp. 17-56.

双重征税问题①;波兰与阿塞拜疆税收条约第 23 条是用于消除参与开发采掘碳氢化合物所得的双重征税问题②。而且,在波兰与荷兰的税收条约中包含限制第 27 条(情报交换)和第 25 条(协助征收税款)应用范围的特殊规定。

在一些税收协定中,包含有杂项规则的一个特别条款规定,比如,在决定缔约国一方课征的税款时,税收条约的条款不应限制缔约国一方依法给予任何形式的免税、折扣、抵免或其他扣除的限制,也不应影响缔约国一方居民享受该缔约国依据其国内法律、法规和税收征管实践给予的税收和投资优惠、免税和折扣。这些条款被写入波兰与加拿大、德国、科威特签订的条约中。波兰与格鲁吉亚的税收条约包含了一个额外条款③,该条款是关于修改和补充条约的程序;波兰与澳大利亚的税收条约包含了一个关于所得来源的额外条款④;波兰与美国的条约包含了一个关于分支机构利润的条款⑤;最后,波兰与英国的条约包含了一个额外条款,是关于消除双重征税的减免限额⑥。

波兰与有关国家或地区签订的税收条约中股息、利息和特许权使用费的预提税率如表 7 所示。波兰签订的税收情报交换协议如表 8 所示。

表 7　波兰与有关国家或地区签订的税收条约中股息、利息和特许权使用费的预提税率

序号	国家或地区	股息	利息	特许权使用费
1	阿尔巴尼亚	5%,10%	10%	5%
2	阿尔及利亚	5%,15%	10%	10%
3	亚美尼亚	10%	5%	10%
4	澳大利亚	15%	10%	10%
5	奥地利	5%,15%	5%	5%
6	阿塞拜疆	10%	10%	10%
7	孟加拉国	10%,15%	10%	10%
8	白俄罗斯	10%,15%	10%	—
9	比利时	10%	5%	5%
10	波黑	5%,15%	10%	10%
11	保加利亚	10%	10%	5%

---

① DTAs of 13 February 2002 and of 9 September 2009, respectively.
② DTA of 26 August 1997.
③ Article 29 of the DTA of 5 November 1999.
④ Article23 of the DTA of 7 May 1991.
⑤ Article 12 of the DTA of 13 February 2013.
⑥ Article 23 of the DTA of 20 July 2006.

(续表)

序号	国家或地区	股息	利息	特许权使用费
12	加拿大	5%, 15%	15%	0, 10%
13	智利	5%, 15%	15%	7%, 10%
14	中国	10%	10%	10%
15	克罗地亚	5%, 15%	10%	5%
16	塞浦路斯	0, 5%	5%	10%
17	捷克共和国	5%	5%	10%
18	丹麦	0, 5%, 15%	5%	5%
19	埃及	12%	12%	12%
20	爱沙尼亚	5%, 15%	10%	10%
21	埃塞俄比亚	10%	10%	10%
22	芬兰	5%, 15%	5%	5%
23	法国	5%, 15%	0	0, 10%
24	格鲁吉亚	10%	8%	8%
25	德国	5%, 15%	5%	5%
26	希腊	特别条款	10%	10%
27	匈牙利	10%	10%	10%
28	冰岛	5%, 15%	10%	10%
29	印度	10%	10%	22.5%
30	印度尼西亚	10%, 15%	10%	15%
31	伊朗	7%	10%	10%
32	爱尔兰	0, 15%	10%	0, 10%
33	以色列	5%, 10%	5%	5%, 10%
34	意大利	10%	10%	10%
35	日本	10%	10%	0, 10%
36	约旦	10%	10%	10%
37	哈萨克斯坦	10%, 15%	10%	10%
38	科威特	5%	5%	15%
39	吉尔吉斯斯坦	10%	10%	10%

（续表）

序号	国家或地区	股息	利息	特许权使用费
40	拉脱维亚	5%,15%	10%	10%
41	黎巴嫩	5%	5%	5%
42	立陶宛	5%,15%	10%	10%
43	卢森堡	0,15%	5%	5%
44	马其顿	5%,15%	10%	10%
45	马来西亚	5%	10%	15%
46	马耳他	0,10%	10%,15%	5%
47	墨西哥	5%,15%	10%,15%	10%
48	摩尔多瓦	5%,15%	10%	10%
49	蒙古	10%	10%	10%
50	黑山	5%,15%	10%	10%
51	摩洛哥	7%,15%	10%	10%
52	荷兰	5%,15%	5%	5%
53	新西兰	15%	10%	10%
54	尼日利亚	10%	10%	10%
55	挪威	0,15%	5%	5%
56	巴基斯坦	15%	0	15%,20%
57	菲律宾	10%,15%	10%	15%
58	葡萄牙	10%,15%	10%	10%
59	卡塔尔	5%	5%	5%
60	罗马尼亚	5%,10%	10%	10%
61	俄罗斯	10%	10%	10%
62	沙特阿拉伯	5%	5%	10%
63	塞尔维亚	5%,15%	10%	10%
64	新加坡	5%,10%	5%	2%,5%
65	斯洛伐克	0,5%	5%	5%
66	斯洛文尼亚	5%,15%	10%	10%
67	南非	5%,15%	10%	10%

(续表)

序号	国家或地区	股息	利息	特许权使用费
68	韩国	5%,10%	10%	10%
69	西班牙	5%,15%	0	0,10%
70	斯里兰卡	10%	10%	10%
71	瑞典	5%,15%	0	5%
72	瑞士	0,15%	5%	0,5%
73	叙利亚	10%	10%	18%
74	中国台湾	10%	10%	3%,10%
75	塔吉克斯坦	5%,15%	10%	10%
76	泰国	20%	10%	5%,15%
77	突尼斯	5%,15%	12%	12%
78	土耳其	10%,15%	10%	10%
79	乌克兰	5%,15%	10%	10%
80	阿联酋	5%	5%	5%
81	英国	0,10%	5%	5%
82	美国	5%,15%	5%	5%
83	乌拉圭	15%	15%	15%,10%
84	乌兹别克斯坦	5%,15%	10%	10%
85	越南	10%,15%	10%	10%,15%
86	赞比亚	10%,15%	10%	10%
87	津巴布韦	10%,15%	10%	10%

来源：依据作者的调研结果。

表8　　波兰签订的税收情报交换协议

序号	管辖地	签署日期	是否已获批准
1	安道尔	2012.02.15	是
2	巴哈马	2013.06.28	是
3	伯利兹	2013.05.16	否
4	百慕大	2013.11.25	是

(续表)

序号	管辖地	签署日期	是否已获批准
5	英属维尔京群岛	2013.11.28	是
6	开曼群岛	2013.11.29	是
7	多米尼加	2012.07.10	否
8	直布罗陀	2013.01.31	是
9	格林纳达	2012.07.19	否
10	根西	2011.12.6	是
11	马恩岛	2011.03.07	是
12	泽西岛	2011.12.2	是
13	利比里亚	2013.08.7	否
14	圣马力诺	2012.03.31	是
15	美国(外国账户税收遵从法,FATCA)	2014.10.07	是

资料来源：依据作者的调研结果。

作者简介

乌兹米尔·尼科尔(Włodzimierz Nykiel)

法学教授,荣誉博士(弗罗茨瓦夫大学,2016)
罗兹大学法学院税法系主任、博导
税收文献与研究中心创始人(1997年)和中心主任
税收文献与研究中心基金会会长
罗兹大学前校长(2008—2016年)

4本专著的作者;16本书籍的合著者或主编,含4本英文书籍;逾120篇论文的作者(注释和其他研究成果)

最重要的出版物:W. Nykiel, M. Sęk(eds.), Protection of Taxpayer's Right, European, International and Domestic Tax Law Perspective, Warsaw 2009 (与毛戈雅塔·显克博士合作,《纳税人权利保护:从欧洲、国际和国内税法的视角》,华沙,2009);W. Nykiel, Reliefs and Exemptions as Elements of the Legal Structure of Tax, Warsaw 2002 (独著,《作为税收法律结构要素的减轻和豁免》,华沙,2002);W. Nykiel, W. Chróścielewski, Tax Proceedings in the light of the General Tax Law, Warsaw, 2000 (《依据〈一般税法〉的税务诉讼》,华沙,2000)

《税法季刊》的主编;"Przegląd Podatkowy""Prawo I Podatki"和"EC Tax Review"期刊的项目委员会成员

应邀在意大利(博洛尼亚、巴里、塔兰托),法国(格勒诺布尔市、图尔),奥地利(维也纳)、保加利亚(索菲亚)、斯洛伐克(布拉迪斯拉发)、中国(上海、天津)开设讲座

欧洲税法教授协会(EATLP)的成员,国际财政协会(IFA)的会员,罗兹科学协会的会员

位于阿姆斯特丹的国际税收文献局受托人委员会成员;国际财政协会执行委员会的前委员(2005—2011)

波兰共和国前国会议员

国家法庭的前法官(1997—2001),税务咨询师的国家考试委员会会长(2002—2007),波兰立法理事会委员(2006—2010)

米豪·维克(Michał Wilk)

法学博士
罗兹大学税法系教师
税收文献和研究中心助理
"Tax Law Quarterly"(税法季刊)副主编

已出版独著 1 本,合著或编写的书籍 4 本,撰写其他出版物 55 篇(章节、注释和论文)

最重要的出版物:主编,"Taxes in notarial Practice"(《公证实践中的税种》),罗兹,2017;独著,"The beneficial ownership clause in international tax law"(《国际税法中的受益所有权条款》),华沙,2015;与 A. Mariański 和 M. Sęk 合作撰写,"The practical protection of taxpayer's fundamental rights — Polish National Report"(《纳税人基本权利的实际保护——波兰国别报告》),收录于 P. Baker 和 P. Pistone 主编的"The practical protection of taxpayer's fundamental rights"(《纳税人基本权利的实际保护》),刊登于"Cahiers de droit fiscal international",Vol. 100b, Hague 2015

国际财政协会(IFA)波兰分会的会员;税法博士生和博士协会的理事会委员
波兰科学和高等教育部设立的杰出青年研究人员奖学金获得者
税务顾问;法律顾问;Wilk Latkowski Doradcy Podatkowi i Radcowie Prawni 合伙人

瑟莫维·库古斯基(Ziemowit Kukulski)

法学博士(有博士后研究经历)
罗兹大学法学院税法系教授、博导
税收文献和研究中心副主任(自 2011 年开始)
公证处的执业公证人
反避税顾问委员会的成员
国家税务咨询师协会学术委员会秘书
欧洲税法教授协会(EATLP)成员
主要研究领域为波兰税法、国际税法和欧盟税法

已出版 2 本专著和 5 本合著,撰写的其他出版物 59 篇(章节、注释和论文)

最重要的出版物:独著,"Limitation of Tax Treaty Benefits Clauses in Polish Tax Treaty Practice"(在波兰税收协定实践中的税收协定利益限制条款),"Tax Law Quarterly"(税法季刊),2016,No. 1;独著,"OECD Model Convention and UN Model Convention in Polish Treaty Practice"(《在波兰条约实践中的经合组织条约范本和联合国条约范本》),华沙,2015;独著,"Thin Capitalization in Tax Law"(《税法中的资本弱化》),华沙,2006

应邀在欧洲、亚洲和美洲的一些大学授课或开设学术讲座,包括:University of Edinburgh (英国), University of Vigo (西班牙), Luarasi University in Tirana (阿尔巴尼亚), Pontifical Catholic University of Minas Gerais in Belo Horizonte (巴西), 上海立信会计金融学院 (中国), Masaryk University in Brno (捷克), Caucasus International University in Tbilisi (格鲁吉亚),和 University of Szeged (匈牙利).

亚当·马里安斯基(Adam Mariański)

法学博士(有博士后经历)

罗兹大学法学院税法系教授

已出版7本专著,33本合著,编写20本书籍,独自撰写或合作撰写的其他出版物逾180篇(章节、注释和论文)

最重要的出版物:与W. Nykiel和A. Mariański合作编著,"Commentary on the Corporate income Tax Act"(企业所得税法注释),格但斯克,2006—2015;独著,"Settling doubts in favor of the taxpayer. A principle of tax law"(《疑罪从无,一个税法的原则》,华沙,2011;独著,"Rights and obligations of successors in tax law"(《继任者在税法中的权利和义务》),华沙,2001

"Przegla̧d Podatkowy"项目委员会成员

欧洲税法教授协会(EATLP)会员,国际财政协会(IFA)波兰分会的会员

辩护律师,税务顾问,Mariański Group合伙人

安娜·尼科尔·马特奥(Anna Nykiel-Mateo)

法学博士(公共经济法,罗兹大学)、欧盟法硕士(LLM,布鲁日欧洲学院,比利时)、法学硕士(罗兹大学)

任职于欧盟委员会的税务总局和海关联盟的增值税处。她之前任职于欧盟委员会竞争总局的国家援助政策和监督处,也曾任职于专门处理消费品、基础产业和制造业反垄断事务的运营处

主要研究领域是欧盟税和国家援助法,尤其是国家财政援助事项

独著,"State Aid and General Measures in the EC Law"(欧盟法中的国家援助和一般措施),Wolters Kluwer 出版社,华沙,2009

合著,"EU Competition Law, State Aid"(欧盟竞争法,国家援助),Claeys Casteels 出版社,Deventer(荷兰)-Leuven(比利时)2016;"Case Law of the Court of Justice of the EU in Tax Matters"(欧盟法院有关税务事项的案例法).Commentary(注释),Wolters Kluwer 出版社,华沙 2014;和"Tax Aspects of Research and Development within the European Union"(在欧盟从事研发的税务事项);Wolters Kluwer 出版社;华沙 2014

毛戈雅塔·显克(Małgorzata Sęk)

法学博士

罗兹大学法学院税法系教师

税收文献和研究中心专员;负责国际合作,协调国际会议和国内会议的会务工作

罗兹大学法学院 Eucotax 项目的协调员

税收文献和研究中心基金会副会长

已出版独著 1 本;合著或编写 3 本书籍,包括 2 本英文书籍;43 个其他出版物的作者和合作者(章节、注释和论文)

最重要的出版物:独著,"Reverse Charge as a Mechanism of Taxation of Intra-EU Suppliers of Services"(《作为欧盟内部劳务提供课税机制的逆向收税》),华沙,2017;合著的章节,"Transactions between Affiliated Parties and Tax on Goods and Services"(关联方交易与货劳税),收录于 W. Nykiel 和 D. Strzelec 主编的"Affiliated parties. Transfer pricing. Tax documentation"(关联方. 转移定价. 税务文档),华沙,2014;与 W. Nykiel 合作论文,"The transfer of a co-ownership of immovable property: a supply of goods or a supply of services (1, 2)"[共同所有的不动产转让:商品销售还是劳务提供(1,2)],"Przegląd Podatkowy" 2011,No. 3 and No. 4

在波兰国内和国外的许多国际会议和研讨会上做主题发言或参与小组讨论,担任总报告或国别分报告撰写人

曾在维也纳经济商业大学的奥地利税法和国际税法研究所从事访学研究(2008—2009);在阿姆斯特丹的国际财政文献局从事为期 1 个月的访学研究(2011)

国际财政协会(IFA)的会员

前税务稽查员(2004—2007)和税收顾问局的税务顾问(2010—2011)

译者简介

谭郁森(Tan Yusen)

经济学博士
上海立信会计金融学院财税与公共管理学院税务系教师
最重要的论文:
《政府性基金公平研究》,博士论文,上海财经大学,2014年1月;Evolution of Tax Purpose and the Relevance of Property Right Institution for Taxation on Forest,Tax Law Quarterly,No.4,2016,pp.81-109;《增值税改革的税率选择》(第一作者),《税务研究》2013年第1期;《论中国引进税务事先裁定制度的必要性和可行性》(与朱为群合作),《现代经济探讨》2012年第6期;《上海"营改增"试点下一步扩围行业选择探究》(与李艳合作),《税收经济研究》2013年第3期;《波兰高校发展留学生教育的经验和启示》《绥化学院学报》2018年12月
曾在波兰罗兹大学税收文献和研究中心从事访学研究(2017.11—2018.11)
中国注册会计师协会非执业会员